MINERVA
TEXT
LIBRARY
67

現代教育の基礎理論

南新秀一・鋒山泰弘・吉岡真佐樹 編著

ミネルヴァ書房

まえがき

本書は,『新・教育学―現代教育の理論的基礎―』(初版2003年,第 2 版2009年) を引き継ぎ,全面的に加筆修正して再出発するものである。

旧書は,教育基本法の「改正」(2006年) を挟んで出版および改訂された。その刊行の初心は,憲法・教育基本法の実施に始まる戦後の教育制度と教育実践,そして教育学理論の歩みを再確認するとともに,その成果と経験をどのように発展させるのか,同時に世界的な教育改革の動向のなかでわが国の教育が占める位置と課題を明らかにしようとすることにあった。本書も,このような初心を引き継ぐものである。

1989年のベルリンの壁崩壊と東西冷戦の終結は,戦後世界の歴史を画するものであった。しかし,それは予想に反して世界平和の実現へと単純に結びつくものではなかった。民族対立および宗教対立が激化し,各地で政治紛争が生じるとともにテロリズムが横行し,それへの「抑止力」としての軍備の増強が進んでいる。さらに冷戦の終結は,世界経済のグローバル化をもたらしたが,それは人々に生活の豊かさをもたらすものではなく,とどまることのない富の偏在と格差の拡大を招来している。

またこの間急速に発展した ICT 技術は,今後 AI(人工知能)や IoT(モノのインターネット)技術の爆発的な発展につながると予測され,「第4次産業革命」の時代の開始が告げられている。

このような状況のなかで,今日すべての国々でこのような急激な社会変化とそれがもたらす問題と課題に対して,どのような教育が求められているのか,深く問われている。

加えてわが国の社会は,さらに独自の矛盾と課題を抱えている。

バブル経済の崩壊以後,「失われた20年」を経て日本経済は大きく持ち直し,大企業は空前の高収益を記録している。しかし労働者の収入は改善されないどころか,20年前と比較して低下しているという指標もある。1990年代以降の新

i

自由主義的経済政策の結果として生じたものは、経済格差の拡大、すなわち家族相互間の格差の拡大であり、都市と地方との格差の拡大、端的には東京とそれ以外の地域との格差の拡大であった。またそれは、相対的貧困家庭の割合の高さや子どもの貧困問題の深刻化となって表れている。国の財政上の「借金」は、年間予算の約10倍にあたる1000兆円超という信じられない額に達している。

　さらに、わが国の社会状況にもっとも大きな影響を与えているのは、少子化とそれに伴う高齢化と人口減の問題である。少子化それ自体の問題とは別に、この問題は政策的対応の遅れから、地方社会の疲弊、労働力不足、社会保障制度の劣化などの問題を引き起こし、わが国の社会全体に大きな影を落としている。

　このような社会状況の変化のなかで、教育は子どもや青少年に希望を与えうるものになっているだろうか。

　学校教育における「詰め込み教育」の批判から、「ゆとり教育」が登場したが、それが「学力低下」をもたらしたとの批判を受けて、「学力テスト」偏重の時代となり、教育＝学力＝「テスト」結果という教育における成果主義のメンタリティが学校現場に蔓延している。さらに文部科学省は、産業界からの人材養成の要求を受け、「主体的・対話的で深い学び」の具体化を学校現場に迫り、社会的経済的格差の拡大が国民を分断する状況に対して、国民統合を維持していくために学校における道徳教育の強化を図っている。

　学校教育の役割と機能とは何か——明治5年の「学制」以来、この問題は常に存在した問いであろう。しかし今日ほど、改めてそれが問われている時はないであろう。平和と社会連帯の思想と価値、日本国憲法の理念と思想をもとに、学校と教師は何をどのように教える必要があるのか、そして子どもや青少年は何を学ぶ必要があるのか、本書はこの点に自覚的でありたいと考えている。

　本書は、大学での教育学のテキストとしての使用を想定した構成となっている。旧書と比べて新たに、第9章「情報化と教育」を加えた。今日的に特に求められる内容であろう。その他の章も全面的に書き直されている。教育職員免許法の改正により、2019年度より新たな教職課程教育が出発するが、本書はそ

まえがき

れが求める内容に適切なものであると自負している。

また旧書と同様であるが，本書の末尾にはかなりの紙幅を使って教育資料と関係教育法令を掲げている。本文の叙述を補完するとともに，特に教師をめざす学生の皆さんの学習に資するものとなると考えている。

本書が，教師をめざす学生の皆さん，教師をはじめとする教育関係者の皆さん，そして広く教育および教育学に関心を持つ市民の皆さんにとって，日本の戦後教育の歩みと今後について，そして世界のなかでの日本の教育の特徴と課題について理解を深める一助となることを願っている。

　2018年2月3日

編著者一同

目　　次

まえがき

第1章　教育・人間・言語 ……………………………………………… 1
　1　人間の理解 ……………………………………………………………… 1
　2　デカルトとチョムスキーの問題提起 ……………………………… 2
　3　初期の有意味語に含まれる言語の「曖昧」さ ………………… 3
　4　関連性への志向——ことばの生成の主体的側面の秘密 ……… 6
　5　創造を内に秘めた模倣 ……………………………………………… 10
　6　自我とことば——ことばの自己帰還 …………………………… 12
　7　ヴィゴツキーの内言理論と人間の表現 ………………………… 15

第2章　発達と教育 ……………………………………………………… 23
　1　人間の発達は教育によって可能となる ………………………… 23
　2　遺伝と環境は人間の発達にどのように影響するのか ……… 27
　3　発達と教育の相互関係 ……………………………………………… 31
　4　人は発達する存在である …………………………………………… 34

第3章　学校で何を教えるか——教育課程の問題 ………………… 41
　1　教育課程編成の基本問題 …………………………………………… 41
　2　学習指導要領の変遷の歴史 ………………………………………… 45
　3　2017（平成29）年学習指導要領改訂の特徴 ………………… 53
　4　これからの教育課程編成の課題 ………………………………… 55

第4章　教育方法 ………………………………………………………… 62
　1　教育内容と教材・教具 ……………………………………………… 62
　2　教材と教具 …………………………………………………………… 63

3 教授行為の工夫 ……………………………………………………… 66

4 学 習 者 論 ……………………………………………………… 69

5 授業の計画と評価 ………………………………………………… 70

6 「総合的な学習」の授業づくり ………………………………… 74

7 これからの授業——「主体的・対話的で深い学び」………… 77

第5章 生活指導——その特色と役割 ……………………………… 81

1 生活指導とは何か ………………………………………………… 81

2 『生徒指導提要』と学習指導要領における生活指導の位置 ……… 85

3 生活指導の歴史と現状 …………………………………………… 89

4 生活指導の教育評価 ……………………………………………… 94

5 生活指導の幅広さ ………………………………………………… 97

第6章 進路指導・キャリア教育——教育と職業社会 ……………… 100

1 進路指導とキャリア教育 ………………………………………… 100

2 小学校におけるキャリア教育と進路指導 ……………………… 101

3 中学校におけるキャリア教育と進路指導 ……………………… 102

4 高等学校の進路指導とキャリア教育 …………………………… 104

5 若年労働市場の変化と高校での就職指導 ……………………… 106

6 高校での進学指導と新たなリスク ……………………………… 109

7 青年の発達保障と進路指導の課題 ……………………………… 110

第7章 教職の専門性と現代教師の課題 …………………………… 113

1 教職の歴史と専門職としての教師像 …………………………… 113

2 教師の職務と学校自治・学校づくり …………………………… 119

3 専門職としての教師の成長——教師の養成・採用・研修 ……… 126

第8章 日本の教育制度 ……………………………………………… 135

1 日本国憲法・旧教育基本法と教育制度 ………………………… 135

2 教育を受ける権利と義務教育制度 ………………………………………140

3 戦後日本の学校制度 …………………………………………………143

4 教育行政と教育基本法 ………………………………………………152

5 教育委員会制度と教育財政制度………………………………………156

第9章　情報化と教育 ………………………………………………………167

1 教育の情報化の萌芽期…………………………………………………167

2 教育の情報化と体系的な情報教育の推進……………………………169

3 体系的な情報教育の推進に向けた教員のICT活用指導力の育成……171

4 情報活用能力の育成と「学びのイノベーション」に
　　向けた取り組みの推進…………………………………………………173

5 教育政策における「情報化と教育」の新たな動き……………………175

6 情報活用能力と21世紀型スキルの関係 ……………………………177

7 教育課程のなかでの「情報化と教育」の今後 ………………………180

8 「情報化と教育」──これを私たちはどのように考えて行ったらいいのか……182

第10章　教育権に関する国際合意形成と教育実践 ……………………185

1 国際的な教育権規定の歴史的発展と時代区分 ………………………185

2 新自由主義・構造改革と教育格差の拡大……………………………190

3 目的規定の大綱性と教育内容編成 …………………………………195

4 教師専門職性の国際動向と教育権 …………………………………198

5 今後の展望 ……………………………………………………………201

資料編

索　引

第1章

教育・人間・言語

　　教育を原理的にとらえるうえで重要となる《人間とはなにか》という問いに，言語の面から答えていくことにする。一般に，人間を他の動物から区別するものを言語に見出すことは古くからなされている。だが，言語を広くとらえると，群れをなして生きる他の動物たちも主として生存のためにコミュニケーション「言語」を用いている。また，ホモ・サピエンスの呼び名があるように，人間を他の動物と区別するものは知恵や思考だといわれる。だが，チンパンジーをはじめ他のいくつかの動物も「思考」していることは今や明らかである。言語も思考も，それ自体では，人間と他の動物との区別には役立たない。しかし，他の動物に発見されていないものは，思考と結びついた言語，言語と結びついた思考であろう。このような思考と言語の関連こそ，人間を他の動物から分かつ指標である。本章では，そうした言語が子ども・人間のなかでどのように発達するのかを，何らかの関連性を志向する行為と理解語〔0歳児〕，指差し（指示的身ぶり）と初語（最初の有意味語）の動態〔1歳児〕，自我の芽生え・ごっこ遊びによる言語の変容〔3歳児〕，独り言の意味〔3〜7歳児〕，内言〔小学生から大人まで〕などの事実的な面から考察する。そこから人間のもつ創造性や内面性について深めてみたい。

1　人間の理解

　《教育とはなにか》の問いは，その根底に《人間とはなにか》という問いを潜ませている。ごく一般的に考えても，教育とは乳幼児から青年までの人間に働きかける行為なのであるから，その行為が成り立つためには，働きかける対象―人間―がどのようなものであるのかを知らねばならない。それは，彫刻家がノミを打つ石材や樹木の性質を熟知していなければ作品を作り出すことはできないことや，農民が土壌と栽培する植物との性質に通じていなければ収穫することができないことなどと，よく似ている。

ならば，人間とはなにか。教育の実践を念頭におくとき，この問いの解答へ[1]
のもっとも確かな道は，言語とのかかわりで人間を理解することであろう。人
類は古くから，人間と他の動物とを区別する主要な指標を言語のなかに見出し
てきた。たとえば，アリストテレス（Aristotélēs，前384～前322）は『政治学』
のなかで人間を「ポリス的動物」とする有名な定義を遺している。その直接的
な意味は，ポリス（都市国家などの共同体）を創り出す動物ということである
が，その規定を導き出す論理に深くかかわっているのは言語の考察である。蜜
蜂などの「群居動物」も広義のポリス，つまり，共同体をつくりだす。しかし，
より高次のポリスをつくりだす動物が人間なのであり，その理由は「動物のう
ちで言葉をもっているのはただ人間だけだからである」と。具体的には，快・
苦であれば他の動物も声をあげるが，言葉は「有利なもの」や「有害なもの」，
「正しいもの」や「不正なもの」を明らかにし，「善悪正邪等々について知覚」
をもつことを可能にするからである（アリストテレス，1961：35）。ところで，言[2]
語という語も，他の語と同様に，多義的である。人間のほか，群れをなして生
きる他の動物にもコミュニケーションの活動がある。それは，しぐさや表情，
叫び，鳴き声，通信的な音声，さらには水中の音波などによる活動で，きわめ
て複雑な音声的・機能的な特徴をもつ人間の言語とは似ていないものだが，他
の動物のそれらも言語だといえないことはない。また，人間の多様な自己表現
——身体・絵画・音楽・映画などの芸術の諸形式——を言語に擬えることもあ
る（たとえば映画言語の文法）。しかし，ここでいう言語は，他の動物との
もっとも根本的な区別の基準とされる言語であり，それは，そうした多義的な
語義と関連しつつも，本質的には，思考と関連づけられる言語である。ここで
は，それを人間言語と呼ぶことにしよう。

2　デカルトとチョムスキーの問題提起

言語学者のノーム・チョムスキー（Noam Chomsky，1928～）は，デカルト
（René Descartes，1596～1650）からドイツ・ロマン主義，ウィルヘルム・フンボ
ルト（Wilhelm von Humboldt，1767～1835）に至るまでの言語哲学を「デカルト

派言語学」と呼び，この言語学は，デカルトによって提起された他の動物と区別される "思考としての言語"（『方法序説』第5部），そこから生じる言語使用の創造的側面という原理が展開されたもの，と見なした。そこでは，思考と同定（identify）されるという観点から言語が取り上げられている（チョムスキー，1970）。デカルトは，言語学を打ち立てたわけではないが，たしかに，人間を他の動物と区別するものを思考としての言語に求めた。チョムスキーの独創は，デカルトのいう延長実体と思考実体の二元的実体論を踏まえつつ，"動物＝自動機械" という有名な定義から，他の動物を貫く機械的原理に対して，人間言語の創造的原理を導き出したことである。

しばらく，言語（使用）の創造性を，人間の初期の，つまり，乳幼児の言語に即して，具体的に考察しておこう。

3　初期の有意味語に含まれる言語の「曖昧」さ

他の動物と区別される，人間という種に固有な言語（とその生成）の特殊性を考察するためには，子どもの初期のことばを対象にして考察するのが，問題解明への近道であろう。子どもの母語の発達は，とくに障害がなければ，どの子も3歳代に話しことばの体系を一応のところ獲得するという点で法則的であるが，ある意味では，きわめて「曖昧」な要素がつきまとっている。そこでは，子ども個人の主観的・主体的側面をとらえることなしには，母語の発達を真に理解したことにはならない。

▧理解語と指示的身ぶり（指差し），初語

その点で，まず取り上げたいのは，1歳以前に始まる「理解語」「指示的身ぶり（指差し）」，1歳頃の最初の有意味語である「初語」である。

子どもの自発的な発話の前には，いわゆる「理解語」がある。ただし，それは語そのものの理解というよりは，語を含む複合的な刺激のゆえに語が理解されるという，条件付きのものである。たとえば，村田孝次は，生後8か月の子どもが「お父さんはどこ？」の母親の質問に「父の方へ向く」という身ぶりで

応答するのには，「母の手の中ですわる」という子どもの姿勢，寝室の場面，「疑問的」な音調（怒りの声ではなく）が必要であった，という研究を紹介している（村田，1968：96）。だが，逆に言えば，そうした条件が整えば，まだ自発的なことばを発していない子どもも，語を一応のところ理解することを示している。

　理解語は子どもにとっては受動的なことばであるが，発話以前の能動的な「ことば」は行為の形式で実現されている。理解語の成立と同じような時期，つまり，まだ発話をする前に，子どもは指示的身ぶり（指差し）という形式で最初の自発的なことば（広義）を示している。ヴィゴツキー（Лев Выготский，1896〜1934）によれば，指示的身ぶりは，(1) 対象に向けられているが不首尾に終わった把握の動作，(2) 母親によってなされる，その動作を指示と理解する意味づけ（たとえば，把握しようとする手の先を見て「あっ，○○が欲しいのね」といって，その対象を取ってやる），(3) 子ども自身が指示的身ぶりを行うようになる，という3つの順次的モメントを通過して成立する。ヴィゴツキーはこの過程を構成するモメントを，ヘーゲル（G. W. F. Hegel，1770〜1831）の用語を用いながら，指示的身ぶりの「即自的」「対他的」「対自的」段階と特徴づけ，このような指示的身ぶりの成立過程に人間の文化的発達の原形を見出している（ヴィゴツキー，2012：264；ヴィゴツキー，2004：293-294。ヴィゴツキー，2005，第5章：180-181）。その場合，2人の人間の関係が1人の人間のなかに入り込み，担われること（つまり直接的には(2)と(3)のモメントの統一）が文化的発達ととらえられがちである。だが，子どもの主観的・主体的側面をより強く表す(1)のモメントを等閑視すべきではなく，その後のことばの発達を考慮すると，この指差しの過程は主体的，社会的，社会的─主体的の3つの関係の複雑な絡み合いである。強調したいことは，「即自」（この場合は対象をつかもうとすること）がなければ，すべてが始まらないことである。

■喃語と有意味語

　指示的身ぶり（指差し）の成立は，動作の面からのことばの部分的成立であるが，音声の面からの類似の過程は，喃語とその母親による意味づけにみられ

る。村田は，喃語と母親と有意味語の関係を次のように述べている——「通常の母親の態度は，話し手である子どもの"心的領域"にできるだけ深く侵入することによって，積極的に，ときには過度に子どもの意図をそこから推測する。子どもの心的領域への侵入の深さに応じて，推測される意味が大いに変わる。たとえば，ウワウワという子どもの発声を，単なる喃語活動とみることもでき，イヌを表示しているとみることもできる，という場合は少なくない。さらに，それは，"イヌを抱きたい"，"イヌは可愛いなあ"，"イヌを見てごらん"などの意味にとれるのである」。「母親のこのような受容的で主観的な解釈は研究者の観察操作と多くの点で対立する。しかしこのような受容的解釈に基づく子どもへの対応は，子どもの発達の種々の面に欠くことのできないものであろう。第一に，母親のこのような恣意的解釈に基づく対応が，子どもに対して，それに近い意味反応を形成させる契機を作るであろう。第二に，このような母親の対応が子どもの談話活動の一般的水準を大いに高めるであろう」（村田，1968：120-121）。このような母親の「恣意的解釈」の考察は，上述の指示的身ぶりにおける第2のモメントの指摘と相通じている。

■初語の般用

初期の有意味語（初語）に属する「ワンワン」は言語発達における子ども個人の主体的側面をよく表している。いわゆる幼児語の「ワンワン」の慣用の語義はイヌである。しかし，初語の「ワンワン」も，その語義で使用されていると思われがちだが，それは的外れである。そのことは，初語「ワンワン」と発話する子どもを動物園に連れていけば明瞭となる。ある白い大型犬の背中に乗せてもらい，まわりの大人たちから「大きなワンワンだね」などといわれて「ワンワン」の語を発するようになった1歳すぎの子どもがいた。その子にとっては，ことばとわかる最初の有意味語であった。数日後，動物園に行くことがあった。その子が最初に見たのは，シロクマで，指をさして嬉しそうに「ワンワン」といった。先日の大型犬とシロクマは外見上似ていないこともないので，外見で判断しているようにも思われたが，その隣の檻のなかをピョンピョンと滑稽に跳び歩いているコンドルを見て，この子はふたたび「ワンワ

ン」といった。最後に見たキリンに至るまで，そこで見たあらゆる動物を「ワンワン」と呼んだのである。

このような経過から，初語の「ワンワン」は先日に見たイヌを含む動物を意味しているととらえがちだが，実はそうとも言えない。たとえば，ヴィゴツキーが紹介するように（ヴィゴツキー，2002：82），かの生物学者のダーウィン（Charles Darwin, 1809〜1882）には孫の初語を記した記録があるようだ。その記録によると，その子は池に泳ぐカモを「ウハー」と呼んだ（おそらく彼の語の起源はカモの鳴き声であろう）。だが，それにとどまらず，その子は，テーブルにこぼれたミルクや液体，コップのなかのワイン，瓶のなかのミルクも「ウハー」と呼び，さらには，鳥の絵のついたコイン，そのようなコインに似たすべての小さく丸く光るモノをこの語で呼んだのであった。村田などによれば，このような初語とその性格は，一切合財語（catch-all term），過剰般化（overgeneralization），語の般用，などと特徴づけられている。

村田はそのような「語の般用」を次のように定義している――「ここで"般用"とは，談話発達の初期に顕著な，1語が慣用の枠を超えて，過度に拡張使用される現象をいう。たとえば，ワンワンという音声がイヌという慣用の意味範囲を超えて，あらゆる四足獣，さらに，それに似たあるいは似ない生物・無生物にまで用いられる場合がこれである」（村田，1968：168）。慣用の意味範囲をこえて，あらゆる四足獣に用いられるだけなら，それはある客観性をおびたグループ化といえるが，意味範囲はそれにとどまっていない。これが重要であるが，「それに似たあるいは似ない生物・無生物にまで用いられる」という点に着目したい。したがって，子どもの初語「ワンワン」を耳にするたびに，そこにカテゴリーを探ろうとする大人の期待はたいてい裏切られることになる。

4　関連性への志向――ことばの生成の主体的側面の秘密

初語の般用・分化に関する問題は，そうした初語をめぐる諸事実の核心をどうとらえることができるのか，にある。この問題が意味するものは，第一に，音と対象の意味との一意的で固定的な照応をことばと見なす連合理論からは，

初語における語の般用の説明は不可能なことである（連合理論は，初語に限らず，安定した慣用的な語義をもつ大人の場合にも，意味の変動や，語そのものの変動，さらには，語義の歴史的変動という否定しがたき現象を説明できないのである）。第二に，初語の多義的な意味はたえず動いていること，その運動は初語の分化を表していること，である。村田は幼児の初語「ワンワン」が1歳代にどのように分化していくのかを観察している（村田，1968：173-174）。村田は何人かの1歳児の観察のうちから一人のそれを選んで紹介している。それによると，1歳3か月以前のその子は「ウーウー，ワウワウ，ウン」によって6種類の動物を表していたが，1歳5か月で「ワンワン」＝イヌ，1歳6か月で「ンマ」＝ウマ（その後，「ンマ，オンマ」を経て，1歳9か月で「オンマチャン」＝ウマ），1歳7か月で「メーメー」＝ヤギ，1歳8か月で「チャーチ」＝ウサギ（その後，「チャーギ」を経て，1歳10か月で「ウチャギ」＝ウサギ），1歳8か月で「ニャンニャン，ヤンコ」＝ネコ（その後，「ヤンコ，ニャンコ」を経て，1歳11か月で「ニャンコ」＝ネコ），1歳8か月で「モーモ，ウチ」＝ウシ（1歳9か月で「ウチ」＝ウシ）が現れてくる。これはこの子の記録なのであって，すべての子どもがこの通りというわけではない。しかし，どの子どもにも「語の般用」が見られ，その語は運動して1歳代を通して慣用の方向に分化していく，といいうるであろう。

■行為－ことば－心理機能の関連において

　第三に，問題の核心をとらえるためには，関連する諸過程を抽象して，語の般用を，行為－ことば－心理機能という発達の過程において理解することが必要である。つまり，考察することばの前にあるものと後にあるものとの双方から分析してこそ当該のことばの本質が明らかになる（だが，それは同時に，発達の同じ断面において，上記のものを3つのモメントとして，それらの相互浸透を考察することをも可能にする）。

　ヴィゴツキーには「想像は，意識の全機能と同様に，はじめは行為のなかで発生する」（ヴィゴツキー，2012a：144）という命題があるが，意識のあらゆる機能が最初は行為のなかに現れることが正しいとすれば，行為は心理機能を先取

りする。また，指示的身ぶりが音声言語の先駆けであるように，行為はことば
をも先取りする。

　さらに，パウル（Hermann Paul, 1846〜1921）が述べた“文法的カテゴリーと
心理学的カテゴリーとの不一致”，クラパレード（Edouard Claparède,
1873〜1940）が述べた“意識と意識の自覚とのデカラージュ（ずれ）”，ピア
ジェ（Jean Piaget, 1896〜1980）による接続詞の発話とその論理の意識化との研
究から明らかになることを踏まえつつ，ヴィゴツキーは「文法は，子どもの発
達において，彼の論理よりも先を進む」（ヴィゴツキー，2001，第7章：368-369），
つまり，文法に沿った発話が文法の表す論理を意識することに先行する，と述
べている。このことが正しいとすれば，子どもにとって，ことばは心理機能を
先取りしている。

　ところで，「一切合財（catch-all)」という呼び名があるとはいえ，それでも
初語は，純粋にすべてをキャッチするのではなく，なんらかの集合を作りだし
ている。文字通りにすべてのものを初語「ワンワン」で言い表すわけではない
からである。初語による集合は，後の思考の面から関係づけるなら，形象につ
ながるものであろう。³⁾ この場合の形象とは，主観的印象が軸となった集合であ
る。その後の，幼児後期と小学校期における複合は，すでに事実的根拠に忠実
であろうとする集合である。もっとも，そこでは，“台形も三角形の仲間。三
角形の上の角をちょん切れば，台形になるから”というような事実の独特な解
釈が見られるのであり，そうした解釈が複合の主要な基礎になっている。この
ような複合と比べれば，形象は断然，主観的である。ヴィゴツキーはそのよう
な形象を，「知覚の混合主義」（クラパレード）や「関連なき関連性」（ブロンス
キー，〔Павел Блонский, 1884〜1941〕）と，先人の用語を用いて特徴づけている
（ヴィゴツキー，2001，第5章第4節：167）。初語「ワンワン」に即していえば，
たとえば，この語が，慣用を超えつつも四足獣を意味する限りにおいて，関連
性が認められるが，「似ていない」「無生物」（ダーウィンの事例では，カモを
表したウハーが“あらゆる小さな丸い光るもの”まで意味しだす）を表すまで
に慣用を超えると，初語が作り出す集合の全体は，客観的な関連を失ってしま
い，子どもの主観的印象が集合の軸となる。この意味で，「関連なき関連性」

第1章　教育・人間・言語

は初語の意味範囲を正確に表している。

　他方，初語より前にあって，初語を説明しうる「行為」とはどのようなものであろうか。指示的身ぶり（指差し）は，初語への発生的関係をもつが，その行為は，初語の多義性を説明するというよりは，その逆に，初語によって説明される。たとえば，指をさしている対象は確かにイヌであるように思われるが，「ワンワン」の語の意味の多義性を考慮すれば，指差しの対象はイヌそのもののこともあれば，イヌの部分（たとえば，ふさふさした白い毛）であることも，イヌのいる場の全体であることも，考えられる。

　初語の意味がもつ「関連なき関連性」に，とくに何らかの関連性に着目するなら，乳児の数ある行為のなかでも，《つねに同じ結果をもたらす行為》を採り上げねばならない。たとえば，オモチャの"ガラガラ"を振る行為である。その行為によって絶えず同じ音が聞こえてくる。このような関連づけに乳児は心を惹かれるのである。また，"はいはい"し始めたある子どもは，床に置かれたティッシュペーパーの箱へと，一目散に突進していった。たぶん大人が箱からティッシュを取るのを見ていたのであろう，この子は，ティッシュを一枚取ると即座に箱から次のティッシュが跳びだしてきたのを見て，一瞬，驚きの表情を顕わにしたが，もう一度ティッシュを取ると，ふたたび次のが跳び出したのを見て，一挙に，彼の表情は満面の笑みに変わり，アッという間に一箱のティッシュすべてを次々と取り出して，満足したのであった。これも，ガラガラの場合と同じように，自分の行為が同じ結果をもたらすことへの子どもの《知と情》（驚きや面白さ）を示している。いわば関連性への志向である。これが，ことばよりも前にあって，ことばの生成につながる行為のモメントであろう。

　人間の初語から推察できる人間言語の性質を一旦まとめておこう。(1) まず意味論的側面について。初語はたえず語の般用と分化の動きのなかにある。初語の運動の特殊性は，意味の多様性から分化への運動であるが，その分化は語義と将来の一般化への道のなかにある。将来のことばにおいても，語は，一般化された語義とともに，意味の多様性を含む。そこでは初語の場合（意味から語義への分化の大道）とは異なり，語義から意味へ，意味から語義へという複

9

雑な運動が認められる。いずれにおいても，ことばは動きのなかでこそ理解される。(2) 形相的側面について。いわゆる幼児語（育児語）などの，乳幼児期に特有な音声論とともに，初語に関する形相的側面は，一語でありながら文の機能をもつという《一語文》を特徴とする。喃語について村田が述べた，母親による喃語の「受容的で主観的な解釈」は，語とともに文に関しても示唆を与えている。つまり，初語は独特な統語論を内包する一語なのである。(3) したがって，初語は自己のうちに，語そのものとその意味との変動への，また，将来の一般化への芽をもつとともに，文をも内包している。初語のもつ「曖昧」さは，そのような積極的モメントをもつのであり，その内的側面の根底にあるものは，子どもの側からことばを生成させる・関連性への志向（知と情）である。

5 創造を内に秘めた模倣

　話しことばが一応のところ「完成」した子ども（おおむね 3 歳代を超えた子ども）には，独特な「造語」が現れてくる。たとえば，「あおばい」（4 歳児）がそれである。一瞬，何を表すことばなのかわからない。「あおばいって，なに？」という質問をしてみると，だんだん，その意味が明らかになってくる。その説明は，白いバイクのことを「白バイ」という。青いバイクは「青バイ」，赤いバイクは「赤バイ」だというのである。「あおばい」は「青バイ」であった。つまり，この子が「あおばい」の語で言いたいのは，いま青いバイクが走り去った，ということであった。この語はその子自身の「独創」なのか，通っている保育園のお友達から聞いた語なのか，はわからない。しかし，大人から聞いた語でないことだけは確かであろう。同類の事例であるが，この時期の子どもたちは，「ピンクい花」「みどりい葉っぱ」と話すことがある。大人にとっては，「ピンクの花」または「ピンク色の花」，「緑の葉っぱ」または「緑色の葉っぱ」というのが慣用である。注目しておきたいのは，「ピンクい花」「みどりい葉っぱ」などは，「赤」「青」「黄色」「白」「黒」などの日常的によく使われる・色を表す語が形容詞化して名詞と結合するとき，形容詞の活用は「い」

第1章　教育・人間・言語

で終わる，という文法規則が慣用の枠を超えて貫かれていることである。この時期の造語は，初語と同様の「語の般用」と呼べないことはないが，初語とは逆方向の変動をもつ。初語は意味の多様性，「曖昧」さというような過剰般化をもって始まるが，この時期の造語は，語の量的側面からすれば慣用を超えて過剰ではあるものの，初語とは違って，文法規則の観点からすれば，文法規則のうちで典型的な慣用にだけ，「曖昧」さを許さない忠実さを発揮するという点では，過小般化である。

　興味深いことには，このような造語は日本語を母語とする子どもだけに特有なものではない。ロシアの児童文学作家，コルネイ・チュコフスキー（Корней Чуковский, 1882～1969）は，そうした子どもの造語に関心を抱き，読者に子どもの面白い造語を知らせてくれるように呼びかけた。大量の造語が集まったようだが，その一部をチュコフスキーは自著に記している（チュコフスキー, 2008）。彼は，子どもの造語を含む言語発達の性格について，「意識されない・言葉の創造は，子ども時代のもっとも驚くべき現象の一つである」（同：29），「子どものことばの発達は模倣と創造との統一である」（同：38）と述べている。重要なことは，子どもに模倣する力がなければ母語は発達していかないが，母語は模倣だけによって発達するのではなく，そこに創造のモメントを見ないわけにはいかない，ということである。比喩的に言えば，大人から聞いた通りにことばを使用するほど，子どもは「お行儀」がよくはないのである。子どもの造語を慣用からの逸脱であるとか誤用であるととらえずに，そこに，子どもにおける言葉の創造の証しを見出したチュコフスキーの観点こそ，重要であろう。ことばはやがて慣用のなかに収まるかに見えるが，その地下には創造する力が脈々と流れている。その地下水脈をとらえなければ，語の意味の変動，語義の変動，語そのものの歴史的変動を真に理解したことにはならない（これは後述する語の《語義と意味》の関係につながっているように思われる）。

　なお，英語を母語とする子どもにおいても，go の過去形である went（行った）を使っていた子どもが，そのうち，一般動詞の過去形の慣用である語尾変化の影響のためであろうか，goed と話した，という事例があるようである（広瀬, 2017：45-46）。そこにも「合理的恣意」と特徴づけられるような造語が

11

ある。[5]

6 自我とことば──ことばの自己帰還

　話しことばが一応のところ「完成」するといわれる３歳代にはいると，独り言，ごっこ遊び，想像などのそれまでにない新しい発達が始まるが，これらは同時に，３歳児の自我の芽生え（第１次的生成）と深くかかわっているように思われる。

　他の動物と比較するならば，人間言語（思考と関連した言語），ごっこ遊び，想像，自我の第一次的生成は，人間を他の動物から決定的に区別するものであろう。人間言語は思考と関係する言語と規定しておいたが，この時期には独り言（自己中心的言語）こそ，そのような言語である。ごっこ遊びと，空間的・時間的に広がっていく想像とは，多年にわたってチンパンジーの心の研究をしてきた松沢哲郎がこの類人猿に欠如していると指摘するものである（松沢，2011：78，181-182）。また，ヴィゴツキーは想像について「動物には絶対的に欠如している」（ヴィゴツキー，2012a：144）ものとし，自我または自己意識については，ヘーゲルを援用しながら，「人間を動物から区別し，したがって，概して自然から区別するのは，主要には，人間が自分を自我として知ることによってである」（ヴィゴツキー，2004，第５章〔第16章〕第３節：301）と指摘している。ヴィゴツキーが述べる「自分を自我として知ること」とは文脈的には対自的な自己意識を意味しているが，[6]他の動物との基本的な区別として考えると，文意を，おそらくは即自的な自己意識（自我はあるが，まだ自我があることを知らない），つまりは自我の芽生え（第１次的生成）と変形してよいであろう。

　自我の芽生えは，ヴィゴツキーを援用すれば，３歳の危機（発達の節目）において理解することができる。ヴィゴツキーは３歳の危機を「社会的関係を軸にして進行する」危機（ヴィゴツキー，2012b：75）と特徴づけているのだが，社会的関係の担い手の一人である子どもの側から見れば，自我の芽生えがひき起していく危機，あるいは，自我の芽生えを正当に受けとめられない大人と当の子どもとのあいだの危機，と考えることができるであろう。それは，ヴィゴ

第1章　教育・人間・言語

ツキーが指摘する，3歳の危機の具体的・典型的な現れ方から言えることなのである。彼によれば，3歳の危機によく見られる子どもの強情さや頑固さは危機の兆候（現象）であって，その本質は，"本当は自分のやりたいことなのに，大人からそれをしてごらん，といわれたので，それをしない"，という点にある（同上）。この時期の子どもが乱発する「ジブンデ」の真の意味はここにある。これは他者との関係における「機械的反発」のような拒絶的なものだが，3歳の危機を超えて活発化するごっこ遊びをよく見てみると，遊びのなかでの他者との関係は，自分が他者になることを楽しむ，というように，その「反発」は積極的なものに変わる。このように，3歳の危機とごっこ遊びと自我とは，不可分な結びつきをもっている。

■事物からの語の解放

　ことばに対しても自我の芽生えは大きな役割をはたしているように思われる。事物（モノ）と語との関係を取り上げてみると，おおよそ2歳代の子どもは「状況拘束性」のなかにあり，ことばによる誘発というよりは，彼のいる状況（視覚的な場）のなかにある事物に誘発されて行為する。階段があれば登ろうとするとか，鈴があると振って鳴らそうとする，という事例が，それをよく表している（ヴィゴツキー，2012a：153）。いわば，"事物の誘発力"である。

　子どもがもう少し大きくなり，3歳を超えた幼年期にはいると，対象（モノ）と語との関係は独特さをおびてくる。語は，対象から離れて，他の対象の名称となりうる（いわゆる見立ての成立）が，まだ対象の性質から完全に分離されたわけではなく，両者の結びつきが保たれている。この点の説明に，ヴィゴツキーはある実験的観察を紹介している。——雌牛と犬を置き換えたあとでの実験者の質問と子どもの解答である。

「犬に角があるなら，この犬はミルクを出すの？」

　　——と子どもに尋ねる。

　　——「出すよ」。

　　「雌牛には角があるの？」

　　——「あるよ」。

「雌牛は犬のことだから，じゃあ，犬には角があるの？」

── 「もちろん，犬が雌牛なら，雌牛と呼ばれるなら，角もなくちゃいけない。雌牛と呼ばれるってことは，角もなきゃいけないってこと。雌牛と呼ばれる犬には，小さな角が絶対になきゃいけない」

(ヴィゴツキー，2001：374)

　このように，この時期の子どもは，名前の転移を受け入れながらも，まだ語は対象の性質から完全には分離していないのである。

　語と対象との癒着（「語は事物〔モノ〕の一部である」──ヴィゴツキー，2012a：159）から，語の対象からの解放は，一挙に生じるのではなく，ごっこ遊びという中間的・移行的な形態を通ってなされる。ごっこ遊びには，通例，あるモノを他のモノに見立てることばと行為とが含まれている。モノからの語の解放の過程には，見立てるための他のモノとそれを用いる行為という支えが必要とされるのである。

　そこには，自我の芽生えが深く関与している。前に述べたことだが，自我の芽生えとは，「たしかに自我はあるのだが，当の子どもは自我があることを知らない」という状態を示している。この芽生えとともに，ごっこ遊びには，対象の見立てのみならず，自分を他者に見立てることが現れはじめる。語と対象との関係をめぐっては，この芽生えによって，子どもは，その即自的な関係（語と対象との癒着）を崩しだし，語を対象から解放しながら語のより自由な使用を開始する。その過程に，幼年期（おおまかに言えば，3歳の危機と7歳の危機とのあいだの時期）の子どもは位置するのである。

　対象への癒着を脱しつつあることばは，どこへ行くのか。そうした語は，子どもの自我の方に引き寄せられていく，と考えるのが妥当であろう。対自的な自我，それを含む対自的な自己意識の核心のひとつを，対象と癒着していた意識（他在化した意識）の「自己帰還」（ヘーゲル，1997：260）と呼んだヘーゲルに倣えば，即自的な自我において，ことばがこうむる変動は，対象への癒着から，もともと語を発した当人に戻っていく，という意味で，ことばの自己帰還である，と仮説的に性格づけてよいであろう。ことばを自分のものにする第1歩である。

第1章 教育・人間・言語

7 ヴィゴツキーの内言理論と人間の表現

自我の芽生えと時を同じくして，子どもには，新しいことばが発生してくる。それは，"ことばの自己帰還"のわかりやすい事例でもあるのだが，明らかに他者に語っているのではない独り言（ピアジェの用語を借用すれば自己中心的言語の一つ）の発生である。子どもの発達の観点から見れば，実は，これが，考えるためのことば——人間言語——の最初の姿なのである。ことばは，人間たちの間にあるとともに，そこだけにあるのではない。独り言（自己中心的言語）を事実的に考察しようとしたのは，ピアジェの功績である。子どもの自発的な発話のうちで自己中心的言語のしめる割合は，3歳児において最大であるが，7歳児に近づくとその割合は半減する，というのが中心的な事実である（Piaget, 1923/1948, chapitre II : 59-60）。なぜ自己中心的言語は凋落するのか。ピアジェは，この独り言の半減を，子ども（の思考）の社会性の増大によって説明しようとした。社会性の増大が自己中心性を減少させる，それがことばの面に現れたのが自己中心的言語（独り言など）の凋落である，と。それに対して，ヴィゴツキーは，いくつかの批判実験を実施して，ピアジェとは異なる・新しい観点を提起したのである。すなわち，自己中心的言語は「自己に向けられたことば」であり，機能的には「思考のためのことば」であり[7]，内言（内的言語，внутренняя речь, inner speech）と同じような機能をもっている[8]，と。ここから，ヴィゴツキーは，自己中心的言語の半減という事実の核心を，社会性の増大というよりは，内言（聞こえない・自己のための言語）への成長を表したもの，と考えたのであった（ヴィゴツキー，2001，第7章）。

内言は外からは聞こえないことばなので，自己観察のほかには，外から聞こえることばの考察によって，内言の正体をつきとめる以外にはない。その点でヴィゴツキーが行ったことは，上記のように，発達的には内言の直前にある自己中心的言語の分析によるとともに，機能的な面がくっきりと現れる大人における外言（話しことば・書きことば）と内言との比較，および，文学作品に表現された話しことばの検討であった。その際，話しことば，書きことば，内言[9]

は《相対的に独立した3つの言語》ととらえることが肝要であろう。

　機能的な面では，外言（話しことば・書きことば）と内言とは，誰に対することばであるのか——他者に対してか，自己に対してか——という点で根本的に区別される。そこから，それぞれのことばの形相的側面は，書きことば‐話しことば‐自己中心的言語‐内言という順に，詳細で展開的なことばから短縮されたことばへ，さらには，語のかけらへ，と並べることができる。内言の形相的側面は，主語が省略され最大限に短縮されるという意味で，統語論の面では「絶対的述語主義」，語彙論においては「語のかけら化」を特徴としている。他方，内言の意味的側面は，形相的側面の縮小（ある意味では絶対的縮小）とは対立的に，著しく肥大化していく。それは，小説のタイトルに比すべきものである。タイトルが作品全体の意味を吸収しつくすのと類似したことが内言にも生じると，この内言の両側面の対立的な運動を把握したことは，ヴィゴツキーの独創であった。内言の意味論を考察すると，あたかも，そこに，小さな幼児の初語（の逆向きの運動）を見ているかのようだ。もちろん言語の水準は異なるので，より正確にいえば，あたかも初語の高次の「逆向きの復活」を見ているかのようである。

　そうした内言の意味の膨大な肥大化は，どのように説明されるのか。ヴィゴツキーは，話しことばを考察したポランの“語の意味論”を援用しつつ（Paulhan, 1928），語の語義と意味との区別，語からの意味の遊離の2つの点に見出した（ヴィゴツキー，2001，第7章：414-417）。語の意味は同心円のようないくつかの領域によって構成され，そのうちのもっとも安定した領域が語義である（用語集に示されるような，語に一意的に対応する意味である）。その周りには派生語・転義語・さまざまな方言などの意味領域があり，さらに，それらの周りには，個人としての意味がある。たとえば，語義は「三角形（triangle）」という語の場合には三角形の定義であるが，その周りの意味の領域には，triangle を辞書で引くとそこに見られる「3人組」「（楽器の）トライアングル」「三叉路」「（恋愛の）三角関係」等々という意味が含まれている。語義からいちばん離れた“個人としての意味”の領域には，たとえば，「初恋」というような・抽象度の高い語の・その人に「固有」な意味がある。「初恋」とい

第1章　教育・人間・言語

語がひき起こすイメージは，個人によって異なるからである。それらの諸領域が複雑な変動を創り出すのである[10]。そうした変動のためには，語と意味とが固定的な関係にあるのではなく，意味が語から遊離していくことが不可欠となる。語からその意味が流出し，また，逆に，語に他の意味が流入しなければならない[11]。語からの意味の遊離の説得力のある事例を一つだけ挙げておこう。ある人について，その人のことば・性格・習慣・見解などが思い浮かべられるのに，その人の名前が出てこない，ということがある。その場合，その人の諸性格（意味）が名前（語）から流出したのである。比喩的にいえば，語・句・文・節・章・一冊の書物のそれぞれの膨大な意味が流出し，短いタイトルに流入するのと同じことが，内言の意味論のなかで生じている。その流入先は短縮されたことば，語のかけらである[12]。このように，内言においても，形相的側面と意味的側面は相互依存的であるとともに対立的なのである。

■対話について

　こうして，ことばは，語義としては人間たちの間にあるが，意味としてはそれぞれの自己の内側にある。しかも，内言の形相的側面と意味的側面とは依存しつつも対立的に運動する。このような複雑な関係が，内言から外言への動きにも影響を与えている。その動きの代表的な事例のひとつは対話である。対話やコミュニケーションの双方向性がしばしば語られるが，それは誤りでないにせよ，表面的な特徴づけである。発話する人たちが理解しあうためには，彼らのなかに使用される語の「共通の語義」があることが前提である。しかし，人間は，初語の場合でもそうであるように，語義だけで発話しているのではない。内言成立以降の人間にとって，対話にあたり，相手の話を聞くときには外言から内言への動きのなかで相手を理解し，また，自己の発話ないし応答は，内言から外言への動きのなかでなされる。相手の外言から自己の内言へ，自己の内言から相手への外言へ，という動きにおいて，相手の抱く語の意味が純粋な形で自己に伝わったり，また，自己の持つ語の意味が純粋な形で相手に伝わるわけではない。この場合の意味は対話する人たちそれぞれの個人にとっての意味を含むので，相互伝達の不完全性は否定しがたい。それに，内言における形相

的側面・意味的側面の対立性の故に，膨大に膨れ上がった意味が外化するとき（表現されるとき）に依拠できるのは語のかけらなのだから，なおさらである。ここから，一方では，対話する人たちのあいだに「誤解」が生まれてくるし，他方では，きわめて積極的なものも生まれてくる。

　積極的なものとは，対話するそれぞれの人間があらかじめ予想さえしていなかった《新しい第3の考え》が対話から生まれてくることである。

　この面での事例をひとつ，保育実践のなかから採り上げておこう。それは，ある公開保育研究会で5歳児組の保育実践のなかで耳にした「よけとび」という子どものことばに関することである。このことばは，上述の「あおばい」という造語と同類のものであろう。それはツバメをテーマにした保育のなかから生まれてきたのだが，その保育の一部には保育者と子どもたちとの対話がある。筆者が当の保育者に取材した，公開保育研究会の前のある日の設定保育の概要を記しておこう。

　ツバメの飛びについてクラスの興味が集まってきた（公開保育の前の）ある日の設定保育。そこでは，それまでに子どもたちが見たさまざまな経験が混ざりあっていた。ツバメはエサに虫を取っているという話題については「虫の真似をして飛んだら虫が取れる」という子。それとかかわって，高く飛んでいるのは「うえ飛び」，地上すれすれに飛んでいるのは「すれすれ飛び」や「ぎりぎり飛び」，園庭の脇にある林のあいだで木をよけながら飛ぶのを「よけ飛び」だというのである。飛ぶ身ぶりを交えながら語られるこれらのことばは皆，生きている。「よけ飛び」は一人の女児が語ったことばだが，すぐにクラスの共有財産になった（保育者やクラスの子どもの誰かが言えば，何のことだかすぐにわかる）。

　言うまでもなく，「よけとび」も「うえとび」も「ぎりぎりとび」も，保育者が教えたり示唆したりしたことばではない。ことばと身ぶりでの対話を積み重ねた過程で，子どもたちのなかで自然に生み出された，保育者が予期もしないことばであり考えなのである。《新しい第3の考え》の誕生——これが対話

第1章　教育・人間・言語

の真の意義である。その場合，一方の人が他方の人を「説得」しようとか「教訓」を与えようとしているあいだは，この積極的なものは望むべくもなく，相互の信頼と表現の自由がそこになければ，それは生まれてこないのである。[13]

　本章では，人間言語の初期の発達を，どちらかといえば，子どもの主体性の側から取り上げてきた。それなしには，この発達を理解できないからである。内言より前にある言語発達は，発話する子どもがまだ発話の事実を意識していないために，かえって人間の本性が自然に映し出されている。「関連なき関連性」「模倣と創造の統一」「合理的恣意」などの矛盾した表現でしか表せない状態から人間の創造性や内面性は誕生してきたのである。強調したいことは，子どもを大人の"操作の対象"にしてしまうと，創造性や内面性の芽が見えなくなることである。そうあってはならない。なぜなら，真の教育者は，子どもが自分を乗り越えていくことを，無上の喜びとするからである。

注
　1）　言うまでもなく，この問いは難問であり，古今東西，いわば学問の数ほど定義があるといってもよい。肉眼では見えない生命の最小単位としての細胞のあり方を究明しようとする細胞生物学からは，「ヒトは『膜』である」という言葉が届けられている（永田，2017）。ここでいう「膜」とは，細胞を区画化し，細胞と他の細胞，外界とを区別するとともに，それらの相互浸透を可能にする「開かれているとともに閉じている」細胞膜のことである。これは，医学系の諸学問や医療に関連する実践にたいして，自然科学的土台となりうるような，人間の定義のひとつであろう。だが，学問の性格上，教育理論と教育実践とへの暗示は間接的である。「生命の内と外」の関係は「心の内と外」の関係と無関係ではないが，かといって，それぞれの関係の特殊性を考慮に入れないわけにはいかない。たとえば，永田によれば，細胞における内と外の相互浸透にもかかわらず，細胞内の「恒常性（ホメオスタシス）」が保たれる。他方，心の内と外，自己と他者との相互関係のもとで，心は，発達的観点からすれば，恒常性に類似した安定的時期とともに，その恒常性を廃棄するような危機的時期をもっており，それらは恒常性の概念には包摂されないであろう。また，細胞における内と外の相互浸透は物質の相互浸透であるが，心においては観念のそれであり，典型的には，言語を媒介した観念の相互浸透である。いうまでもなく，細胞と心とは，それぞれが特殊性をおびて

いる。

2) アリストテレスの『政治学』は，当時の奴隷制を当然の前提のようにして書かれているが，アリストテレスの分析は，当人の考えを裏切って，将来の奴隷制の崩壊を予言しているかのようである。なぜなら，奴隷もまた，同じ言葉を話しているからである。

3) ヴィゴツキーによれば，幼児前期に発生する独特な形象 образ〔オーブラズ〕は，その後の複合 комплекс〔コンプレークス〕，さらには概念 понятие〔パニャーチエ〕の最初の姿である（ヴィゴツキー，1934/2001，第5章，参照）。

4) チョムスキー（1970：25）が引用したドイツ・ロマン主義の芸術理論家シュレーゲルのことばである。

5) 子どもの初語や造語を念頭におけば，子どものことば，ひいては，人間のことばの核心は，「関連なき関連性」「模倣と創造の統一」「合理的恣意」などの矛盾的表現によって言い表されるのが，最適であろう。

6) 対自的な自己意識とは，ヘーゲルが『精神現象学』のなかで述べる意味では，自分の意識において自我と他者と世界とを意識すること，と理解できるであろう。

7) 自由に描画しているときに，色鉛筆などが見つからないなどの難しい状況に直面すると，子どもの独り言はほぼ2倍に増加した（ヴィゴツキー，2001，第2章第4節：58）。

8) ヴィゴツキーらの実験では，子どもが自由に描画している場面で，人為的に色鉛筆などをその場から引き離したもとでの子どもの独り言は，次のように記録されている。──「『鉛筆はどこなの。今度は青鉛筆がいる。ないなら，その代わりに赤で描いて，水をたらすよ。黒ずんで青になるから』。これらすべては，自分自身との議論である」（同上）。つまり，独り言は無意識のうちになされる・自己との対話である。

9) ヴィゴツキーが『思考と言語』第7章で取り上げた，文学作品における主要な3つの事例──トルストイ『アンナカレーニナ』における頭文字による対話，ドストエフスキー『作家の日記』における酔っぱらいの言語，グレープ・ウスペンスキー『零落』における農民との対話は，作家たち自身の体験や観察という現実的な根をもっている。

10) ポランは明らかに《個人としての意味》のなかに変動の原動力を見ている。

11) 個人のなかで生じるこのような意味の流出・流入こそ，語を豊かにし，語義や語さえも変更し，さらには，ことばの歴史的な変動を惹き起こしていくものであろう。

12) そうした流出・流入は，その人の内言のなかで生じていることなので，当然な

がら，個人的色彩を帯びる。なお，語のかけらのイメージは，典型的には，ヴィゴツキーがトルストイの小説から参照した頭文字による対話であるが，身近な事例を挙げるなら，「買い物メモ」がそれにあたる。架空の事例として語れば，「か，な，た，じゃ，に，カ」というメモは，他者には何のことだかわからないが，家に帰ってから作る料理のための買い物リストとして，メモを書いた当の本人には，「かぼちゃ，なすび，たまねぎ，じゃがいも，にんじん，カレーのルー」を意味していることは明らかである。

13)　対話における《新しい第3の考え》の誕生は，典型的には，自我の芽生えとともに始まる幼児後期の保育実践のなかと，いわゆる思春期における自己意識の形成の過程あるいはそれ以降の教育実践のなかにおいて現れてくるであろう。大学教育においては特に卒業論文の指導と執筆のなかで見られることである。天上の高みから（上から目線で）「教訓」を与えたり，自分の方に相手を「引き寄せ」たりすることを「教育」と思い込んでいる人は，《新しい第3の考え》の誕生の素晴らしさを知らないのである。

参照文献

アリストテレス，山本光雄訳（?/1961）『政治学』岩波文庫。

ヴィゴツキー，土井捷三・神谷栄司監訳（1929/2012）「人間の具体心理学」，『「人格発達」の理論』（三学出版）に収録。

ヴィゴツキー，柴田義松他訳（1931/1984/2004）『思春期の心理学』〔少年少女の児童学〕，新読書社。

ヴィゴツキー，柴田義松監訳（1931/2005）『文化的 - 歴史的精神発達の理論』〔原題『高次心理機能の発達史』〕，学文社。

ヴィゴツキー，土井捷三・神谷栄司監訳（1933/2012a）「子どもの心理発達における遊びとその役割」，『「人格発達」の理論』（三学出版）に収録。

ヴィゴツキー，土井捷三・神谷栄司監訳（1933/2012b）「3歳と7歳の危機」，『「人格発達」の理論』（三学出版）に収録。

ヴィゴツキー，柴田義松ほか訳（1933/2002）「1歳の危機」，『新・児童心理学講義』新読書社。

ヴィゴツキー，柴田義松訳（1934/2001）『思考と言語』新読書社。

チュコフスキー，樹下節訳（1928-1933-1963/2008）『2歳から5歳まで』理論社。

チョムスキー／ノーアム，川本茂雄訳（1966/1970）『デカルト派言語学——合理主義思想の歴史の一章』テック。

永田和宏（2017）『生命の内と外』新潮社。

広瀬友紀（2017）『ちいさい言語学者の冒険』岩波科学ライブラリー。

ヘーゲル，樫山欽四郎訳（1807/1997）『精神現象学（上)』平凡社ライブラリー。

松沢哲郎（2011）『想像するちから』岩波書店。

村田孝次（1968）『幼児の言語発達』培風館。

Paulhan, Frédéric (1928), Qu'est-ce que le sens des mots?, *Journal de Psychologie*, 25.〔ポラン「語の意味とはなにか」〕

Piaget, J.（1923/1948），*Langage et pensée chez l'enfant.*〔ピアジェ『子どもにおける言語と思考』〕

（神谷栄司）

第2章

発達と教育

　人間の能力は，次期がくれば自然発生的に現れてくるものであり，人間は教育を受けなくても発達するのだろうか。逆に，人間の発達には教育が必要なのだろうか。もし人間の発達に教育が必要だとすれば，人間が発達するうえで教育はどのような役割をはたし，どのように教育すればよいのだろうか。第2章では，人間の発達と教育の関係について検討する。まず第1節では，ポルトマンの生理的早産説を取り上げ，人間の発達が他の動物の成長・発育とは異なり，人間は社会の中で教育を受けることによって発達する存在であることを明らかにする。第2節においては，発達と教育の関係を考えるうえでもっとも基本となる問題，すなわち遺伝と環境が人間の発達に及ぼす影響について検討する。第3節では，ヴィゴツキーのいう「発達の最近接領域」の理論を紹介し，子どもの発達を踏まえて具体的にどのように教育を行えばよいのかについて考える。最後の第4節においては，成人に達して以降も，あるいは障害をもっていても，人は生涯にわたって発達する存在であることを論じる。そしてこれからの長寿社会における人間としての発達について，教育とのかかわりにおいて考察する。

1　人間の発達は教育によって可能となる

■生理的早産説

　人間以外の動物が大人になる過程には一般に成長や発育といったことばが使われることが多く，人間以外の動物に通常は発達ということばを使うことはない。これに対して人間の場合は，大人になっていく過程は発達ということばで説明される。このことは人間と人間以外の動物の成長・発育過程が異なることを示唆している。ここではポルトマン（Portmann, A.）の「生理的早産説」をもとに，人間の発達の過程が他の動物の成長・発育過程と異なることについてみていきたい。

23

表2-1 哺乳類における個体発生的関係（ポルトマン，1961）

	下等な組織体制段階	高等な組織体制段階
妊娠期間	非常に短い （たとえば20〜30日）	ながい （50日以上）
一胎ごとの子の数	多い （たとえば5〜22匹）	たいてい1〜2匹 （まれに4匹）
誕生時の 子どもの状態	「巣に座っているもの」 （就巣性）	「巣立つもの」 （離巣性）
例	多くの食虫類，齧歯類， イタチの類，小さな肉食獣	有蹄類，アザラシ， クジラ，擬猴類と猿類

　ポルトマン（1961）は，第2次世界大戦においてナチスが生物学的人間観の
もとにユダヤ人を絶滅させようとしたことを念頭に，哺乳類の比較研究から導
き出した「生理的早産説」によって，人間が他の動物とは誕生時から異なる特
殊な存在であることを明らかにしようとした。

　そこでまず，ポルトマンは哺乳動物を大きく「下等な組織体制段階」にある
ものと「高等な組織体制段階」にあるものに分け，「妊娠期間」「一胎ごとの子
の数」「誕生時の子どもの状態」という3つの指標で両者を比較した（表2-1）。

　その結果，「下等な組織体制段階」にあるものと，「高等な組織体制段階」に
あるものとでは，これらの3つの指標のそれぞれにおいて差異がみられること
を見出した。「下等な組織体制段階」にあるものは，一般に体が小さく体の作
りも下等である。このような小さな体を形成するには長い在胎期間は必要でな
く，妊娠期間は比較的短く，誕生時には未熟な状態で生まれる。未熟な状態で
生まれるため，誕生後すぐに動くことができず，外敵に襲われ命を失うことも
多い。それゆえ，種の個体数を確保する必要から一度に生まれる子どもの数が
多くなる。一方，「高等な組織体制段階」にあるものは，一般に体の組織が複
雑で体も大きい。それゆえ，このような複雑で大きな個体を誕生させるには母
体内での在胎期間が長くなる。実際，「高等な組織体制段階」にある哺乳類の
妊娠期間は長く，誕生時には親の後を追うなどすぐに巣離れできる「離巣性」
の状態で生まれてくる。外敵から身を守る力を有しているために，一匹の母親
から生まれる個体数も少なく，通常1〜2匹である。このように3つの指標に
おける「下等な組織体制段階」にあるものと「高等な組織体制段階」にあるも

のとの差異は，生物学的に理にかなったものだと考えられる。

　では，人間の場合はどうだろうか。3つの指標のうち，「妊娠期間」と「一胎ごとの子の数」については，人間は「高等な組織体制段階」にあるものの特徴を有していると考えられる。人間は動物のなかで最も上位に位置する高等な哺乳類であり，「妊娠期間」についてみると，哺乳類のなかでは「妊娠期間」が長いほうに属している。一度に生まれる子どもの数も，通常は「高等な組織体制段階」の特徴である1〜2人である。しかし，3つめの指標である「誕生時の子どもの状態」についてみれば，人間は「高等な組織体制段階」にあるにもかかわらず，「下等な組織体制段階」にある哺乳類の特徴である「就巣性」の状態で生まれてくるという。ポルトマンが種としての人間を特徴づける能力だと考えた「直立姿勢」「言語」「洞察力ある行為」の3つの能力を，人間は誕生時には持ち合わせていないのである。人間の赤ちゃんは誕生時には歩くことも，ことばによるコミュニケーション能力ももっていない。ポルトマンのいう「能なし」で未熟な状態で誕生する。まさしく，人間の赤ちゃんは「下等な組織体制段階」にあるものと同様，誕生後すぐに巣離れできない「就巣性」の状態で生まれてくると考えられる。

　人間の赤ちゃんは「誕生時の子どもの状態」においては，「高等な組織体制段階」の哺乳類がもつべき生物学的な法則から外れた存在として誕生するのである。このように人間は進化の過程で獲得した一般的な生物学的法則から外れており，この点にポルトマンは人間の発達の特殊性を見出したのである。そしてポルトマンによると，生後ほぼ10か月になって人間の赤ちゃんは「直立姿勢」「言語」「洞察力ある行為」という人間を特徴づける3つの能力を獲得するという。すなわち，生後約10か月になってようやく人間の赤ちゃんは，他の「高等な組織体制段階」の哺乳類が誕生時に備えている「離巣性」なる特性をもつようになると考えられる。この点において，ポルトマンは人間が恒常的に約1年早産した状態で誕生すると考え，このポルトマンの考えは「生理的早産説」と呼ばれている。

■生理的早産説が示唆すること

　今から60年以上前に提出されたポルトマンの「生理的早産説」は，近年の霊長類学や発達心理学の知見からみれば，少なからず問題となるところが見受けられる。なかでも，人間にもっとも近いとされるチンパンジーの成育過程は人間の赤ちゃんの発達過程と似ていることが次第に明らかになっており，人間とチンパンジーの育ちを明確に区分することが難しいようである（明和，2006）。また，ポルトマンは人間の赤ちゃんは「歩くこと」も「ことば」を話すこともできない「能無し」だと指摘している。しかし，近年の発達心理学の知見によれば，人間の赤ちゃんは誕生したときには「歩く」ことができず，「ことば」も話せないのだが，誕生間もない時期から，人の表情を模倣するなど周りの人と積極的にかかわる能力をもつことが明らかになっている。このようにポルトマンの「生理的早産説」には，現在からみれば，いくつかの問題点がみられるように思われる。にもかかわらず，ポルトマンの「生理的早産説」は，人間の発達の本質を考えるうえで重要な示唆を与えてくれるのである。

　では，「生理的早産説」が示唆する重要なポイントはどこにあるのだろうか。ポルトマンが指摘するように，人間の赤ちゃんは誕生時に人間を特徴づける能力となる「直立姿勢」「言語」「洞察力ある行為」を持ち合わせておらず，これらの3つの能力を生後約1年経過した頃（ほぼ10か月頃）に獲得する。つまり，人間の赤ちゃんは人間としての種を特徴づける能力を誕生時ではなく，後天的に獲得するのである。後天的に獲得するといっても，10か月たてばこれらの能力が自然発生的に成熟し，獲得できるものではない。これらの人間としての能力は，人間社会において人々との交流を通し，広い意味での教育を受けることによって初めて獲得できるのである。このことは13歳になるまで自宅に監禁されていたジーニーというアメリカの少女の事例が雄弁に物語っている（カーチス，1992）。彼女は極端に子ども嫌いな父親に地下室に閉じ込められ，食事だけを与えられ育てられた。人との交流を全くもたずに育ったため，13歳で発見された時には歩くことも話すこともできない状態だった。ジーニーについては発達障害ではないかといった意見もあるが，自宅から救出された後，教育を受けるなかで不安定ながらも歩行を獲得したことや，徐々にではあるが「ことば」

を獲得していった経過をみれば，「直立歩行」や「ことば」といった人間としての基本的な能力でさえ，誕生後，社会になかで人々との交流を通して獲得されることは明らかであるといえよう。まさしくポルトマンの「生理的早産説」は，人が人間として発達するには社会の中で教育をうけなければならないことを示唆しているといえよう。

2　遺伝と環境は人間の発達にどのように影響するのか

　人間の発達は遺伝要因によって決まるのだろうか，あるいは環境要因によって決まるのだろうか。発達の規定因をどのようにみるかという問題は，発達と教育の問題を考えるうえで非常に重要なテーマとなる。なぜなら，発達の規定因をどのように考えるかによって，発達と教育の関係についての見方が決定的に異なってくるからである。もし発達がもっぱら遺伝要因によって決まるなら，教育の必要性はなくなるだろう。時間の経過に任せ，子どものもつ遺伝要因の発現をまてばよいことになる。逆に，教育を含めた環境が決定的な役割を果すならば，教育のあり様によって発達が決定づけられることになるからである。

　この遺伝要因と環境要因をめぐっては，心理学の世界では「遺伝か環境か」，あるいは「生まれ（nature）か，育ち（nurture）か」という長きにわたる論争がある。しかしながら，この論争は現在でも明確には結着がついていない。第2節では，この「遺伝か環境か」という論争を歴史的に振り返り，遺伝・環境論争の現在の到達点を明らかにしたい。

■遺伝決定論

　人間の発達が遺伝要因によって決まることを最初に主張したのは，進化論で有名なダーウィンのいとこのゴールトン（Galton, F.）であった。彼は優れた能力が優れた家系のなかに受け継がれることを主張し，人間の発達を規定しているのは専ら遺伝要因であると考えた。ゴールトンは18世紀に活躍したドイツの音楽家，ヨハン・セバスティアン・バッハの家系を取り上げ，バッハ一族には多くのすぐれた音楽家が輩出していることを示し，人間の能力が遺伝によって

決まるという遺伝決定論を唱えた。その後も、ニュアンスの違いがあるものの、遺伝が発達を規定する主要な要因であるという遺伝論は、さまざまな形で主張されてきた。なかでも、心理学の世界では20世紀になるとアメリカやイギリスにおいて知能研究が盛んになり、知能が遺伝するという主張が繰り返し行われた。しかし、これらの知能遺伝論については、そのもとになるデータに対する疑念やデータの解釈の非科学性について鋭い批判が展開されている（カミン、1977；グールド、1989）。人間の発達に遺伝要因が関与していることは間違いないにしろ、人間の発達が遺伝によって専ら決まるという遺伝決定論は間違っている。このことは先に紹介したジーニーの事例が教えてくれるところである。今後もこのような遺伝決定論あるいは遺伝が主要な役割を果すという遺伝論がさまざまな形で登場してくるものと思われる。

遺伝決定論でないにしても、近年の分子生物学の発展に伴い遺伝子解析が進むなか、遺伝・環境論争は人間の発達が主に遺伝によって規定されているという遺伝論の方向にシフトしているきらいがある。しかし、遺伝を重視する立場が優生思想と結びつきやすいことには十分に注意し、その科学性を慎重に見極めていかなければならない。

■環境決定論

人間の発達を規定する環境要因としては、胎内環境、家庭での養育環境、学校教育、文化や社会・歴史的条件の違いなどさまざまなレベルの環境要因が考えられる。このような環境が人間の発達を条件づけるという考えを最初に提出したのはイギリス経験論の父と呼ばれるロック（Locke, J.）であった。ロックによれば、人間は生まれた時には、ラテン語でいうタブラ・ラサ（tabula rasa）、すなわち「白紙」であるという（ロック、1972：133-134）。人間は文字が書かれていない「白紙」の状態で生まれ、経験を積むことによって白紙に文字が書き込まれるように、それぞれが個性をもった存在になっていくと彼は考えた。

その後、20世紀になって心理学の世界では、行動主義の祖とされるワトソン（Watson, J.B.）が、人は経験によってどのようにでも変わりうると主張した。この行動主義心理学に代表される環境決定論は、宿命論になりかねない遺伝決

定論よりは進歩的な側面をもっているといえよう。しかし，ワトソンに代表されるように，発達がすべて環境によって決まるという環境決定論は間違っているといわざるを得ない。環境決定論は遺伝決定論と比べると進歩的な側面があるものの，極端な環境決定論は誤った早期教育に走る危険性があることに十分に注意しなければならない。

■輻輳説

遺伝決定論と環境決定論の次に登場したのはシュテルン（Stern, W.）の輻輳説である。輻輳説によると，遺伝要因と環境要因の2要因が加算的に作用して人間の発達が決まるという。そして遺伝によって強く規定される特性もあれば，逆に環境要因が強く影響する特性もあるという。これはきわめて常識的な考えだといえる。ただ，輻輳説ではどの特性の発現にも遺伝要因と環境要因が加算的に作用しているというだけで，遺伝要因と環境要因がそれぞれどのようにかかわりあって発達を規定しているのかについては何も説明していないのである。

■相互作用説

発達の規定因を説明する理論としては現在，遺伝と環境との相互作用説が最も有力となっている。輻輳説では遺伝と環境が加算的に，すなわち遺伝と環境がそれぞれ別々に発達に影響を与えるとされる。これに対して相互作用説では，これらの2つの要因が別々にではなく，相互に作用しながら発達を規定するという。遺伝と環境が相互にかかわりあって発達に影響するというと，一見わかったような気になる。しかし，その相互作用のあり方については十分に明らかにされているとはいいがたい。

遺伝と環境が相互に作用しながら発達に影響を与えるとなると，遺伝が環境に作用するという方向性（遺伝→環境）と，逆に環境が遺伝に作用するという方向性（環境→遺伝）が考えられる。このうち，遺伝が環境に影響を与える場合については，次の2つのケースが想定される。ひとつは子どものもつ遺伝的特性が契機となり，親や周りの大人が子どものもつ先天的な個性を引き伸ばすような環境を子どもに提供するケースである。たとえば，生まれつき活動的で

虫などに興味をもつ子どもの場合，親は小さい頃からわが子を外へ連れ出し，自然に触れさせる機会が多くなるだろう。その結果，子どもは活動的で生き物に興味をもつという彼の生得的な行動傾向がより強化されることになるだろう。このように子どもがある種の遺伝的特性をもつ場合，その特性を強める環境が誘導されることがある。このようにしてある種の遺伝的特性によって誘導された環境が，今度は遺伝に影響を与え返すといった遺伝と環境の相互作用のあり方は「誘導的相関」と呼ばれている（安藤，2014）。

　もうひとつは，子どもが大きくなり，自分の遺伝的特性に合った環境を自ら選択し，その遺伝的特性がより強くなるようなケースである。たとえば，生まれながら優れた運動能力をもつスポーツ好きな子どもは，同じようにスポーツが得意な友だちを選ぶことが多くなるだろう。そしてスポーツ好きな友だちと交流するなかで，その子どものもつ先天的な運動能力がより高まるといった場合が考えられる。このように子どもが大きくなると，自らの遺伝的特質を伸ばすような環境を自ら選ぶようになることがある。そしてこのようにして選択された環境が今度は遺伝的特性に影響を与えるのである。このような遺伝と環境の相互作用のあり方は「能動的相関」と呼ばれている（安藤，2014）。

　いま紹介した2つの遺伝と環境の相互作用のあり方は，ともに遺伝が環境との相互作用の引き金になっている場合である。これに対して環境から先に遺伝に影響を与える場合（環境→遺伝）のあることが，近年の分子生物学の進歩によって明らかにされている。これはエピジェネティクス（epigenetics）と呼ばれる現象で，環境が遺伝子の発現を調節するという（仲野，2014）。このエピジェネティクスは遺伝と環境の相互作用のあり方を考えるうえできわめて示唆に富む知見であり，環境の影響を受けて遺伝子の発現が活性化される場合もあれば，逆に抑制される場合もあることが報告されている。その結果，遺伝子や細胞から体の各器官，脳，そして高次な精神機能に至る各階層の機能が変化し，このことが同一遺伝子をもつ一卵性双生児においてさえ各種の差異が生じる原因でないかと推測されている。

　以上，遺伝と環境の相互作用のあり方をみてきたが，行動や心理のレベルでの話と遺伝子レベルの話とが混在しており，まだまだ人間の発達に遺伝要因と

第2章　発達と教育

環境要因とがどのようにかかわりあっているかの実像には迫れているとはいえない。しかし，人間の遺伝子というミクロなレベルから心理や行動といったマクロなレベルにいたる各段階において，また発達の時間的な流れのなかの各時期において，遺伝要因と環境要因が複雑にそしてまたダイナミックに相互に影響しあいながら人間の発達を促していることは確かであるといえよう。

3　発達と教育の相互関係

　前節では，遺伝と環境が発達にどのように影響しているのかについて概観した。第3節では，環境要因のなかでももっとも重要だと考えられる教育と発達の関係について検討する。

　子どもの発達に教育が重要だとしても，子どもの発達に応じた教育が行われなければ効果がないだろう。これは自明の理であるといえる。子どもの発達の状態を無視して教育は成り立たないからである。では，子どもの発達を踏まえて，子どもにどのように適切にかかわればよいのだろうか。この点についてはヴィゴツキーが提起した「発達の最近接領域」の理論が示唆を与えてくれる。

■発達の最近接領域

　ヴィゴツキー（Выготский, Л. С）は旧ソヴィエトにおける心理学の基礎を築き，発達と教育の関係について「発達の最近接領域」という考えを提起したことで知られている。ヴィゴツキー（1975：78-84：2003：61-69）は知能テストを例に「発達の最近接領域」について説明する。年齢がともに10歳のA君とB君という2人の生徒が知能テストを受けたところ，2人とも8歳のレベルの成績を示したという。この場合，2人の知能はともに一般的な知能検査では8歳の発達水準にあると判定される。しかし，ヴィゴツキーの優れた点はここで終わらずに，生徒が解けなかった問題に助言やヒントなどの援助を与えたところにある。援助をもらった2人の少年の成績はともによくなり，A君は9歳児のレベル，B君は12歳児のレベルに達したという。ここで注目すべきことは，助言やヒントをもらうことによる成績の伸びがA君とB君とでは異なる点にある。

B君の伸びしろの方がA君よりも大きいのである。このように伸びしろの異なる2人の発達水準は同じであるはずがないとヴィゴツキーは考えた。そしてヴィゴツキーは，生徒が人の援助を借りずに独力で達成したレベルを「現下の発達水準」，これに対して助言などの援助をもらって達成したレベルを「可能的発達水準」と呼び，この「可能的発達水準」と「現下の発達水準」の隔たり（差）を「発達の最近接領域」と呼んだ。そして「発達の最近接領域」がどの程度の幅をもって子どものなかに育っているかが，その子どもの近い将来の発達の伸びを予測させるものであり，この「発達の最近接領域」に働きかけることが重要だとヴィゴツキーは考えた。すなわち，現在の子どもの到達段階である「現下の発達水準」を踏まえ，助言やヒントをもらえば到達可能な「可能的発達水準」を目指して，教育を行うことが重要だというのである。この「可能的発達水準」は現時点では自分ひとりではできない水準なのだが，子どものなかに成熟しつつある機能であると考えられ，しばらくすれば自分一人で人の援助を受けずに到達可能な水準だといえる。つまり「可能的発達水準」を目指して教育を行うことによって，「現下の発達水準」から「可能的発達水準」へとダイナミックな飛躍が起こり，子どもは「可能的発達水準」の力を獲得できると考えられる。

　この「発達の最近接領域」の考えは，わが国においては諸外国と比べて比較的早く紹介された。しかし，それは教授方法としての一面的な紹介であったきらいがあり，「発達の最近接領域」が包含する力動的で独創的な内容が十分に理解されているとはいいがたいという（田丸，1977；中村，2004）。そこで「発達の最近接領域」の概念が有するダイナミックで創造的な内容についての本質を理解するには，ヴィゴツキーの発達に関する仮説である内化理論について理解する必要がある。

■発達の最近接領域と内化理論

　ヴィゴツキーの弟子にあたるレオンチェフ（Леонтьев, A. H.）によれば，ヴィゴツキーの理論の基礎には2つの仮説があるという（駒林，1975：165）。ひとつは人間の高次精神機能が記号によって媒介されるという心理機能の被媒介性に

関する仮説であり，もうひとつが高次精神機能の起源が他者との間で営まれる社会的機能のなかにあるという仮説である。この高次精神機能の社会的発生に関する仮説は内化理論とも呼ばれ，ヴィゴツキーはこの内化理論について「子どもの文化的発達におけるすべての機能は，2度，2つの局面に登場する。最初は社会的局面であり，のちに心理学的局面に，すなわち，最初は精神間的カテゴリーとして人々のあいだに，後に精神内的カテゴリーとして子どもの内部に，登場する」と説明している（ヴィゴツキー，1970：212）。

　ここで内化理論を「発達の最近接領域」の考えにあてはめると，子どもが大人から援助をもらい大人との協働のもとで到達している「可能的発達水準」における機能が，子どものなかに取り込まれ（内化），子ども自身の機能へと転化するということになる。すなわち，「発達の最近接領域」という考えは，ヴィゴツキーのいう「精神間機能」から「精神内機能」へという内化理論を具現化したものであるといえる。

■発達と教育の力動的関係

　ヴィゴツキーの「発達の最近接領域」に関する理論は，子どもの発達と教育をそれぞれ別個のものとして静的にとらえるのではなく，発達と教育の関係を力動的な相互作用としてとらえようとするものである。第一に「現下の発達水準」が大人との協同作業を通して「可能的発達水準」へと転化する点に，この理論のダイナミックな側面がみられる。また，大人との協同作業によって「発達の最近接領域」が形成されるという点にも，この理論の力動的な面が認められる。とりわけ欧米における「発達の最近接領域」に関する理論的な発展のなかで，この「発達の最近接領域」の幅が子どもと大人との関係性や大人の援助のあり様によって広くなることや，逆に狭くなることが明らかにされている（佐藤，1999：51）。ここには発達と教育の関係をより力動的にとらえようとする視点が示されているといえよう。

4　人は発達する存在である

　人は子ども時代だけでなく，成人に達した後も発達する。生まれながら障害をもっていても発達する存在である。人は生涯にわたって発達するのである。

■人間は生涯にわたって発達する

　人間の知能は20歳頃がピークで，身体運動能力と同様，知的能力も青年期以降，下降していくものと長らく考えられてきた。それはウェクスラー式知能検査などの代表的な知能検査の結果をみれば，知能のピークが20歳前後にあり，それ以降の成績が下降することが示されていた（たとえば，アイゼンク，1981：111）からである。しかし，われわれは経験的に青年期以降も知的により豊かに発達することを知っている。実際，ある種の知的能力は青年期を超えて成人期，さらには老年期になっても発達するという知見が得られている。

　たとえば，キャッテル（Cattell, R.B.）は人間の知能を流動性知能と結晶性知能に分けた（Cattell, 1963）。このうち流動性知能とは，知覚の鋭敏さを中心とした情報処理の速さに代表されるような知的能力であり，素質や年齢といった生物学的要因に規定されている割合が大きいと考えられる。他方の結晶性知能は，長年にわたる文化や教育の影響を受け個人のなかに経験として蓄積され，結晶化した知的能力のことをさす。その中心には言語を操作する能力があるとされる。一般に知能検査は，情報処理の速さを測定するような問題からなっており，キャッテルのいう流動性知能の側面を測ることが多い。それゆえ，知能検査の成績のピークが20歳前後にあることは当然の結果ともいえる。

　しかしながら，知能検査を構成する下位項目別に年齢別の成績を見ると，語の流暢性や演繹推理などの処理速度を競うような課題においては確かに20歳以降の成績が下降していくのだが，その一方でことばの意味理解といった結晶性知能を測定する課題においては，青年期以降も年齢を積み重ねるなかで成績が上昇することが報告されている。たとえば，コルネリウスとカスピ（Cornelius & Caspi, 1987：150）によれば，ことばの意味理解といった言語能力は日常の問

第2章 発達と教育

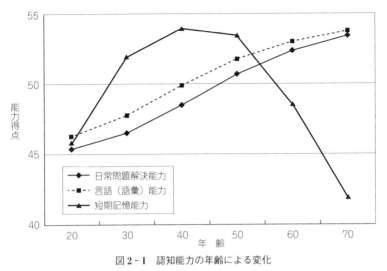

図2-1 認知能力の年齢による変化
(出所) 文部科学省HP。

題解決能力と同様, 年齢を重ねるなかで70歳頃までその成績が上昇するという(図2-1)。このように成人に達した後も, 言語操作にかかわる結晶性知能は発達するのである。

■ 障害児の発達と教育
① 障害児の発達とそれを支える他者の存在

　先天的であれ, 後天的であれ障害を有する場合, 活動が制限されることがある。しかし, 障害があっても, 教育や医療を受けることによって人は自分の可能性を広げることができる。その際, 障害をもつ人のそばにいてその人を親身になって支える人物の存在がとりわけ重要になる。ここでは発達障害のひとつである注意欠如・多動性障害 (ADHD) を取り上げ, 障害児を支える人の存在が, 障害をもつ子どもの発達にとって欠かせないことについて考えてみたい。

　ADHDとは知的には問題がないが, 行動面での問題を抱える発達障害のひとつである。中核となる障害は, 多動―衝動性と不注意である。たとえば, 落ち着きがなく, 教師の指示を待つことができないため, 教師や親からいつも注意ばかりされていると, 2次障害につながることがある。2次障害とは,

ADHD に直接起因する多動─衝動性・不注意といった 1 次的な障害ではなく，周囲の不適切なかかわりによって自尊心が低下することや，他者との関係がうまくいかないことなどから生じる 2 次的な障害である。これには 2 つのパターンがあることが知られている（齋藤，2009）。ひとつは大人に対して拒絶的で反抗的な態度をとるという，本人の葛藤が外に向かう「外在化障害」である。もうひとつは本人の葛藤が自己の内側に向かい不安や抑うつが強まるという「内在化障害」である。これらの 2 次障害を放置すると，非行や不登校，さらにはひきこもりなどのより深刻な事態に追い込まれることにもなりかねない。それゆえ，2 次障害が出ないように教師や親はむやみに叱ったりせず，本人の発達特性を十分に理解し，本人のもっている長所を伸ばし，自尊感情を育むようにかかわることが重要になる。その際，ADHD の子どもをしっかりと受容し，ADHD 児の発達特性を理解し，適切に支援する人の存在がとりわけ必要になる（星野，2017）。一般に子どもが健全に育つうえで子どもの育ちをサポートしてくれる大人の存在が不可欠であるのと同様，ADHD を含む障害児の場合も子どもが心から信頼できる大人，すなわち「心の支えとなる人」の存在は，障害児が自己の可能性を広げ障害を軽減させ，より豊かに発達していくうえで非常に重要である（別府，2010）。

② 「横への発達」から「縦への発達」へ

　ことばが話せず，寝返りもうつことすらできない重度の障害をもつ子どもであれ，その子どもが発達していく道筋は健常な子どもの発達の過程と基本的に同じであると考えられる。重い障害をもっていようが，その人は人間が発達していく共通の道筋のどこかの段階にいるのだと理解される（茂木，1990）。ここでは発達が通常よりも遅れた子どもの発達を促す視点として，「縦への発達」と「横への発達」について考えてみたい。

　子どもに発達の遅れがみられる場合，親や教師はその子どもの発達の遅れを取り戻し，子どもをより上の発達段階へ発達させようとする。このような取り組みは「縦への発達」をめざしているといえる。「縦への発達」が困難な子どもの場合，今よりも上の段階に発達させようとしてもなかなかうまくいかない

ことが多い。そのような場合,「横への発達」という視点が有効なことがある。「横への発達」とは,今できることをいろいろな場面や状況で行うことができるようになることや,そのもてる力を子どもがよく知っている人に対してだけでなく,いろいろな人に対しても発揮できるようになることをいう。そしてこのような「横への発達」を豊かにすることが,「縦への発達」を準備する力になると考えられる。これは弁証法のいうところの量から質への転化であり,次の発達段階への移行が困難な障害をもつ子どもの教育を考える際に,とりわけ重要な視点だといえよう。

　以上,障害をもつ子どもへの教育的かかわりにおける一般的な原則を述べてきた。しかしながら,障害児といってもさまざまな障害をもった子どもたちがいる。先にのべたようにそれぞれの障害の特徴をよく理解したうえで,その障害特性に合った子どもへのかかわりが求められるのである。近年の障害児についての科学的な理解が進むなか,それぞれの障害特性や障害に応じたかかわり方についても次第に明らかにされてきた。たとえば,自閉症スペクトラム障害の場合,聴覚的な情報の理解は一般に苦手であるが,視覚情報の理解は得意である。このように視覚情報の理解が優れていることを利用した自閉症スペクトラム障害児への支援方法としては,TEACCH プログラムがよく知られている。TEACCH プログラムはショプラー（Shopler, E）らが開発した教育方法であり,その有効性が確認されている。この TEACCH プログラムでは子どもを取り巻く環境を構造化し,自閉性障害児に場所や時間の流れを絵カードなどによって視覚的にわかりやすく示すものである。

　また ADHD 児は多動で活動性が高いため,疲れやすいという特性をもっている。それゆえ,オーバーワークにならないように,適宜休憩を入れることが必要である。そして多動で衝動性が強い ADHD 児の場合は,ことばで説明してもなかなか理解されにくいことがある。絵カードなどを有効に利用するとともに,教師や親は子どもに対して静かに落ち着いた雰囲気で話しかけると,教師や親の指示・説明が理解されやすくなることが多い。障害特性に合った教育的かかわりが求められる所以である。

■長寿社会における発達と教育

　我が国の平均寿命は年々伸びており，平均寿命は女性が87歳を超え，男性が81歳に迫ろうとしている。2017年現在，100歳以上の人が6万7000人を超え，年々その数は増加している。まさに「人生100年時代」と呼ばれる長寿社会を迎えようとしている。

　「人生100年時代」においては，学校教育だけが教育とはいえない。学校教育を終えてからも学ぶことが必要である。結晶性知能ではないが，人間は自ら学びいろいろな経験を積むことによって一生涯にわたり発達するのである。

　社会の急激な変化に伴って必要とされる知識やスキルは新しくなる。これらの新しい知識やスキルの習得，そして書物を読むなどの言語経験の蓄積によって，人の知的能力が生涯にわたって豊かに発達することが期待される。

　知的能力というと，知にかかわった能力という狭い意味に理解されることが多い。しかし，近年の知能理論の発展のなかでは，知能を幅広くとらえようとする動きがみられる。たとえば，ガードナー（Gardner, H）の多重知能理論によれば，知能を言語的知能・論理数学的知能・空間的知能といった従来の知能検査が対象とした知能だけでなく，音楽的知能や身体運動的知能，さらには対人的知能や内省的知能といったものも含みこんだ7つの能力として知能をとらえようとしている（ガードナー，2001）。ここでいう対人的知能や内省的知能などは，これまでは人格にかかわる能力であると考えられてきた。ガードナーの多重知能理論では，知能を知に直接かかわる狭い能力としてではなく，人格にかかわる能力も含めた全人間的な能力としてとらえ直そうとしているといえよう。

　多重知能理論ように知能を広く考えると，人は成人に達した後も，結晶性知能のように言語にかかわる経験だけでなく，音楽を楽しむことや他者との交流などさまざまな経験を通して，全人格的に諸能力を豊かに発達させる可能性を秘めていることが示唆される。特に「人生100年時代」を迎えようとするこれからの社会においては，学校などの教育機関での学びだけでなく，人は一生涯にわたり自己を教育し，さまざまな経験を積むことによって自分の知的能力だけでなく，人格にかかわる能力を含めた諸能力を豊かに発達させることが求め

第 2 章　発達と教育

られているといえよう。これまでの心理学では，結晶性知能などの知的能力が
成人期以降も発達することは明らかにされてきたが，成人期以降の人格にかか
わる諸能力の発達ついてはほとんど研究されてこなかった。しかし，成人期以
降も人間は「衰退」ではなく，さまざまな経験を積むことによって老年期に至
るまで自らの人格を豊かに発達させうることが少しずつ明らかにされている
（守屋，2006）。今後，この方面の研究の進展が望まれるところである。

参考文献

アイゼンク，大原健史郎監訳（1981）『知能の構造と測定』星和書店。

安藤寿康（2014）『遺伝と環境の心理学　人間行動遺伝学入門』培風館。

別府哲（2010）「高機能自閉症　子ども・青年の発達と生活――「困っている」内容
　　の理解と支援」新見俊昌・藤本文朗・別府哲編著『青年・成人期　自閉症の発達
　　補償』クリエイツかもがわ。

ヴィゴツキー，柴田義松訳（1970）『精神発達の理論』明治図書。

ヴィゴツキー，柴田義松・森岡修一訳（1975）『子どもの知的発達と教授』明治図書。

ヴィゴツキー，土井捷三・神谷栄司訳（2003）『「発達の最近接領域」の理論――教
　　授・学習過程における子どもの発達』三学出版。

星野仁彦（2017）「思春期以降に顕在化する発達障害」『教育と医学』65(1)：16-23。

カーチス，久保田・藤永訳（1992）『ことばを知らなかった少女ジーニー――精神言
　　語学研究の記録』築地書館。

カミン，岩井勇児訳（1977）『I.Q. の科学と政治』黎明書房。

ガードナー，松村暢隆訳（2001）『MI：個性を生かす多重知能の理論』新曜社。

グールド，鈴木善次・森脇靖子訳（1989）『人間の測りまちがい――差別の科学史』
　　河出書房新社。

駒林邦男（1975）『現代ソビエトの教授-学習諸理論――教授 - 学習と発達の関連の問
　　題を中心として』明治図書。

齋藤万比古編著（2009）『発達障害が引き起こす二次障害へのケアとサポート』学習
　　研究社。

佐藤学（1999）『学びの快楽――ダイヤローグへ』瀬織書房。

田丸敏高（1977）「日本における『発達の最近接領域』概念理解の問題」『心理科学』
　　1：12-23。

仲野徹（2014）『エピジェネティクス――新しい生命像をえがく』　岩波書店。

中村和夫（2004）『ヴィゴーツキー心理学』新読書社。

ポルトマン，高木正孝訳（1961）『人間はどこまで動物か——新しい人間像のために』岩波書店。

明和政子（2006）『心が芽ばえるとき——コミュニケーションの誕生と進化』NTT出版。

茂木俊彦（1990）『障害児と教育』岩波書店。

守屋慶子（2006）「高齢期にもひとは発達する——経験知で拓かれる新しい道」内田伸子編著『誕生から死までのウェルビーイング』金子書房。

ロック，大槻春彦訳（1972）『人間知性論（一）』岩波書店。

Cattell, R. B. (1963) "Theory of fluid and crystallized intelligence : A critical experiment," *Journal of Educational Psychology*, 54(1)：1-22.

Cornelius, S.W. & Caspi, A. (1987) "Everyday problem solving in adulthood and old age," *Psychology and Aging*, 2：144-153.

（南　憲治）

第3章

学校で何を教えるか
——教育課程の問題——

　学校で何を教えるのかという計画のことを教育課程とよぶ。わが国では，教育課程の基準として学習指導要領が文部科学省によって作成され，教育課程とは，「学校教育の目的や目標を達成するために，教育の内容を生徒の心身の発達に応じ，授業時数との関連において総合的に組織した学校の教育計画」と定義されている。

　戦後ほぼ10年ごとの学習指導要領の内容は，学校教育の内容に大きな規定性をもって，影響を与えつづけている。しかし，実際に学校の教育課程を編成する主体は管理職を含む各学校の教員集団である。そして，計画としての教育課程は，それに基づく教育活動として実践され，子どもの学びを創りだし，さらに改善される。ここでは，まず第1節で，教育課程を編成する仕事はどのようなものかをおさえ，第2節では，教育課程のあり方に大きな影響をおよぼしてきた学習指導要領の変遷についてその概略をみる。[1]第3節では，2017（平成29）年に告示された学習指導要領の特徴についてみて，第4節ではこれからの教育課程編成の課題に関して論じる。

1　教育課程編成の基本問題

■「教育課程編成」という課題

　教育課程という言葉は，英語のカリキュラムの訳語である。敗戦後アメリカの占領軍の指導の下に，いわゆる「戦後教育改革」が行われたが，この時に，カリキュラムの訳語として「教育課程」という言葉が採用された。戦前は「学科課程」とか「教科課程」という訳語が使われていた。戦後，「教育課程」という表現が用いられるようになったのは，学校の教育計画は教科の計画だけではなくて，教科以外の諸活動もまた教育計画に含むべきであるという理由から

であった。第2次世界大戦の敗戦に伴って，日本の学校では，この教育課程を
どのように編成するかということを，各学校・教師が主体的に考えなければな
らない課題となり，日本の各地の学校で地域の課題を取り上げた独自の教育課
程が作られた。

　しかし，戦後の学校教育の歴史を振り返ると，文部省が1958（昭和33）年に，
学習指導要領には「法的拘束力」があると宣言して以降は，この教育課程編成
の課題を，個々の教師が主体的に考えなければならないという風潮は弱くなっ
ていく。というのは，教育課程というものは，文部省がその基準を示し，教育
委員会および学校の管理職がそのより細かい具体的な編成を行うものであって，
自分たちには関係のないものだというのが，大多数の教師の意識であったから
である。各学校では，「○○校の教育課程」という文書が作られるが，学校教
育法に従い時間割を組み，教科内容も教科書出版社が推奨する各単元の時間配
分にならって年間授業計画を作成して，それを「教育課程」と称する場合も多
かった。教師は教科書を教えてさえおけばいいのであって，とりたてて「○○
校教育課程」を作る論議に教師が主体的にかかわらなければならないと十分に
受けとめられなかった時期があった。

　このような状況が変化し，教育課程編成の問題を教師が自分自身の主体的な
問題として受けとめて考えざるをえない状況になってきたのは1990年代後半に
入ってからである。特に1998（平成10）年告示の学習指導要領で，「総合的な学
習の時間」の実施が位置づけられて，その内容づくりに関しては，個々の学
校・教員の創意・工夫が奨励されたことは大きかった。

　さらに，「学力低下」批判を受けて，2003（平成15）年に文部科学省が，「学
習指導要領の内容のみにとどまらず，理解を深めるなどの発展的な学習に取り
組ませ，さらに力を伸ばしていくことが求められます」という見解を示したこ
とは，各学校での教育課程編成を促す意味をもっていた。

■教育課程を考える3つのレベル

　一般に教育課程の編成を考えるときに，以下の3つのレベルに問題を分けて
考えることができる。第一は，国の定める教育課程の基準がどのような内容の

ものであるのか検討するレベルである。第二は，国の定める基準に基づいて，具体的な教育課程編成を，各学校の教師集団で行うレベルである。第3は，個々の教師の教育活動計画として考えるというレベルである。

第一の国の定める教育課程の基準という問題に関しては，教育基本法，学校教育法，学習指導要領の内容の検討をすることである。特に，学習指導要領に関してはほぼ10年ごとに改訂が行われて，次の時代をみすえた教育課題に応える形で全国的な基準が示されてきた。

第二の各学校のレベルの教育課程編成の問題は，たとえば2002（平成14）年から全面実施された学校5日制の下で，各学校の教育課程編成の問題は，各領域（各教科，道徳，特別活動，総合的な学習の時間）の時間数をどのようにとるのか，という問題として意識された。その前提として，まず大事なことは，それぞれの教職員が自分の学校の子どもたちをどうとらえているか，子どもたちにどのような力をつけたいと願っているかという形で，学校の教育目標を具体化していくことであった。そして，学校の教育目標の実現に向けて，年間の授業時数がどれくらい確保できるのかを算出し，各教科の授業時間は何時間確保する必要があるのか，学校行事など特別活動にどう取り組むのか，「総合的な学習の時間」をどう活用するのかを教師集団で議論していくことが必要となる。

さて，第三には，各教師の実践レベルでの教育課程という問題が考えられる。これは通常教育方法や授業づくりの課題とみなされているが，教育課程の実現・修正過程という視点でもみることができる。つまり，自分のクラスの日々の実態に合わせて，臨機応変に教育計画を組み直すということである。どんなにりっぱな教育計画を学校が立てようとも，この計画を実行するのは一人ひとりの教師である。実際の授業では，予想と異なる子どもの発言や行動に出会わないわけにはいかない。また，計画どおりにやったとしても，教育効果としては計画と異なるものが生まれてくるということもある。だから，教師というものは，子どもに働きかけた結果をみながら，日々，あるいは時々刻々，予定を修正したり，新しく立てたりしながら教育活動を進めているのが実際である。（このレベルの計画を学校における教育の全体計画としての「教育課程」と区

別して「指導計画」と呼ぶ場合も多い）。

■「効果のある学校」と教育課程編成

　学校レベルでの教育課程編成の論議が，教師集団の授業実践のレベルと結びつく例として，どの子にも学力を保障するという目標に教師集団で取り組んでいる学校の事例で考えてみる。

　大規模な学力調査では，「家庭の経済格差」と子どもの学力に相関があり，生徒の成績も上位層と下位層に「二極化」していることが明らかにされてきた。しかし，学校によっては，「教育的に不利な環境のもとにある」子どもたちの学力の水準の引上げに成功している学校が存在することも明らかにされ，研究者によって「効果のある学校」と名づけられてきた（志水，2008：124）。

　そのような「効果のある学校」のひとつである大阪の中学校では，次のような取り組みがなされている[2]。その中学校では，「チャレンジ学習」と呼ばれる「少人数指導による習熟度学習」が，1年生では数学で，2・3年では数学と英語について時間割に組み込まれている。1学級が，「A（発展）」「B（基礎充実）」「C（基礎）」の3つのコースに分かれるが，最も「学力がしんどい層」の生徒が学ぶCコースには，他学年や他教科の教師も含めて数人の教師が指導に入る体制が組まれ，ほとんどマンツーマンで指導が行われる。その結果，「学力がしんどい層」の生徒もじっくり学習に取り組むことができ，また教師集団も通常の授業よりも親密に学習が遅れがちな生徒とかかわる機会をもつことができ，自分の学校の学力の問題を教科や学年を超えて共通の課題として認識できる機会となる。この「チャレンジ学習」を実現するためには，年度当初に周到な時間割設定と各教師の持ち時間の調整が必要となる。子どもの学力の実態把握に基づいて，学校の教育課程編成として，教師集団が共通に取り組むべき課題を明確にして，それが個々の教師の授業レベルで具体化されている。

■「かくれたカリキュラム」を考える

　教育課程という用語ではなくて，「カリキュラム」という用語が用いられるときには，「教育計画の実践によって児童・生徒に与えられる学習経験の総体」

という広い意味をもつ。このカリキュラム概念から，さらに「かくれたカリキュラム（hidden curriculum）」という概念が，欧米のカリキュラム研究から生まれてきた。これは教育計画としてのカリキュラムを見直すときに重要な課題を提起している。

「かくれたカリキュラム」の意味するところは，教育計画にもとづく教師の意図的明示的な指導によって，児童・生徒は教師の意図どおりの知識・技能，価値観，情操を獲得するだけではなく，教師が意図しなかったような人間形成的影響を受ける場合があり，その暗黙のうちに受ける影響力のことをさす。この影響には，当然教育的に好ましい場合もあるし，逆に好ましくない場合もありえる。具体的には，児童・生徒同士の人間関係，教師との人間関係，そこでの使用語やことば使い，学校の風土，伝統，教師集団のもつ雰囲気，教室や建物のレイアウトなど，さまざまな要因が「かくれたカリキュラム」を形作る。教師は，この「かくれたカリキュラム」に注目し，見過ごされていた影響のなかで重要なものを明確に意識し，そのことを意図的・計画的なカリキュラムの改善に反映していくことが課題となる。さきにふれた「効果のある学校」は，このような「かくれたカリキュラム」の効果も生かして子どもの学力格差を縮めている。

2　学習指導要領の変遷の歴史

■戦後の「新教育」の教育課程

1947（昭和22）年に制定された教育基本法と学校教育法は，わが国の教育の一般的な目的と方針，さらに小学校・中学校等各段階の教育の目的・目標・修業年限等を定めている。しかし，それはきわめて大綱的なものである。たとえば，小学校の目的は「心身の発達に応じて，初等普通教育を施すこと」とし，さらに「目標」としていくつかの一般的事項を掲げている。これを補うものとして，学校教育法施行規則に，基準としての教科の種類が定められていたが，その教科に関する事項は，「学習指導要領の基準による」とされていた。そして，最初の1947（昭和22）年版学習指導要領は，「新しく児童の要求と社会の要

求とに応じて生まれた教育課程をどんなふうにして生かしてゆくかを教師自身が自分で研究していく手引き」として作成された。つまり，「拘束力」のない「試案」だったのである。このように戦後初期は，学校の教育課程の編成について，国が直接統制することをなるべく避けて，地方の行政当局や各学校に委ねるという方針がとられていたのである。試案としての最初の「学習指導要領」には，教育課程の内容的な基準というよりも，教育課程を編成していく上での観点や手順のような事項が詳しく述べられていた。

　戦後になって新しく生まれた教科に「社会科」と「家庭科」（小学校では男女共通）がある。中学校ではまた当初「職業科」も置かれていた。また「自由研究」（これは1951（昭和26）年版学習指導要領で，「教科以外の活動」（小学校）と「特別教育活動」（中学校・高校）になった）という教科も新たに設置されていた。

　「社会科」は，戦前の「修身」「公民」「地理」「歴史」などに代わって，「青少年が現実の社会の問題にふれて，これを解決していく実践的能力を身につけさせる」戦後の民主主義の時代を担う教科として期待された。

　戦後当初の教育課程編成について地域や学校の当事者を尊重する方針は，当時の教育現場に一定の活気をもたらし，学校や地域を単位とする独自のカリキュラム編成運動が起った。また，この時期の教育課程は，生活単元学習，生活経験カリキュラムを基調とする特徴を有し，学習形態も，生徒の日常生活で当面している問題を中核として展開する問題解決学習が奨励された。

　この時期の教育課程編成の自主的な取り組みは歴史的な意義をもつものであったが，生活単元学習を算数・数学や理科のような体系的な知識の教授が求められる教科にまで持ち込んだため，戦前と比較して，児童・生徒の学力が低下したとして批判も出された。

■学習指導要領の拘束性

　1958（昭和33）年に，小学校，中学校の「学習指導要領」が全面的に改訂されたが，その時，同時に「学習指導要領」の性格と内容に，重要な変更があった。まず，学校教育法施行規則の文言が改められ，小学校等の教育課程につい

ては「文部大臣が別に公示する学習指導要領の基準によるものとする」とした。このことにより，文部省の「学習指導要領」は，「試案」としての参考基準ではなく，法的な拘束力をもった教育内容上の国家基準とみなされるようになった。

　同施行規則はさらに，教育課程の領域を，小・中学校で，「教科」「道徳」「特別教育活動」「学校行事等」の４つの領域で構成されるとした（次の1968〔昭和43〕年の改訂からはあとの２つはまとめられて「特別活動」となり３領域になった）。また，教科等にあてる標準授業時数が表示され，これにより「道徳の時間」が週一時限設定されることになった。

　教科では，中学校で「技術・家庭科」がおかれ，男子は技術，女子は家庭に分けられた。また，これまで総合的な教科であった社会科は，中学校では，歴史，地理，政治経済社会（現在は公民）の３分野に分けられ，学年別に学習されるなど，分野別に解体される方向が示された。

　1958（昭和33）年の「学習指導要領」では，各教科，領域ごとに（教科では各学年に分けて）目標，内容，指導計画の作成や指導上の留意点などが細かく規定されている。これにより，学校として教育課程を独自に考えるという余地は極端に限られたものになった。

　また，この学習指導要領では，子どもの「興味」「生活」「経験」を教育課程編成する際の主要な原理として強調してきた戦後当初の「経験主義的な」教育課程からの転換が図られた。教科の系統性を重視することによって，従来の生活経験主義的な教育を改めようとした。たとえば算数・数学の教育課程では，それまでの指導要領が「数学科の指導は〈数学〉を教えるのではなく，数学で〈生徒を〉教育していくことである」と述べ，生活上の問題解決のための数学学習を強調していたのに対して，この学習指導要領では，教科目標の第一に「数量や図形に関する基礎的な概念や原理を理解させ，より進んで数学的な考え方や処理のしかたを生み出すことができるようにする」とし，数学の系統的学習への転換を明確に打ち出した。そして，「基礎学力の充実」のために授業時数も増やし，九九の指導を小学３年から２年に，分数の乗除を中学１年から小学６年に早めるなど，学習内容の充実と整備が図られた。しかし，教育内容

の「系統化」といっても，教科内容のもとになっている学問・科学の成果を，子どもの発達に応じて，選択し，配列していくという点では，まだ不十分点を残したものであった。

　なお，この時期から，教科書の検定基準も強化され，従来認められていた教科書も新たな検定にあたっては多くの修正を求められるなどの事態が発生し，教科書の編集をめぐって，著作者と国との間で係争も発生するようになった。

■「教育内容の現代化」と学習指導要領

　1968〜70（昭和43〜45）年に行われた学習指導要領改訂は，「科学技術の高度の発達」に対処することがひとつのねらいとされ，特に数学や理科の教科に，現代科学の成果を取り入れようとする試みがなされた。たとえば，算数・数学では，小学校4年生で「集合」が扱われ，6年生で「確からしさ（確率）」，中学校1年生では「集合間の対応（写像）」，2年生で「数集合の構造（代数系）」や「順列・組合せ」，3年生で「点・線・面のつながり（位相）」など，現代数学の内容が取り入れられた。

　しかし，教育内容の現代化や，教材の精選ということが強調されながら，現実には教科内容が肥大化し，過密化したために，教師は教科書を教えるために進度を気にせざるを得なくなり，子どもに余裕をもって教えることができない状態で，学年の教科内容についていけないという，いわゆる「落ちこぼれ」とよばれる子どもが生み出されることとなった。

　また，算数・数学，理科の教育内容を現代化する一方で，社会科，国語，体育，音楽などの教科において，愛国心，民族の伝統，団体行動，情操などが強調され，国家主義，道徳主義と呼べる傾向を強めたこともこの時期からの学習指導要領の特徴である。

■「ゆとりと充実」と学習指導要領

　1968（昭和43）年版学習指導要領の下で，一方では，教育内容の現代化や新しい指導法の改善などの研究が学校現場でも盛んに行われたが，他方では，先にもふれたように，「落ちこぼれ」の児童・生徒を大量に出現させた。そこで，

第3章　学校で何を教えるか

1977（昭和52）年版指導要領では，各教科の基礎的・基本的事項を確実に身につけられるように，教育内容の削減・精選が行われた。また，ゆとりのある充実した学校生活をつくるという観点から，年間の授業時間数の一割程度の削減が行なわれ，それによって生じた時間については，各学校において創意工夫を生かした利用が期待された「ゆとりの時間」というものの設定が提唱された。

　しかし，本来この教育課程の改善のねらいは，「学校生活を全体」としてゆとりと充実のあるものにするのが課題であったのにもかかわらず，「ゆとりの時間」を他の教育活動との関連もなく，その中味作りに各学校が追われるというように本末転倒した事態を生み出す結果になった。

■「新しい学力観」の提唱

　1989（平成元）年の学習指導要領の改訂では，21世紀へ向けて，激しく変化していく社会に，青少年が心豊かに主体的・創造的に生きていくことができる資質や能力を育てることを目標とし，国民として必要とされる「基礎的・基本的な内容」を重視するとともに「個性を生かす教育」を推進すること，また社会の変化に主体的に対応するため「自ら学ぶ意欲」を高めることが強調された。この学習指導要領にもとづく教育評価のあり方を論議する過程で，「新しい学力観」という考え方が提唱された。

　この考え方を具体化したものとして，児童・生徒の学習や学校生活についての「評価」に関して，「学習」では，とくに「自ら学ぶ意欲の育成や思考力・判断力などの育成」に重点をおいて評価の観点を定めるとされた（「観点別学習状況の評価」）。従来は，学習の結果として獲得された，知識・理解・技能などを優位においた学習の評価がなされていたが，この「新しい学力観」の考え方では，「自ら進んで課題を見付け，自ら考え，主体的に判断したり，表現したりして，問題を解決する」学習への「関心・意欲・態度」といったものを重視する評価を行うということである。

　「新しい学力観」の考え方にもとづいて，従来の教え込みの授業ではなく，教師が子どもの問題解決を「支援」するような授業が望ましいとされ，そのための研修が学校現場で広まった。小学校の低学年での「理科」「社会科」を廃

止し，新たに設置された「生活科」の授業はその典型例とされた。しかし，この「新しい学力観」に基づいて望ましいとされた授業は，教師が適切な指導をすることまでも，控えるというような画一的な教育方法を押し付ける傾向も招いた。

■「生きる力」の提唱と学習指導要領

1998（平成10）年の学習指導要領の改訂では，教育課程審議会は，「総合的にみると，現行の教育課程のもとにおける我が国の子どもたちの学習状況は全体としておおむね良好」であるという楽観的な認識を示しながら，問題点としては，以下の点を挙げた。

①「過度の受験競争の影響もあり多くの知識を詰め込む授業になっている」

②「時間的にゆとりをもって学習できずに教育内容を十分に理解できない子どもたちが少なくない」

③「学習が受け身で覚えることは得意だが，自ら調べ判断し，自分なりの考えをもちそれを表現する力が十分育っていない」

④「一つの正答を求めることはできても多角的なものの見方や考え方が十分でない」

以上のような問題点の克服とあわせて，この時期に提唱された教育理念が「生きる力」であった。「生きる力」とは，1996（平成8）年の中央教育審議会第1次答申において，次のような定義がなされていた。

「生きる力」は，いかに社会が変化しようと自分で課題を見つけ，自ら学び，自ら考え，主体的に判断し，行動し，よりよく問題を解決する資質や能力であり，また，自らを律しつつ，他人とともに協調し，他人を思いやる心や感動する心など，豊かな人間性とたくましく生きるための健康や体力である。

この「生きる力」の定義は，後で紹介する2000年代に入って国際的な教育改革研究のなかで用いられるようになった「コンピテンシー」を先取りするものであったと文科省・教育課程審議会は述べている。

1998年告示の学習指導要領の具体的な方針は，「ゆとりのある教育活動を展

開できるよう」という目的での，「教育内容の厳選」と「授業時間数の削減」
であり，「総合的な学習の時間」の設定であった。

「教育内容の厳選」（俗に「3割減」と呼ばれた）は，「小数の計算は小数点
第一位までとする」などの，いわゆる「はどめ規定」が学習指導要領に数多く
書き込まれたことによって行われた。そして，それに忠実にしたがって検定教
科書の内容も作成された。しかし，「教科内容の系統的理解と習熟に必要な基
礎的・基本的な内容は何か」という検討が不十分な「厳選」は，かえって，子
どもたちが教科内容の基本を「わかり」「できる」ようになることの障害と
なった。そして1998年に告示された学習指導要領は，2002（平成14）年の全面
施行前から「学力低下をまねく」という批判をさまざまな立場の研究者や現場
教師から受けることになった。文部科学省は，当初「学力低下」の指摘に対し
て，「旧来の学力観に基づくもの」などの反論をしていたが，2002（平成14）年
には「確かな学力向上のために2002アピール『学びのすすめ』」を発表し，「学
力向上」を政策として強調することになった。

■教育基本法改正と学習指導要領の改訂

1947（昭和22）年に制定された教育基本法が，2006（平成18）年に改正された。
教育基本法は，第2条の「教育の目標」で，従来から規定されていた「個人の
価値の尊重」「正義と責任」に加えて，「公共の精神」「生命や自然を尊重する
態度」「伝統や文化を尊重し我が国と郷土を愛する」「国際社会の平和と発展に
寄与する」等の内容を明記した。2007（平成19）年には，学校教育法も一部改
正され，新たに義務教育の目標が規定され（学校教育法第21条），「規範意識」
「公共の精神」「伝統と文化を尊重」などの表現が入った目標が列挙されている。

改正された教育基本法・学校教育法をふまえた学習指導要領改訂の方向性が
中央教育審議会答申（2008〔平成20〕年）として出され，それに沿って学習指導
要領は改訂された。主な特徴は以下のとおりである。

① 各教科等において，我が国や郷土の伝統や文化を尊重するための教育内
　容が強調されている。たとえば，国語科での古典の教育，社会科での歴史
　学習，音楽科での唱歌・和楽器，美術科での我が国の美術文化，保健体育

科での武道の指導等に，その特徴が表れている。

② 道徳教育は，「道徳の時間」を要として学校の教育活動全体を通じて行うものであることを強調している。すなわち「道徳教育の目標に基づき」，「道徳の時間などとの関連を考慮しながら」，学習指導要領が示す道徳の内容について，「適切な指導をすること」という文章が全ての領域（各教科，道徳，外国語活動，特別活動，総合的な学習の時間）の「指導計画の作成と内容の取扱い」に入った。また，道徳教育推進教師を中心に，全教師が協力して道徳教育を展開することが新たに明記された。

③「基礎的・基本的な知識・技能の習得」を強調し，発達や学年の段階に応じた指導を重視している。たとえば，小学校低学年から中学年までは，「体験的な理解や具体物を活用した思考や理解，反復学習などの繰り返し学習といった工夫による『読み・書き・計算』の能力の育成」を重視するなど。また，「重点的な指導や繰り返し学習といった指導の工夫や充実に努めること」が求められる事項の例を，「重点指導事項例」として整理し，提示することも述べられている。

④「思考力・判断力・表現力等の育成」を強調している。そのためには，「観察・実験やレポートの作成，論述といったそれぞれの教科の知識・技能を活用する学習活動を充実させる」ことを重視している。同様の趣旨から，「国語科のみならず各教科等において，記録，要約，説明，論述といった言語活動を発達の段階に応じて行うこと」を強調している。

⑤「確かな学力を確立するために必要な授業時数の確保」が行われた。教科において，基礎的・基本的な知識・技能の習得とともに，観察・実験やレポートの作成，論述といった知識・技能を活用する学習活動を行うために，小・中学校の必修教科の授業時数が「確保」（増加）された。そして，1998年の改訂の時に削減された教育内容がほぼすべて復活した。

3 2017（平成29）年学習指導要領改訂の特徴

■育成すべき資質・能力の目標化

2017（平成29）年3月に，幼稚園・小学校・中学校の学習指導要領が改訂された。この改訂の特徴的は，2030年の日本社会を見据えて，子どもたちが変化の激しい社会を生きるために必要な資質・能力を明確にし，そのために教育内容・教育活動を位置づけるという構成にしたことである。学習指導要領の改善に向けた2016（平成28）年12月の「中教審答申」では，資質・能力の「3つの柱」として次のように表現された。

① 「何を理解しているか，何ができるか（生きて働く「知識・技能」）」

② 「理解していること・できることをどう使うか（未知の状況にも対応できる「思考力・判断力・表現力等」の育成）」

③ 「どのように社会・世界と関わり，よりよい人生を送るか（学びを人生や社会に生かそうとする「学びに向かう力・人間性等」の涵養）」

上記の資質・能力の3つの柱が学習指導要領に反映され，各教科の目標についての冒頭の記述の仕方が，「○○の見方・考え方を働かせ，〜する活動を通して，〜としての資質・能力の基礎を次の通り育成することを目指す」という形式に統一され，各内容に関して，「知識・技能」「思考力・判断力・表現力」といった資質・能力の目標が詳しく書き込まれた。たとえば小学校5学年の算数で，2008（平成20）年版では，「百分率について理解できるようにすること」としか書かれていなかったが，2017（平成29）年版では，「知識・技能を身に付けること」として，「百分率を用いた表し方を理解し，割合などを求めること」，「思考力・判断力・表現力等を身に付けること」として，「日常の生活における数量関係に着目し，図や式などを用いて，ある2つの数量の関係と別の2つの数量の関係との比べ方を考察し，それを日常生活に生かすこと」という表現が書き込まれている。「学びに向かう力・人間性等」の資質・能力に関しては，たとえば小学校5学年の算数の目標ならば，「数学的に表現・処理したことを振り返り，多面的にとらえ検討してよりよいものを求めて粘り強く考える態度，

数学のよさに気付き学習したことを生活や学習に活用しようとする態度を養う」と書き込まれている。

■教育課程の編成・実施・改善とカリキュラムマネジメント

　2017（平成29）年の改訂では各学校におけるカリキュラムマネジメントの確立が強調されている。カリキュラムマネジメントとは，①「何ができるようになるか」（育成を目指す資質・能力），②「何を学ぶか」（教科等を学ぶ意義と，教科等間・学校段階間のつながりを踏まえた教育課程の編成），③「どのように学ぶか」（各教科等の指導計画の作成と実施，学習・指導の改善・充実），④「子供一人一人の発達をどのように支援するか」（子供の発達を踏まえた指導），⑤「何が身に付いたか」（学習評価の充実），⑥「実施するために何が必要か」（学習指導要領の理念を実現するために必要な方策）の諸点について，「各学校が組み立て，家庭・地域と連携・協働しながら実施し，目の前の子供の姿や地域の実情等を踏まえて，各学校が設定する教育目標を実現するために，学習指導要領等に基づき教育課程を編成し，それを実施・評価し改善していくこと」（中央教育審議会）とされている。

　具体的な進め方の典型例としては，ひとつの学年の各教科・領域とそれぞれの単元が時系列に配列されて一枚に収められた年間指導計画を作成し，学校の教育目標・育てたい資質・能力と各教科・領域の単元をつきあわせて，「なぜ，この時期に，この活動内容を，これだけの時数をかけて実施するのか」を教師集団で検討していく方法がある。これによって，年間指導計画から「目的が曖昧な教育活動」を削ったり，「目標と照らし合わせながら，教科・領域を横断した関連を探し出し，関連のある単元同士を線で結び，その関連を考慮して，単元の時数を増減したり，指導の順序入れ替え」することが行われる。たとえば，6学年の年間指導計画の学校行事で運動会を実施する時期は，子どもがリーダーとしての苦労を経験する時期でもあるので，道徳で「班長になってよかったな」という教材を取り上げて，「役割の自覚・責任」をテーマに授業を組むことが発想される。また，6学年の社会科の歴史学習で室町時代を学習する時期に，国語の教材で狂言の柿山伏，図工では水墨画，音楽では越天楽今様

の教材を関連づけて教える計画をたてるというように，「教科等横断的な視点」で年間指導計画を考えることがカリキュラムマネジメントとして考えられる。

2017（平成29）年の学習指導要領では，全教科にわたって「学習内容の削減は行わない」上で，「主体的・対話的で深い学び」を実現することが求められ，さらに外国語教育の一層の充実やプログラミング教育など，新しい教育内容が導入される。学校現場では，限られた授業時数の枠内で，「目の前の子供の姿や地域の実情等」をふまえて，盛り沢山の教育内容にもとづく教育活動を行っていかなくてはならない。それゆえ，各学校の教育目標を子どもの実態に基づいて教師集団で検討し，教科等横断的な視点で教育内容を関連づけて，教育条件整備を行い，カリキュラムを効果的に実施し，評価し，改善するというカリキュラムマネジメントの取り組みが必須のこととして要請されている。

4　これからの教育課程編成の課題

■道徳教育に必要な「教科等横断的な視点」

2015（平成27）年にそれまで教育課程の1領域であった道徳が「特別の教科である道徳」に改められた。「特別の」教科とされたのは，一般教科のように数値による学習評価にはなじまないことと，学級担任が授業を担当するという理由による。そして，「考える道徳」「議論する道徳」への転換が強調され，2018年（平成30）年度から検定教科書によって「特別の教科道徳」の授業が行われる。その際に，人間の価値や生き方にかかわる道徳の問題を現実社会の認識から切り離された個人的・内面的心情の問題にのみ矮小化していないか考える必要がある。教科になった道徳は，社会科等の他教科と結びついた「教科等横断的な視点」で，人間の価値や生き方にかかわる問題を，社会的事象のリアルな認識と切り離さず，生徒に考えさせる教育を進めていくことが重要となる。

たとえば文科省が2014（平成26）年に道徳の検定教科書ができるまでの間，教科書に準ずる主たる教材として学校に配布した『私たちの道徳　中学校』に，「二通の手紙」という読み物教材がある。内容は動物園の模範的職員だった元さんが幼い姉弟への同情心からきまりを破って入場させたが園内が大騒ぎに

なってしまい，その結果，職場で「懲戒」として「停職処分」を言い渡され，元さんは自ら退職する選択をするというストーリーである。たとえばこのような教材で，自ら退職した人物の行動選択を暗に「美徳」と伝達してしまうのではなく，会社の「就業規則」についての現実的な認識や，「社会権」としての「労働者の権利」の観点もふまえて考え，議論させることも必要である。生徒に道徳教材や「道徳的判断」を批判的に吟味することを促す道徳教育が求められる。

■「総合的な学習」の意義の実現

1998（平成10）年の学習指導要領改訂から教育課程に位置づけられた「総合的な学習の時間」は，教師の仕事の全体的な多忙化の下で，その意義を実現することの困難も学校現場に感じさせてきたが，各学校や教師の創意工夫を生み出した事例も数多く生み出してきた。学校外の人々の協力も得ながら子どもの主体的な学習を創造する「総合的な学習」の意義について，優れた実践例から学び，継承・発展させていくことは課題となる。

たとえば2006（平成18）年島根県のある中学校の教師集団は，荒れている学校を変えるために，「命コース」「食と農コース」「平和・異文化コース」「福祉コース」の４つのコースを設けて「総合的な学習」を創ろうと考え，次のような問題意識が教員集団で持たれた（多久和（2014）にもとづく）。

①「人が生きるとはどういうことか」という問題に中学生が直截に向き合うことで，自分の生活と現実社会を結び，生徒たちの生活認識やアイデンティティにリアリティを取り戻したい。

② 学んだことを交換し合うことで，学習テーマを読み深めるだけでなく，子どもと子どもの関係や生徒と教師・保護者の関係を変えることにつなげたい。

そのために重視された方法が，一つには，できるだけ地域に出かけ，「現場」で働いている人々との出会いのなかから生徒が学ぶことを重視すること。二つには，子どもたちがそこから学んだことを意見や感想として発信し，現場の人々などから反応が返ってくるという発信と受信の応答関係を広げることで

あった。

「命コース」の総合的な学習は次のように取り組まれた。

中学校 1 年では，地域で命と向き合い働いている人々の現場を取材し，一人一人がＡ４判の新聞を作るという学習であった（約30時間）。取材対象は，産婦人科クリニック，大学付属病院がん患者サロン，消防署，子育て支援センター，重い障害をもつ少女の家，葬祭センター，県立病院救急外来であった。生徒は以上から 2 か所を選び，数人のグループで 2 度にわたって取材に出かけ，新聞を作る学習を行った。

このような学習を深めるために工夫された点は，① 事前学習として，現場に出かける前に，当事者，たとえば，がん患者さんを学校に招いて，闘病生活について話を聞く機会を設けて，生徒の学習動機を高めた。② 現場の取材で感じたこと・考えたことを生徒が表現できる方法を教えること。新聞記者を招いて，インタビュー記事の作り方や見出しのつけ方などを生徒たちは学習した。③ 生徒一人一人が作った新聞をもとに取材に応じてくれた人たちや保護者との応答関係をつくったことである。

中学校 2 年では，「命コース」の総合的な学習は，修学旅行で神戸市を訪れ，阪神・淡路大震災被災者の被災体験を聞き取り，新聞を作ることを中心に行われた。取材対象は，外国人被災者の体験を聞くために，多言語コミュニティラジオ局，被災後の暮らしを知るために，復興住宅に住む被災者を支援するNPO 法人などであった。教育課程のなかに体験的な学習が組みこまれる場合，学習のまとめをしておしまいになることが多いなかで，体験から始まる学びが生まれた。子どもたちの間から沸き起こった学びの要求で最も強かったのは，被災者の話を多くの人に伝えることであった。そこから地震が起った際の避難所体験を地域の人々に対して企画することが中学生から提案され，実際に行われた。

中学校 3 年では，社会科の人権学習をベースに学習内容が組み立てられ，医療現場での聞き取りの学習が行われた。在宅医療や看取りについて看護サービスステーション，患者の権利についてはがん患者サロン，緩和ケアについては大学付属病院，高齢者の看取りについてはナーシングセンター，救急医療につ

いては病院救命救急外来に生徒は出かけた。そのことによって「人権という視点から生きることをとらえ，それによって見えてくる世界と向き合うことで，自分の意見をつくる」ことがねらいとされた。学習成果の表現形式は，新聞形式ではなくて，小論文や憲法25条，老人福祉法などをわかりやすい日本語訳にまとめるという方法がとられた。このような「総合的な学習における学習の質」の意義は以下のようにまとめられる。

① 生徒の課題意識にもとづく知識の総合の経験を創る

　この「命の現場から学ぶ」総合的な学習は，教科でいえば，社会科，国語科，家庭科などの教科内容に該当する知識を得ている。知識の習得という点からいえば，医療ケア，高齢者福祉，子育てなどの主題や新聞づくりの方法など，それぞれの教科の枠で学習すればよいという意見もあるだろう。しかし，総合的な学習に取り組む意義は，自分たちの手で実際に働く現場の生の声を聞き取る，当事者と対話する，よりよいケアとは何かを検討するなどの，学習経験のひとまとまりのなかに，それぞれの分野の知識が意味のある関係をなして位置づくことである。

② テーマを探究するための問題・課題づくりの経験を創る

　総合的な学習では，テーマの方向性は教師が与えるにしても，それを追求していく過程で，どのような具体的な問いや課題を設定して追求し，実現したいのかを子ども自身が考えるための時間的余裕を十分にとれることである。

③ テーマを探究するための方法を活用し，学習成果をまとめ発信する経験を創る

　文献やインターネットによる方法だけでなく，フィールドワーク，インタビューなど，多様な知識獲得の方法，新聞づくりや小論文作成を実践する機会を子どもに与える。

④ テーマの探究のための多様な人々との協働の経験を創る

　総合的な学習では，テーマの探究において，学校のなかのみならず，地域社会の人的・物的資源を活用して，多様な情報源から獲得した知識をもちより，多様な視点から問題を協働して掘り下げていく機会を与える。

第3章　学校で何を教えるか

■「学力」と「資質・能力」と教育課程編成

　教育課程の目標としての「学力」とは何か，どのように定義するか，という問いをめぐっては，これまで教育学者の間で多くの論争があった。代表的な論点として，「学力」に「学習意欲や態度」といったものを含めるべきであるという立場と，「学力」とは，教育内容としての知識や技能を習得・習熟させることによって，その成果が測定可能な能力に限定して考えるべきであるという立場の違いである。

　現行の学校教育法では，第30条第2項において「基礎的な知識及び技能を習得させるとともに，これらを活用して課題を解決するために必要な思考力，判断力，表現力その他の能力をはぐくみ，主体的に学習に取り組む態度を養うこと」という記述がある。近年では，これを根拠に「知識・技能」「思考力，判断力，表現力等」「主体的に学習に取り組む態度」が「学力の3要素」であるとする考え方が普及している。

　「学力」の定義に「態度」等を含めるべきではないと教育学者が主張してきた意義は次のような点にあった。[4]「学力」とは，人間の能力一般ではなく，教育者が，各教科内容のもととなっている諸学問の内容を研究し，それと人間の発達研究を結びつけて優れた教材を作成し，学校で教師が計画的・系統的に教えることで，多くの子どもに「分かち伝える」ことができる能力と考えるべきである。たとえば，算数・数学の計算体系や，自然科学の法則，社会科学の基本概念，近代文学の主題などを理解し，その知識を駆使して現実世界について考える能力は，学校外の生活経験によるだけでは，多くの子どもに習得できない能力である。教育者が考案した教材に基づいて，わかりやすく順序だてて教えて，はじめて多くの子どもに獲得される能力である。また，その指導過程においては，教材が体系化され，学習の進度・成果が正確に測定できることによって，学習者のつまずきを容易に知り，それを改善する指導ができなければならない。学力を「教育内容としての知識や技能を習得・習熟させることによって，その成果が測定可能な能力」に限定することは，教育者に不断の教育内容，教材，指導方法の改善に向かわせる。このように「学力」概念を狭く限定する立場から，深い教育内容研究，優れた教材開発，子どもの学習実態を把

59

握し指導に生かす学力到達度を測定するテストをつくることと結びつけて「学力」を考える意義が論じられた。

　他方，「学習意欲や態度」を含めて「学力」を考える立場は，学校で学習に向かう意欲や態度を左右する上で土台となる，それまでの学習経験や生活経験，それによって形成される諸能力にも焦点を当てる必要性を強調する[5]。すなわち子どもの学力問題は，授業や教材の改善だけではなく，学習意欲の土台となる子どもの生活意欲や自己肯定感等についても考慮に入れて指導を考えなければならない。また，教育の目標としての「学力」の定義に，「意欲や態度」を含めることによって，学んだ知識や技能を使って，新しい課題や問題に積極的に取り組んでいく能力が形成されているかどうかを目標化し，そのための指導方法を工夫することにつながると考える。

　さらに最近では，「学力」という用語に代わって「資質・能力」という表現が，教育課程の目標を論じる際に，盛んに用いられるようになり，レジリエンス（失敗や困難にも挫けずに物事をやり切る心的傾向）や人間関係形成能力等といったものでまで教育目標として拡大して議論されるようになってきた。

　重要な事は，さまざまな「～力」を教育目標として議論する際に，そのような「～力」を子どもが獲得できるためには，学校と教師はどのような教育内容を計画的に組織し，子どもの発達と生活に結びついた，どのような魅力的な教材を準備し，他者との協働を含むいかなる学習活動を創りだすことで，そのような「～力」を形成できるのか，そしてその能力の形成過程を測定・評価し，指導に生かす方法はいかに考案できるのか等の具体的な手立ての考察と切り離さずに議論することである[6]。

注
1)　学習指導要領の歴史的変遷についてまとめられた文献として，水原（2017）が参考になる。
2)　志水（2008）で紹介されている寝屋川第四中学校の事例である。
3)　カリキュラムマネジメントの考え方と手法についての入門書としては，田村（2014）が参考になる。以下は同書の30-31頁で紹介されている福岡市の小学校の事例である。

第3章　学校で何を教えるか

4) このように「学力概念」を限定することで教育研究を推進した戦後の代表的な
   教育学者として勝田守一と中内敏夫が挙げられる。文献としては，勝田（1972），
   中内（1998）がある。
5) このような「学力概念」を論じた文献として，たとえば，志水（2005）が挙げ
   られる。
6) 学校で育成する目標を「資質・能力」に広げることと，カリキュラム設計やパ
   フォーマンス評価などの新しい評価法の具体化を切り離さずに論じた文献として，
   西岡（2016）が参考になる。

参考文献

勝田守一（1972）『勝田守一著作集4　人間形成と教育』国土社。

志水宏吉（2005）『学力を育てる』岩波書店。

志水宏吉（2008）『公立学校の底力』ちくま新書。

多久和祥司（2014）「命って何？生きるってどういうこと？──命と向き合う現場で
　考える」教育科学研究会編『学力と学校を問い直す』かもがわ出版，71-84。

田村知子（2014）『カリキュラムマネジメント──学力向上へのアクションプラン』
　日本標準。

中内敏夫（1998）『中内敏夫著作集I「教室」をひらく──新・教育原論』藤原書店。

西岡加名恵（2016）『教科と総合学習のカリキュラム設計』図書文化。

水原克敏（2017）『学習指導要領は国民形成の設計書（増補改訂版）──その能力観
　と人間像の歴史的変遷』東北大学出版会。

（鋒山泰弘）

第4章

教 育 方 法

　本章では，小学校以上の学校での授業を行うための教育方法について，「何を教えるか」，「その際にどのようなものを用いるか」（教育内容，教材，教具），「学習者（児童・生徒）に対してどのようにはたらきかけるか」（教授行為），「学習者の学びをどのように評価するか」（教育評価），「総合的な学習の時間の教育方法とは」，「授業の計画と評価」，「これからの学校で求められる『主体的・対話的で深い学び』とはどのようなものか」という順序で説明していく。

1　教育内容と教材・教具

■教育内容と教材

　教育内容は，大きくいえば，種々の文化・芸術領域における「概念」「知識」「技能」である。これらはすべて，人間の頭の中に，あるいは身体化された形で存在するものであり，それ自体を人から人へ手渡したり，取り出してみせたりすることはできない。

　たとえば，いわゆる「質量保存法則」，すなわち，「ものの重さ（質量）は，ものの出入りがなければ，形や体積や状態が変わっても変化しない」という法則の言語的表現を暗記したとしても，具体的な場面での判断（粘土を変形した時の重さの変化の有無，100gの水に10gの塩を溶かした食塩水の重さがいくらかなど）ができなければ，「質量保存法則」が理解できたとはいえない。

　そこで，教育内容を学習者に「伝える」ためには，教育内容と学習者との間を媒介するものが必要になる。それが「教材」である。

　たとえば「質量保存法則」を教育内容とするなら，この法則が現れている上記のような現象や，それに関する問題などが「教材」だということになる。つまり，教育内容が「伝えられる」ということは，正確には，教師が提示した教

第4章　教育方法

材を学習者が探究した結果，教師が保持しているのと同様の概念が学習者に形成される，ということなのである。そこには，学習者の側での能動的な活動が必要なのであり，教材は，こうした活動を呼び起こすものでなければならない。

2　教材と教具

▒教材の形態(A)　印象深い文章

　では，より具体的に，よい教材とはどのようなものかを考えてみよう。

　藤岡信勝はかつて，教材のとりうる形態として，(A)印象深い文章，(B)問題あるいは発問，(C)視聴覚教具や直観教具，(D)その活動を行うことで，結果として教育内容が学習されるような学習活動，の4つを挙げた（藤岡 1991：43）。以下，藤岡の整理に依拠しながら，それそれについて留意点を述べておこう。

　(A)の文章については，まず，「教科書」が基本的に文章で書かれている。ただし，教科書の文章が実際に「印象深い」ことはむしろ稀であろう。

　そこで，人文・社会系の教科，たとえば国語科では，文学教材なら教科書教材の作者の別の作品，論説文なら同一テーマでの別作者の文章などを用意することが考えられる。また，いわゆる「理数系」の教科であっても，科学的発見にまつわるエピソード，教科内容と生活とのかかわりを興味深く論じた文章など，「文章」が教材になりうる余地は多分にある。

　さらに，ユニークな例としては，小学校，中学校で学習する漢字を網羅した物語教材を開発した教師もいる（井上，2014a；2014b）。

▒教材の形態(B)　問題・発問

　上記の藤岡は，「教材としての問題」がもつべき性質として，① 具体性（問題の構成要素が学習者の既有知識・経験と結びついていること），② 検証可能性（正答と，それを確かめる手立てが存在すること），③ 意外性（多くの学習者の予想する解答と，正答との間にズレがあること），④ 予測可能性（その問題に取り組むことによって，同種の新しい問題に正しい予測が立てられるようになること）の4つを挙げている（藤岡，1991：44-49）。

このうち，①については詳述の必要はないだろう。

また②については，藤岡がここで言及しているのは「問題」一般ではなく，特定の教育内容の習得にかかわる限りでの「問題」だということには注意が必要である。とくに総合的な学習の時間や道徳科などでは，正答の定まらない問題にとりくむことは当然あるが，特定の概念・技能の習得に関しては，正解・不正解が明確な問題の方が望ましいことが多い，ということである。

一方，③についても注意が必要である。というのは，学習者の既有知識からくる予想と鋭く対立する正答をもつ問題を学習の初期に与え，教育内容を学習者に強く印象づけるという授業の組み立てはよく用いられるけれども，そこでの学習内容の定着は必ずしも芳しくないこともあるからである。正確にいえば，「意外性のある問題」単体ではなく，その後の教師からの情報提示を含めて教材として機能するといった方がよいだろう。

④の予測可能性については，単独の問題でこれを実現するというのはなかなか困難であり，一連の問題系列のなかで徐々に目標とする概念・知識が習得されるというのが望ましい。

■教材の形態(C) 教具の活用

教具とは，授業において使用する道具一般を指すけれども，そこには2つのレベルがある。黒板，チョーク，ノート，鉛筆，机，椅子など，多くの教科で一般的に使用する教具のレベルと，模型，実験器具，その他教師が独自に工夫して作成する教具など，特定の教科・特定の教育内容との関連を有する教具のレベルとである。ここでは後者について，① 実物・模型の使用，② 知覚に訴える教具，③ 教育内容の構造をうつしとった教具，④ 意外性のある教具，というように，その作成と用い方の観点を整理したうえで，実例を紹介していく。

まず①については，たとえば理科等での各種標本や人体模型，分子模型，社会科での地球儀などは比較的なじみ深いものであろう。その他にも，たとえば社会科の憲法や人権についての学習では，婚姻届や逮捕状のコピーを用意し，場合によっては学習者に記入させるなどの工夫がなされている（安井，1986）。

②については，DVD やブルーレイ，CD など視聴覚メディアやパソコンの

プレゼンテーションソフト，ウェブサイトなどの活用がまず挙げられる。とくに近年は，NHK「Eテレ」などのウェブサイトに多数の動画があり，容易に活用することができる。

　一方，教師自身が自作するタイプのものとして，たとえば「時間など不可視の量を視覚的に表現する」，「日常生活ではなじみのないような膨大な，あるいは極小の量を実感させる」ための教具がある。

　たとえば，小野英喜は，環境問題を考えるうえで重要な ppm，ppb，pg といった微細な量を実感させるため，「2000個の星印」を印刷したB6判程度の紙を教具として提案している（小野編著，1999：38-42）。この2000個のうちの1個分が500 ppm に相当するのである。授業では，この「2000個の星印」を500枚貼りあわせ，このうち1個だけ赤く塗りつぶした星印を学習者に探させることになる。pg（1×10^{-12}g）で表現される濃度に至っては，必要な紙の大きさは3 km×4 km，これは学校の所在地でいうとこの範囲に相当して……と授業は続く。この過程で，学習者は，ダイオキシンなどの有害物質について，いかに微細な量が問題になっているかを実感するわけである。

　③「教育内容の構造をうつしとった教具」としては，理科で用いる原子模型，分子模型などがポピュラーなところであろう。ここでは，この種のものの典型といっていい，数学教育協議会の考案になる「タイル」を紹介しておこう。

　これは要するに，厚紙，プラスチックなどでできた小さな正方形である。整数を教える場合はこれを「1」として，これを10個縦に積み上げて「10」（「1本」と数える），さらに「10」を10本並べて大きな正方形を作り，「100」（「1枚」と数える）を表現し，位取りの原理や加法・減法など，さらには分数・小数の指導も含め，さまざまに活用していくわけである（銀林，2001）。

　最後に④の「意外性のある教具」は，いっけん教科とは関係なさそうなものを授業で活用するということである。たとえば，愛知・岐阜物理サークルでは，「割れたガラスのかけらを敷き詰めた上に教師が上半身裸で仰向けに横たわり，腹の上に置いたコンクリートブロックの上に載せたレンガを，学習者にハンマーで叩き割らせる」という実験を考案している（愛知・岐阜物理サークル，1988：14-15）。この実験には，「圧力の分散」，「慣性質量」といった力学上の概

念が関係している。

■教材の形態(D) 学習活動

　音楽，図工・美術，体育，技術・家庭など，教育内容において「技能」が相対的に大きな比重を占める教科・科目において，その技能を用いる学習活動が重要な教材である。ただし，こうした教科では，既存の技能体系が自明のものとして学習者に教えられることになりがちな点には注意が必要であろう。たとえば体育を例にとれば，既存のスポーツのルールを絶対視したうえで，その個別的な技能への習熟がひたすら追求されるというケースなどである。

　こうした状況を改善していく上で，ゲームのルールそのものを学習者がつくりかえる，勝つために採用される戦術と参加者の思い（勝つことのみを優先すると一部のものしか実質的にゲームに参加できない）との関係を討論する，などの学習活動を設定することが考えられる（木原，2000）。

3　教授行為の工夫

■教授行為とはなにか

　教授行為とは，説明，発問，指示，板書，教材の提示など，教師から学習者への一連のはたらきかけを指す。前節で説明した教育内容，教材，教具が基本的には授業以前に教師が準備するものであるのに対して，教授行為は，実際に学習者の前に立ったときの教師のしごとである。ここでは，教授行為の工夫の観点を，(A)発問，(B)その他の言語的はたらきかけ，(C)板書，についてそれぞれ述べる。

■教授行為の工夫(A) 発問づくりの工夫

　発問の目的としては，まず，「新しい単元に入るにあたり，そこでの前提となる既習事項について学習者がマスターしているか確認する」，「教師の説明やその時間に学習した事項について，理解できているかリアルタイムで確認する」，「教材の特定の語句や数値について問うことで，それらへの学習者の注意

を喚起する」といったものが考えられる。これらの発問はすべて，「学習者が知っている（はずの）ことを問う」という共通点を有している。

これに対して，いきなり正答を期待するよりは，学習者の活発な思考を誘発するための発問については，以下のような工夫がありうる。

第一に，「知覚」，「身体感覚」に着目することである。宇佐美寛（1985）はかつて，「バスの運転手さんは，どんな仕事をしていますか」という発問に対する反応が鈍かったので，「バスの運転手さんは，どこを見て運転していますか」にいいかえたところ，見違えるように学習者の手があがった，という有田和正の経験について論じた。そのなかで宇佐美は，後者の発問が，「どこを見て」という，「経験において行われる知覚作用」「そこで得られる知覚内容」を意識させる言葉づかい（これを「知覚語」と呼んだ）をしていることにより，自らの経験を具体的・詳細に想起させ語らせる効果を有していることを指摘した。

また，この「知覚語」，あるいは身体経験にかかわる語彙を用いての発問は，学習者を，未知あるいは架空の事象，人物の心情などについて，自らの経験を手がかりに推論・想像するように促す効果をも有している。

一方，自然や社会の「事象を規定している要因」について，学習者に積極的に推論させるための発問の工夫として，「工作的発問」がある（伏見・麻柄，1993：144-157）。これは，「できるだけ（もっと）〜にするにはどうしたらよいか」という形をとる発問である。たとえば，「振り子の周期」についてであれば，学習者に振り子が10秒間に振れる回数を示したうえで，「この振り子を，10秒間にもっとたくさん振らすにはどうしたらいい？」と発問する。「○○はなぜこうなるか」，「○○は何によって決まるか」という問い方にくらべ，学習者が自然に事象のなかの諸要因を頭の中で変化させるように導きやすいわけである。

■教授行為の工夫(B) その他の言語的はたらきかけ

近年，授業の結果として学習者に形成されるべき「学力」の要素として，「思考力，判断力，表現力」，「活用力」といったいい方で，定型的な知識・技

表 4-1　教師の発言の機能のカテゴリー化

【教室規範の形成】
ａ．発言の意味：発言者に対して，発言することの意味や効果を確認する。
ｂ．ターンの配分：ターン（発言の順番）の配分の仕方を評価する。
ｃ．対話的な声：聞き手の対話的な「かかわりの声」を評価する。
ｄ．他者との対話：他者に対して，集団ではなく対話する相手としてかかわることを求める。
ｅ．理解のメタ認知：わかっていること（わからないこと）の中身の違いや，自分でわかっていること（わかっているつもりでいること）と相手に説明できることとの違いに気づかせる。
ｆ．相互的領有：認識を相互にやりとりしながら共有し自分のものにしていくこと（相互的領有）の価値やそのための技法を確認する。

【指示や説明】
ｇ．活動の指示：活動の指示を与える。
ｈ．説明の敷衍：子どもの説明を内容的に敷衍（ふえん）する。

【マネジメント】
ｉ．感情的な支持：発言者を励ましたり，ユーモアなどで場の雰囲気を活性化させる。
ｊ．進行の制御：授業の進行（時間的，内容的）を制御する。

（出所）　松下，2007b：215より。

能の習得よりも高度な資質・能力がますます重視されるようになってきている。そのことを反映して，授業のなかでも，教師の説明，発問などの比重を抑え，学習者同士の話しあい・学び合いの比重を高めようという動向が強まっている。

　しかし，こうした授業にあっても，学習者に対して課題だけ投げ出しておけば自動的に話しあいが始まるわけではない。学習者の発言がメインの授業にあっては実は，教師による言語的はたらきかけの重要性はむしろ高い。

　表 4-1 は，学習者同士による対話を中心に進行する小学校 6 年生の算数「平均」の授業における教師の発言の機能を整理したものである（松下，2007b）。

　たとえばｅの「理解のメタ認知」にかかわって，自分の考えを説明しようとしたが行き詰まった「ハルコ」に対して，授業者（寺岸和光）は次のように言葉をかけている。

　　ハルコ，言ってみて，やっぱりわかってないってわかったでしょ。だから前に出てきたこと，無駄じゃなかったってことだよ。（全員に）みんなも，積極的に前に出てきて，ハルコみたいに爆発して戻っていこう。

（松下，2007b：211）

また，fの「相互的領有」についていえば，「半分しかわからない」という学習者に対してクラス全体の前で説明させ，その学習者が出したアイディアを評価した上で，教師は次のように発言している。

> だから，自信がないから，完璧じゃないからってやめるっていう人が多ければ多いほど，教室の宝物，減っちゃうんだよ。……探そうとすれば，ちゃんとトモカズの宝物をつかむことができる。だけど，「なーんだ，僕知ってるや」と思って見ていると，トモカズの宝物を落としちゃう。

（松下，2007b：209）

もちろん，こうした言語的はたらきかけを駆使できるようになるまでには相応の経験が必要ではある。とはいえ，もし熟練教師の授業を参観する機会があれば，こうした諸機能に留意しながら教師の発言を聴きとることは有益であろう。

■教授行為の工夫(C) 板　書

板書の機能としては，「学習内容の要点化と記号や図形等による重点化」「学習内容の継続的な提示」「学習過程（思考過程）の提示」（教育実習を考える会，1982：30）等がある。ただ，そのうちどれが強く出るかは，教師の授業スタイル等によっても変わってくる。

たとえば，「学習内容の要点化」を重視する教師の場合，板書は，学習者がそのままノートに写すことを想定したものになることが多く，場合によっては，板書自体がノートのページを想定したものになる。

また，むしろ，授業中でなければ書きえない，学習者の発言などをメモすること（学習・思考過程の提示）を重視する場合もある。

4　学　習　者　論

■学習者の「頭の中」をどうみるか：学習者モデルの諸要累

教師が授業に見通しをもつためには，学習者の学びのメカニズムをふまえておく必要がある。そこでここでは，ショーンフェルド（Schoenfeld, A.）による

学習者モデルを紹介しておこう（松下，1994）。モデルは，① 知識，② ストラテジー（方略），③ メタ認知，④ 信念の4つの要素からなる。

① 知識は，命題的知識（「平安遷都は794年に行われた」といった，命題の形で表現される知識），手続き的知識（アルゴリズム。「分数の割り算は，被除数と，除数の逆数とを掛ける」といったもの），その分野の決まりごと（たとえば，幾何では線の幅は無視する），などを含む。この場合，正確な知識だけではなく，インフォーマルな，あるいは誤りを含む知識なども含まれる。

② ストラテジーは，すぐには解き方のわからないような問題に取り組む場合に，どのようにして正解に近づくか（あるいは誤答の確率を下げるか）という，そのやり方がストラテジーである。たとえば数学や理科であれば，「問題中の数量間の関係を図示してみる」「数式の形で表現してみる」などが挙げられる。

③ メタ認知とは，「認知についての認知」，すなわち，問題解決過程について計画を立てる（プランニング），解決過程について点検する（モニタリング），どのストラテジーを採用するか決定する（意思決定）など，問題解決そのものに取り組む「頭のはたらき」を一歩引いてみる認知プロセスのことである。

④ 信念とは，その教科（や背景にある学問）についての見方（教科観），「学ぶこと」についてのイメージ（学習観），学習者としての自分への見方（自己観）などであり，必ずしも学習者本人が明示的に意識しているとは限らない。

これらのうち，とくに困難なメタ認知の指導について，佐藤浩一は，「慣れない問題や苦手な問題の場合，それに取り組むだけで精一杯」な学習者に対する指導のあり方として，「メタ認知の役を他の人や道具にまかせる」ことを提案している。具体的には，作文を他の学習者に見てもらう，問題解決のポイントをカードや教師からの言葉かけで提示するなどである（佐藤，2014）。

5　授業の計画と評価

■指導案の諸要素

　教科の指導計画については，年度当初に立てる「年間計画」に始まり，学期

第4章　教育方法

教師の活動	学習者の活動	留意事項	評価
1．テーマを板書	板書を書写		
11．発問「○○の原因はなんでしょう。①～③から選んで，そう考えた理由をノートに書いてください。」	選択肢を選び，ノートに書く。		何らかの理由が書けているか。（思考・判断）
12．机間巡視，理由が書けていない学習者に助言		A，B，Cの3名についてはこの課題は困難が予想される。前時の問4を想起させる。	

図4-1　指　導　案

ごと，単元ごと，1単位時間の授業ごとなどさまざまなスパンのものがありうる。このうち，ここでは，実際にもっとも必要性が高いであろう1単位時間分の詳細な指導案（細案ともいう）について簡単にふれておく。

　指導案に必要な要素は，日時，対象学級，単元観（その単元の教育内容の概要と目標），教材観，児童（生徒）の実態（当該教科・単元との関係での学習者の状況と課題），単元計画（単元の各時間の概要），本時の目標（その1単位時間で何をめざすか），準備物，本時の展開，評価の観点・方法，といったものである。このうち，最後の2つについては，授業進行に準じて表の形で示すことが多い（図4-1参照）。それ以外は指導案の冒頭に簡潔に文章表記することになる（ただし自治体，学校等により書式は異なる）。

教育評価の2つの機能

　教育評価の機能としては，大きくは，① 対外的証明，② 教師の授業改善，学習者の学習へのフィードバック，の2つがある。

　①については，「指導要録」（学籍に関する記録，指導の記録を一定の書式によって記録した公文書）や，「調査書（内申書）」が代表的な形態である。

②については，ある教育内容を特定の何人かの学習者が習得できなかったのだとして，教師の授業（教材，教授行為）のどこがまずかったのか，学習者は具体的にどこでつまずいているのか，といったことが評価によって明らかになり，それをふまえて教師なり学習者が対処できることが必要である。

■観点別学習状況と評定

現在の日本の，とくに小・中学校においては，教科の評価は「観点別学習状況」と「評定」から成っている。これらの詳細については，学習指導要領の改訂ごとにあわせて改訂される指導要録の参考様式に規定されている。以下では，2008（平成20）年版学習指導要領に対応した「参考様式」にもとづいて説明する。

観点別学習状況は，当該教科の学力を，基本的に「関心・意欲・態度」「思考・判断・表現」「技能」「知識・理解」の4つの観点から，事前に設定された目標の達成状況に応じて，それぞれA〜Cの3段階で評価するものである。ただし観点の数や表現には，教科により若干のヴァリエーションがある。観点別評価の際には，評価対象となる項目（評価規準，criterion）と，その達成状況について判断する指標（評価基準，standard）が準備される。

評定は，これら観点別学習状況の評価を総括して，小学校3年生以上は3段階（低学年はなし），中学校は5段階で評価するものである。

なお，観点別学習状況について，2017年版学習指導要領では，当該学習指導要領での「知識・技能」「思考力・判断力・表現力等」「学びに向かう力，人間性等」という学力の柱立てに沿ったものになる見通しである。

■単元の流れと評価

教育内容のひとまとまりとしての「単元」のなかで，教師が評価を行うポイントは，大きくは「新たな単元の指導に入る前」「指導の過程において，新しい教育内容を教えた時」「単元の終了時」であり，それぞれのポイントでの評価を「診断的評価」「形成的評価」「総括的評価」と呼ぶ。

診断的評価は，これから指導しようとする単元の学習にとって必要な既習の

教育内容がマスターされているかを確認するために行う評価である。形態としては、口頭での発問、小テストなどがある。この段階で、たとえば数人の学習者につまずきが発見された場合には、その数人への個別指導や課題の提示といった対応がとられる。あるいは、特定の内容について多くの学習者がつまずいている場合には学級全体でその内容についての補充指導を行うことになろう。こうした形で、指導へのフィードバックが行われる。

　形成的評価は、学力形成の途上での評価であり、新たな教育内容を指導したその都度、学習者がそれを習得しているかを確認するために行われる。これについても、個別の学習者のつまずき、特定の項目についての学級全体としての理解不足など、課題があらわれれば、それに応じた対応がとられることになる。

　なお、この形成的評価にかかわっては、小テスト、ノート作業の点検、発問などとともに、教科通信・学級通信の役割を強調しておきたい。たとえば文学作品の読み進め、社会科での討論など、学習者それぞれ、あるいは学級としての進歩の道筋が、手許に残る形でフィードバックされることの意味は大きい。

　最後に、総括的評価は、単元や学期の終了時に、そこでの教育目標がどの程度達成されたかをみるものであり、ペーパーテスト、実技テスト、レポートなどの形態をとる。

■評価の新動向：ポートフォリオ評価とパフォーマンス評価

　近年、指導過程の評価に対する関心の高まり、教科とは到達目標とは異なる目標をもった「総合的な学習の時間」の登場などをうけて、教育評価についても、いくつかの新しい動きがある。本節の最後にそれを紹介しておく。

　まず、ポートフォリオ評価は、学習者が学習過程で残した作品（メモ、学習計画、作文、レポート、ビデオ、絵画、データファイルなど）を一定の容れ物（これをポートフォリオと呼ぶ）に蓄積し、随時これを整理することによって、当該の学習者の学びの足跡をより立体的にとらえようとするものである。

　なお、ポートフォリオ評価をより実践しやすくするための工夫として、「1枚ポートフォリオ評価（One Page Portfolio Assessment, OPPA）」という手法がある（堀, 2013）。

一方，「思考力・判断力・表現力」などの「資質・能力」の育成および評価との関連で近年クローズアップされているのが，パフォーマンス評価（松下，2007a）である。これは，多様な知識・技能を活用したパフォーマンス（課題の解決，遂行）を要請する課題＝「パフォーマンス課題」を学習者に課し，そのパフォーマンスの様相を，ルーブリック（パフォーマンスを評価する複数の観点と，その観点についての達成度の指標とのセット）にもとづいて評価するものである。

　たとえば，ある学力調査では，「ハイキングで異なるコースを歩いた2つのグループについての距離と所要時間から，どちらのグループが速く歩いたかを考えさせる」という課題を提示した。解答は記述式で，図などの使用も可能である。なお，実際の問題は情景の描写など数学的には「余分な」情報も含んでおり，そこから必要な情報を取り出すことも課題の一部となっていた。

　この課題についてのルーブリックは，「概念的知識」「手続き的知識」「推論とストラテジー」「コミュニケーション」という4観点について，それぞれ0～3の4段階で評価するというものである。たとえば「コミュニケーション」の最高段階3は，「考え方（プロセスと答え）が数式や言葉などを使ってきちんと書かれており，しかも，その根拠が十分に説明されている」ものである（松下，2007a：16-25）。

6　「総合的な学習」の授業づくり

■「総合的な学習」の源流

　近代公教育制度が定着するにつれ，そこでのカリキュラムおよび授業が社会的な関心事となり，その問題点もさまざまな形で指摘されるようになる。とくに，社会的要請が次々ともちこまれた結果，教科の数や個々の教科の内容が肥大し，学習が暗記・詰めこみに流れ，教育内容相互の関連が不明確になるという事態は早くから批判されてきた。また，こうした事態への対応策も，早くは19世紀後半にドイツで，また世界的には19世紀末から20世紀初頭の世界的な「新教育」の流れのなかで，さまざまに模索されるようになる。

第4章 教育方法

ここでは大雑把に流れをまとめておくならば，一連の「総合的な学習」は，初期には，カリキュラム統合の拠点としての総合的な教科を設定するなど，教科内容の整理・統合によって「総合」を図るという形をとる。

しかし，教育内容が学習者の内面において「総合」されるためには，やはり学習者自身の能動的な学習活動が展開されなければならない。そこで，19世紀末から20世紀初頭の一連の「新教育」においては，こうした学習者自身による探究活動をどう実現するかが焦点になった。

たとえば米国のデューイ（Dewey, J.）らの実験学校では，紡織や木工・金工などの作業を通じて，産業の発展史，種々の原料や生産用具の科学的性質を学ぶことが重要な要素になっていた（デューイ，1957）。

また日本でいえば，「大正自由教育」期に，及川平治らによる「分団式動的学習法」，木下竹次らの「合科学習」など，師範学校附属校や私立学校を中心に，学習者による探究活動を大幅にとりいれ，教科統合をも伴った理論と実践が展開した。一方，一般の公立学校では，「綴方」（作文）という科目を舞台に，学習者やその家庭の厳しい生活現実をリアルに見つめ，綴ることをめざしだ「生活綴方」が一定の広がりをみた。

しかし，これらの実践は総じて，日中戦争以降，国家による教育統制が厳しくなる中で，敗戦までは影を潜めることになる。

■第二次世界大戦後日本における展開

一方，学習指導要領による基準の提示–各学校での教育課程の編成という枠組のもとで，「総合的な学習」はどのような位置にあっただろうか。

まず強調しておかなければならないのは，1947（昭和22）年版，51（昭和26）年版など初期の学習指導要領のもとで，地域や学校の生活上の問題，身近な自然環境などからテーマを設定した単元により，学習者自身が聴き取りやアンケート，調査，ものづくりなどに取り組み，そのことを通じて知識・技能を身につけようという「生活単元学習」が広い範囲で実践されたことである。

ただし，この時期の実践は，戦後の混乱期という不利な条件もあって玉石混交であった。そのためもあり，初期の試行錯誤をふまえた内在的な改善が十分

75

に行われる前に，「学力低下」批判，（旧）文部省の方針転換などによって，「総合的な学習」は一般公立校の教育課程からはおおむね姿を消し，ごく一部の附属校，私立校を中心に実践されるようになる。

　とはいえ，学習指導要領による統制が厳しくなった時期にあっても，高度経済成長期の「公害学習」のように学習者が直面している地域生活の課題を取り上げた実践など，実質的に「総合的な学習」といってよい実践がみられたことは銘記されるべきである。

■「総合的な学習の時間」の登場とその教育方法

　1990年代以降，「自ら学ぶ（考える）力」の育成が政策的に推進される。そして，1998（平成10）年（小・中学校）および99年（平成11）年版（高校）学習指導要領において，小学校3年生以上に「総合的な学習の時間」（以下「時間」と略）が設けられることになった。それ以降，現場で実践が蓄積される一方で，2008（平成20）年（小・中学校）では時数が削減された。

　さらに，小学校では，教育課程特例校制度を利用して英語教育を強化している自治体では，その時数の捻出のために「時間」の時数を削減することが多い。また中学校以上では，行事準備や教科学習への流用，進路関係の行事等への利用など，「時間」をめぐる状況は厳しい。

　しかし，そうした中でも，すぐれた実践はたしかに存在する。たとえば菅間正道（2008）は，社会問題の深刻さだけを強調するのでなく，こうした問題に立ち向かう人々の存在とそこにある希望を実感させるべく，「貧困／反貧困」をテーマに掲げ，中学校3年生での実践を行った。生徒たちは，社会科での憲法学習を踏まえつつ，貧困問題の現状を学ぶとともに，「反貧困」の取り組みに携わる社会活動家に話を聴いたり，ホームレス対象の炊き出しに参加したりなどの学習活動を展開した。

　ちなみに筆者は，勤務先の教職大学院で，自らの実践を通じた「課題研究」に取り組む現職教員の指導に携わっており，そこでも，実践の重要なパートとして「時間」が位置づけられることがしばしばある。そうした実践も，総じて，上掲の菅間のものと同様，「学習者自身による調べ学習や製作活動」と，「学校

外の専門家や社会問題等の当事者との交流」が両輪となった場合に大きな効果を挙げている。こうしたことは，教科学習では実現不可能とはいわないまでも，やはり「時間」ならではの強みであると思われる。

7 これからの授業——「主体的・対話的で深い学び」

　本章の最後に，2017年版学習指導要領で推進されている「主体的・対話的で深い学び」についてふれておく。

　中央教育審議会答申「新たな時代を築くための大学教育の質的転換に向けて」（2012年8月）に端を発し，まずは高等教育で，大学にありがちな一方的な講義でない，「学修者の能動的な学修への参加を取り入れた教授・学習法の総称」として「アクティブ・ラーニング」が強力に推奨される。この動きは初等・中等教育にも波及し，2017年版学習指導要領策定にむけての議論のなかでも「アクティブ・ラーニング」がキーワードとなるが，最終的に，学習指導要領やその他の政策文書での用語としては「主体的・対話的で深い学び」が用いられるようになる。

　そこでの「主体的」，「対話的」，「深い」という属性のそれぞれについては，たとえば以下のような説明がされている（中央教育審議会，2016：49-50）。

　　「主体的・対話的で深い学び」の実現とは，以下の視点に立った授業改善を行うことで，学校教育における質の高い学びを実現し，学習内容を深く理解し，資質・能力を身に付け，生涯にわたって能動的（アクティブ）に学び続けるようにすることである。

　① 学ぶことに興味や関心をもち，自己のキャリア形成の方向性と関連付けながら，見通しをもって粘り強く取り組み，自己の学習活動を振り返って次につなげる「主体的な学び」が実現できているか。（後略）

　② 子供同士の協働，教職員や地域の人との対話，先哲の考え方を手掛かりに考えること等を通じ，自己の考えを広げ深める「対話的な学び」が実現できているか。（後略）

　③ 習得・活用・探究という学びの過程のなかで，各教科等の特質に応じ

た「見方・考え方」を働かせながら，知識を相互に関連付けてより深く理解したり，情報を精査して考えを形成したり，問題を見いだして解決策を考えたり，思いや考えを基に創造したりすることに向かう「深い学び」が実現できているか。（後略）

　以上のように，「主体的・対話的で深い学び」とは，あくまで授業づくりの際の「視点」であり，特定の授業形態を指すものではない。とはいえ，近年，4人程度の小グループでの学びあい，ジグソー学習（テーマ別に分かれた「エキスパート班」でまず個々のテーマについての学習を行い，次にエキスパート班を解体して，各エキスパート班から1人ずつメンバーが入るよう編成された班で，エキスパート班での成果を交流し合うという方式）などをとりいれた授業が「主体的・対話的で深い学び」の一種の典型としてクローズアップされることも多い（たとえば，佐藤ほか，2015）。

　ただしここで注意しなければならないのは，この種の授業では教師による説明の比重は低下するが，だからといって，教師自身の教育内容研究・教材研究の重要性が低下するわけではない，ということである。たとえばジグソー学習であれば，学びの「深さ」を実現する鍵は，エキスパート班に与える課題の適切さであるが，それは当然，教師自身の教育内容の理解度に左右される。

　もう1点述べておかなければならないのは，上述の3つの属性へと至る道筋は，学習形態への拘泥では必ずしもない，ということである。たとえば石垣雅也（2016）は，小学校の国語で近年増加している，学習者による発表・プレゼンテーションを要請する単元が，教師にとって教えにくく，学習者間の学力格差につながりがちであることを指摘している。

　その上で彼は，4年生の単元「目的や形式に合わせて書こう」（『新編新しい国語四下』東京書籍）という単元で，「教科書に例示されたポスターにふさわしい文章を選ぶ」という教科書の学習活動では学習者の学力格差や家庭の文化資本の格差がそのまま学習結果に反映されると判断し，「多様なポスターを提示してイメージを膨らませる」「ポスターづくりそのものにとりくむ」といった学習活動を設定した。

　その結果，通常この種の単元では意欲を示さない学習者が個性的なポスター

をつくったり，それを見た他の児童から「展示会をしよう」という提案があったりと，まさに学習者の「主体性」が発揮され，授業の枠を超えた「対話」が生じる「深い」学びが実現したのである。

このように，「教育内容・教材に対する丁寧な分析」，「学習者の現状への丁寧な目配り」といった，むしろ「古典的」なルートから「主体的・対話的で深い学び」が実現しうるということを，最後に強調しておきたい。

参考文献

愛知・岐阜物理サークル編著（1988）『いきいき物理・わくわく実験』新生出版.

石垣雅也（2016）「子どもの声が生まれる教室と主権者教育」，『教育』No. 847：20-26。

井上憲雄（2014a）『楽しく読んでスラスラおぼえる1年生の漢字童話』〜『同　6年生』本の泉社。

井上憲雄（2014b）『新常用漢字1130字がすべて読める中・高校生の漢字童話 貧乏神は福の神』本の泉社。

宇佐美寛（1985）「再び「定石化」を疑う」『現代教育科学』No. 341：10-14.

小野英喜編著（1999）『子どもが変わる環境教育』三学出版。

木原成一郎「教科で何を教えるのか――体育科の場合」，グループ・ディダクティカ編『学びのためのカリキュラム論』勁草書房：104-123。

教育実習を考える会編（1982）『増補版　実践「教育実習」』蒼丘書林。

銀林浩編著（2001）『どうしたら算数ができるようになるか［小学校編］』日本評論社。

佐藤浩一（2014）『学習支援のツボ――認知心理学者が教室で考えたこと』北大路書房。

佐藤学ほか編著（2015）『学びが開く！　高校の授業』明治図書。

菅間正道（2008）「生徒たちは『貧困』と『反貧困』をどのように学び，何を感じとったのか」，『クレスコ』No. 87：24-27。

「たのしい授業」編集委員会編（1998〜2016）『ものづくりハンドブック』1〜9，仮説社。

中央教育審議会（2016）「幼稚園，小学校，中学校，高等学校及び特別支援学校の学習指導要領等の改善及び必要な方策等について（答申）」。

デューイ，J.，宮原誠一訳（1957）『学校と社会』岩波文庫。

藤岡信勝（1991）『教材づくりの発想』日本書籍。

伏見陽児・麻柄啓一（1993）『授業づくりの心理学』国土社。

堀哲夫（2013）『教育評価の本質を問う──一枚ポートフォリオ評価 OPPA』東洋館出版社。

松下佳代（1994）「授業づくりのための学習者論」グループ・デイダクティカ編『学びのための授業論』勁草書房：50-73。

松下佳代（2007a）『パフォーマンス評価』日本標準。

松下佳代（2007b）「非IRE型の教室会話における教師の役割」グループ・ディダクティカ編『学びのための教師論』勁草書房：193-220。

安井俊夫（1986）『主権者を育てる公民の授業』あゆみ出版。

（山崎雄介）

第5章

生活指導
――その特色と役割――

　生活指導は特別活動と密接にかかわるが，教科指導場面においても重要な役割を果たしている。文字通り生活の指導である生活指導は，子どもたちどうしの人間関係や，子どもたちと教師の関係にも大きな影響を与える。授業が基本的に学級単位で行われるのに対し，生活指導は，それに取り組む学校，家族や地域のあり方，さらには学校づくりとも密接にかかわる。本章では，生活指導の歴史を踏まえて，その特色や留意点を述べていく。

1　生活指導とは何か

純日本産としての生活指導

　日本において誰もが通う公的な学校の成立は，1872（明治5）年の学制に始まる。明治政府は，西欧列強に伍していくには日本をいわゆる文明国にすることが必須であると判断して，全国に義務教育としての小学校を設置させた。学校教師の養成機関が師範学校であったが，そこで教える教育方法等の教育学の基礎を西欧諸国から移入した。そのため，日本の学校関係用語には現代に至るまで翻訳語が多いが，生活指導に相当する適切な英語はない。生活指導は日本の学校教師たちが独自につくってきた指導方法なのである。

　ところで，学校教師に子どもの生活を指導することが，果たしてできるのだろうか。教育を知識・理解の促進や思考力等の育成とみなすなら，生活指導は教育ではないということになる（中内，2005，2008など）。それでは，知識・理解・思考といった知的作業に子ども自身の生活は無関係であろうか。暗記によって知識を増やすだけであるなら生活は無関係だといえよう。しかし，深い理解によって子ども自身の認識を確かで，かつ個性的なものとするには，生活

がかかわってくる。授業で深い理解を促すには，概念くだき，あるいは生活概念と科学的概念の往還が不可避となる。それというのも，すべての子どもが「人間の生活という重い鎖」（中内，1985：10）を背負っているからである。そしてその子どもたち一人ひとりの生活とそれによって形成されてきた人格には，当該社会が抱える希望や諸問題，苦悩等々が反映している。学校教師が子どもの生活を指導することには限界があるが，それでも学校教師は子どもの生活にかかわらざるを得ない。そうでなくとも考慮せざるを得ない。そして，そのことの成果は大きい。

■生活綴方と生活指導

　生活指導ということばは，1920年代末に，生活綴方を行っていた教師たちによってつくられた。生活綴方とは，子どもたちが自分の生活をリアルに綴り，それを印刷・製本して文集を作成し，その文集を読み合うというのが原型である。教師は子どもの書いたものを通して子どもを知り，子どもたちは書くことを通して自分を伝え，語り合う。

　現代でも，とくに小学校の定番宿題として続いている日記指導は，生活綴方の名残である。遊び，手伝い，けんか，家族のこと，その他，学校を含む子どもの生活の場でのできごとを子ども自身が，他人にわかるようにリアルに書くのが生活綴方である。これができるのは，その前提に，子どもたちが，こんなことを書いたら恥ずかしいとか，笑われるのではないかとか怒られはしないかといった，不安をもたないだけの学級づくりがあるからである。教師と子ども，子どもどうしの関係づくりを大切にするという点で，生活綴方は日本における生活指導の原点といえる。

　ただし，現代では，夏休みの宿題が絵日記から１行日記等になり，一定の文章を記す日記指導は縮小の傾向にある。生活を綴るという作業は，何らかの形で存続させたいものである。

　生活綴方は1930年代に入ると教師たちによる理論研究が進み，形としては作文指導，つまり表現指導だが，そのめざすところは生活指導だといわれるようになった。ここにいう生活指導の目標は，たくましく生きることであったと

第5章 生活指導

いってよい。世界恐慌により日本資本主義の発達が停滞し，そのしわ寄せが地方農山漁村に大きく現れていた時代のことで，生活綴方は理論研究も含めて東北各地でとくに盛んだった。子どもたちの生活の舞台である東北農村の問題にも目を向けて，その共同体的独自性を「生活台」と表現して，積極的に「村の問題」にかかわる綴方教師も登場した。

こうした生活綴方の動きに，明確に，かつ理論的に異を唱える者が出てきた。教育科学研究会幹事長の留岡清男である。1937（昭和12）年，留岡は，生活綴方は教師たちの「鑑賞に始まつて感傷に終るに過ぎない」（留岡，1937）と批判した。多くの綴方教師が留岡に反発し，生活教育論争が展開された[2]。この論争のなかで，生活綴方は「子供たちの実生活の具体的指導」を行ってきたという点で「これは修身教育と呼ぶのが不自然なほど新しい修身教育である」，しかし，それでも「修身教育一般がもつ限界性から脱することができなかつた」（高山，1938）とも指摘された。

修身は現代ふうにいえば道徳である。道徳は，2015（平成27）年3月の学校教育法一部改正により「特別の教科」とされるようになったが，それ以前から学習指導要領では全教科で道徳指導を行うことが強調されてきていた。しかし，学校教師は道徳教師になっていいのか。この問題の議論は不十分である。生活指導は，この道徳にも深くかかわる。

戦後，日本の教育は軍国主義を支持してきたという理由から，戦前の教育の多くが否定的にとらえられた。そのなかで生活綴方は，戦前日本の最大の教育遺産といわれ，生活綴方を積極的に行う教育実践が広がり，注目された。無着成恭編『山びこ学校』（1951年）や小西健二郎著『学級革命』（1955年）は，その代表的な実践記録である。『山びこ学校』は映画化もされた。

■ 領域概念か機能概念か

文部科学省（以下，文科省とする）が積極的に用いるのは「生徒指導」である。かつて文部省[3]は，「生活指導」は「多義に使われている」という理由からあえて「生徒指導」の語を用いると説明していた（文部省，1981：7）。その見解は現在も踏襲されている（文部科学省，2010：3）。確かに，学校用語である「生

徒」と違って，「生活」は包含する世界が広いだけでなく，内容が子どもたち一人ひとりで異なる。生徒指導ではなく生活指導を行おうとすること自体が，子どもを，いわば総体としてとらえようとすることなのである。

　生活指導を学校教育のどのような場面でどのように行うのか。一定の枠組みのなかで行う，つまり生活指導を行う時間帯があるととらえるのが領域概念としての生活指導観である。これに対して，どの場面や時間帯でも，したがって教科指導においても生活指導はできるとするのが機能概念としての生活指導観である。現代では機能概念説が一般的だが，かつて，機能概念か領域概念かをめぐって教育学者間で激しく論争された。ここに紹介しておこう。

　戦後日本の生活指導はアメリカの影響を受けてガイダンス研究から始まった。しかし，1950年代後半から1960年代にかけてのころ，次節以降で詳述するように道徳が特設され，ガイダンスと未分化であった生活指導研究が道徳指導研究の方向に進められようとしていたとき，戦前以来の伝統をもつ生活綴方を基底に据えて生活指導を構想する動きが生じた。宮坂哲文がそれをリードした。すでに1951（昭和26）年に日本教職員組合研究集会の生活指導分科会を母体として全国生活指導研究協議会（以下，全生研とする）が発足しており，機関誌『生活指導』を1959（昭和34）年5月に創刊していた。宮坂は全生研の理論的リーダーであった。

　宮坂は「教科の中の生活指導」を提案した。生活指導は特別教育活動に限らず，教科指導の領域でも作用する機能であるという考え方による。全生研もこの考え方を踏襲して，生活指導は「学校教育の全面に浸透し，学校教育そのものをことばのもっとも正しい意味における教育にまで質的にたかめる役割をになうもの」であると，『生活指導』の「創刊のことば」に書いている。

　この機能概念説に異を唱えたのが，やはり生活綴方の大切さを主張していた小川太郎であった。小川は学力低下をもたらした戦後新教育を反省しながら，教科指導における知識の最低必要量の確保と，系統的な知識に裏づけられた認識や論理的な思考力の大切さを確認したうえで，こう批判したのである。「教科指導でもグループの教え合いの方法が全面的に用いられたり，生活綴り方をどの教科でもいつでも用いることが，教科における人間形成だと考えられたり

しかねない。それでは教科が乱れることになる」(小川ほか，1957)。また，こうもいう。「生活指導は，日常の問題から出発して当面の生き方の指導をする領域」であり，「人類の遺産を伝達するという任務を生活指導の中に持ち込もうとすれば，生活指導は形式化して修身のごときものになってしまうであろう」(小川，1980：25-26)と。

　宮坂も小川も，生活指導が子ども一人ひとりの生活の仕方の変革とか人格形成を課題としているととらえていた。だが，これを学校教育全体にわたる機能とするか教科指導に対置される領域とするかで両者の見解は対立した。その後，全生研は，小川の領域概念説を引き受けながら，竹内常一を理論的リーダーとして教科と教科外の双方をおおい得る第三の領域として「集団づくり」を位置づけていく。それが後述する「班・核・討議づくり」である。

2　『生徒指導提要』と学習指導要領における生活指導の位置

▓『生徒指導提要』の世界

　文科省が生徒指導の語を用いていることは先に述べた。文科省の生徒指導の考え方を示すものとして2010年に公表された『生徒指導提要』がある。

　ここでは，「生徒指導とは，一人一人の児童生徒の人格を尊重し，個性の伸長を図りながら，社会的資質や行動力を高めることを目指して行われる教育活動のことです」と，まず定義されている。「教育機能としての生徒指導は，教育課程の内外の全領域において行わなければならない」と，生徒指導が機能概念であることも明記されている。そしてその守備範囲として，「学級活動などの特別活動は，集団や社会の一員としてよりよい生活や人間関係を築き，人間としての生き方について自覚を深め，自己を生かす能力を養う場であり，生徒指導のための中核的な時間となる」とする。さらに，道徳や各教科，総合的な学習の時間はもとより，教育相談や問題行動の指導，校内の規律や校則，不登校，いじめ，進路指導，地域や教育行政とのかかわりなども，その守備範囲としている。教師個人でなく学校として取り組むこと，すなわち全校指導体制を構築して取り組むことの大切さも説かれている。各学校の生徒指導の総まとめ

85

役を，中学校や高等学校，特別支援学校は「生徒指導主事」という。小学校では「生活指導主任」あるいは「生活指導部」を置くことが多い。その役割については，「管理職や関係機関との連絡・調整を図り，問題への組織的対応の要の役割を果します」としている。

生徒指導主任を子どもたちは「生徒指導の先生」と呼んで，「こわい先生」とか，子どもたちに真剣に語る熱血さゆえか「泣きの○○先生」などといったりする。確認しておかなければならないのは，生徒指導主事や生活指導主任は，校則違反を取り締まるとか，非行生徒を処分するその責任者などではなく，子ども一人ひとりの健全な発達と，子ども集団の豊かなかかわりを実現するためにどうするかを考案・実行するその中心に位置するということである。それを果たすには，教師たちが，教師としては当然だが，人間としても，子どもたちとともに何が問題でその問題の解決のためにどうしたらよいかを種々考える自立した存在となることが前提となる。この特色は生徒指導あるいは生活指導だけでなく道徳についてもいえる。

学校教師は，担当教科を教えられることだけでなく，子どもたちを共感的に理解しようとすることが大切である。それが教師としての役割であり，それができるだけの人間的力量を必要とする。生活指導あるいは生徒指導，そして道徳は，教師としてのそうした役割を改めて確認させてくれるものだともいえよう（小林，2016）。その役割の大きさを考えると，学校教師とは大変な仕事だということになるが，基本は，人間として仲間とともに考え，ときに失敗しながらも，子どもの可能性を信じて，自らを人間として豊かにしようとしていくことである。『生徒指導提要』の示す世界はとてつもなく大きいが，私たちはこの基本をもとにして，その大きさに押しつぶされないだけの明るさと向上心，そして子どもの発達を待てるだけのある種ののんきさをもっていたい。

■生活指導の教育課程問題

生活指導が機能概念であったとしても，これが主要に行われる領域がある。「特別活動」がこれに相当する。2017（平成29）年3月告示の学習指導要領によると，その内容は，小学校では，学級活動，児童会活動，クラブ活動，学校行

事である。中学校では学級活動，生徒会活動，学校行事である。2009（平成21）年告示の高等学校学習指導要領における「特別活動」の内容は，ホームルーム，生徒会活動，学校行事である。「クラブ活動」が小学校においては特別活動に組み入れられているが，中学校や高等学校では「クラブ」や「部活」等は学習指導要領に定めがない。にもかかわらず，中学校や高等学校の「部活」の生徒たちへの影響は大きい。土曜日や日曜日に練習試合や対外試合があれば顧問教師も行かないわけにはいかず，教師の多忙化を促す大きな要因の一つともなっている。

　「特別活動」から「クラブ活動」の記載がなくなったのは1999（平成11）年の改訂からである。それ以前の1989（平成元）年改訂の中学校学習指導要領では「クラブ活動」の内容をこう説明している。「クラブ活動においては，原則として学年や学級の所属を離れ，共通の興味や関心をもつ生徒をもって組織するクラブにおいて，全生徒が文化的，体育的，生産的又は奉仕的な活動のいずれかの活動を行うこと」。今日，中学校や高等学校で盛んに行われている「部活」は，この必修の「クラブ活動」とは異なる。運動部で顧問教師の部員に対する体罰が問題になることがあるが，その背後に「部活」が教師の休養や経済的補助を保障していない実態があるという指摘もある（小野，2013）。思春期・青年期に「部活」によって一定の能力を伸ばし，かつ学年を越えた交流をもつことは，得意分野の能力の発達だけでなく人間関係面でも悪いことではない。しかし，そもそも「部活動」の目的は何だったのか。とくに中学校が「部活」に力を入れるようになったその背景には，放課後や休日も生徒たちを「活動」させて，非行を防止することが目論まれていた面もあるのではないだろうか。私たちは，「部活」について，そもそも何のために何をやるのかという目標論・内容論を考えねばならない。

　ところで，今日では定着している「特別活動」の語は1960年代末の学習指導要領改訂で登場してきた。学習指導要領は1958（昭和33）年版より法的拘束力をもつ「告示」となり，かつ道徳が特設された。これに続く1968（昭和43）年改訂で，小学校は1958（昭和33）年改訂にみられた「特別教育活動」と「学校行事等」を一つにして「特別活動」とし，中学校も1969（昭和44）年改訂で同

様の変更を施したのである。

　生活指導の主要な場面である学級活動や係活動，運動会その他の行事活動は
戦前以来行われてきた。1947（昭和22）年版学習指導要領には各教科の一つに
「自由研究」（小４〜中３）がおかれた。そこに学級活動に類するものやクラブ
活動などが含まれていたが，教科の一つとして位置づけられていた。この「自
由研究」は1951（昭和26）年改訂でなくなり，代わって，小学校では「教科以
外の活動の時間」，中学校や高等学校では「特別教育活動」が設定された。道
徳の時間が設定される以前の時点で生活指導を教育活動としたこの1951（昭和
26）年改訂版の意義は大きい。ここでは，小学校における「教科以外の活動の
時間」設定の理由を次のように説明している。

　　　特別な教科の学習と関係なく，現に学校が実施しており，また実施すべき
　　　であると思われる教育活動としては，児童全体の集会，児童の種々な委員
　　　会・遠足・学芸会・展覧会・音楽会・自由な読書・いろいろなクラブ活動
　　　等がある。これらは教育的に価値があり，こどもの社会的，情緒的，知的，
　　　身体的発達に寄与するものであるから，教育課程のうちに正当な位置づけ
　　　をもつべきものである。実際，教科の学習だけではじゅうぶん達せられな
　　　い教育目標が，これらの活動によって満足に到達されるのである。

　その内容としては「民主的組織のもとに，学校全体の児童は学校の経営や活
動に協力参加する活動」として，児童会，児童の種々な委員会，児童集会，奉
仕活動を，「学級を単位とする活動」としては学級会，いろいろな委員会，ク
ラブ活動を挙げている。

　中学校の学習指導要領でも，「特別教育活動」の重要性を強調して，これを
「正規の学校活動」と位置づけ，その取り組みにおいては生徒の自主性が大切
であるとして，「生徒たち自身の手で計画され，組織され，実行され，かつ評
価されねばならない」としている。その「領域」として「広範囲にわたってい
るが，ホームルーム，生徒会，クラブ活動，生徒集会はその主要なもの」とし
ている。

　こうした「生徒たち自身」の取り組み，いいかえれば自主的集団活動を尊重
する発想は，1958（昭和33）年の特設道徳設置を経た1968（昭和43）年（小学

校）と1969（昭和44）年（中学校）の改訂で「特別活動」の名称が登場したとき大きく変わる。目標は大きくは「児童の自発的，自治的な実践活動を通して，健全な自主性と豊かな社会性を育成し，個性の伸長を図る」であり，「所属する集団の一員としての役割」の自覚なども含む。いわば道徳の補完的役割を担うものとされ，学校という生活集団に対する子どもたちの積極的かかわりは大きく後退した。中学校も同様で，「教師の適切な指導のもとに」との説明がなされるようになる。また，1958（昭和33）年版もそうだったが，学級活動は進路指導を含む。目標の文言には「望ましい集団活動」の語が入り，子どもたちが自分たちで学級集団や学校集団をつくるという意味合いが薄れる。こうしたことの背後には1966（昭和41）年10月の中央教育審議会答申の別記「期待される人間像」における愛国心の強調などがあるだろう。

3　生活指導の歴史と現状

■ガイダンスによる個人理解から生活綴方的仲間づくりへ

　道徳が特設された1950年代後半は，戦後改革でめざされた民主主義が転換期を迎えた時代であった。1960年代の高度成長期以前の日本社会は，戦後復興期であり，多くの人々が貧しい生活を強いられていた。前述の戦後生活綴方はそういう時代に広がった。敗戦国として連合国軍の占領下にあり，戦後日本の制度構想においては，教育面も含めてアメリカの民主主義の影響を大きく受けた。生活指導も同様で，個性尊重の新教育の立場から，個人理解の方法技術としてのガイダンスが，教員再教育等の伝達ルートを通して普及した。

　しかし，前述のように1950年代に生活綴方が広がったことから，生活綴方的仲間づくりが注目された。それは，戦後民主主義的教育方法の象徴的形態であった話し合いのあり方を変えていくものであった。すなわち，教師の管理下での形式的な話し合いから，学級を本音で語り合える自由な開放的空間にしていくものへと変わり，こうしたなかで「ひとりのよろこびをみんなのよろこびに」という合言葉も生まれた。

　宮坂哲文は，1950年代から1960年代にかけての生活指導のあり方を，学級集

団づくりに焦点を当てて次の3つに分類している（宮坂, 1962：119-147）。第一は学級管理的立場，第二は適応指導的立場，第三は集団主義的立場である。

　第一は秩序維持のために子どもたちの心情面の管理をも教師が行おうとするものであり，戦前以来の管理的指導を引きつぐものである。第二は学級のなかに「なんでもいえる雰囲気」をつくることによって子どもたち一人ひとりが精いっぱい学習に取り組めるようにするというもので，教師は子どもたちが安心して学校での生活ができるようにすることが大切となる。現代ふうにいえば，学校を子どもたちの居場所にしていくといってよいだろう。第三は，学級集団を民主的に変革していこうとするもので，子どもたち自身が集団として自分たちの環境に働きかけるというものである。「教科書のあやまりがあればそれを発見し，教師の授業内容に疑問があればその疑問を究明し，授業方法に疑問があればそれを表現することによって，学校の教育体制そのものにも問題を投げかけるような子どもを育てることをねらいとする立場である」。

　学級集団のあり方には，どのような生活指導が行われているかが如実に現れる。以上のうち第三の立場は次に述べる「班・核・討議づくり」として広く実践されるようになるものである。私たちは，現実の生活指導において，日々，子どもとどう接するかを問われる。第一の立場である管理的立場では子どもは安心して自分を表現することができないだろう。では，ひたすら子ども目線であろうとして，多様な子どもの多様な表現に右往左往していては喧嘩の仲裁さえできない。ときに教師自身の人間観や生き方が問われることもあるのが，生活指導の特色である。生活指導は，教育という世界をはみ出す要素を多分に備えており，そこのある種の難しさと奥深さが潜んでいる。

■ **集団づくり：班・核・討議づくり**

　1971（昭和46）年，全生研常任委員会編『学級集団づくり入門　第二版』（以下，『第二版』とする）が明治図書より刊行された。生活指導は，担当教科にかかわらずすべての学校教師が直面するテーマであることから，生活指導をテーマに掲げた全生研は多くの会員を抱えるに至り，全国に支部ができていった。この『第二版』は全生研の会員教師たちによって，いわばバイブルのよう

第5章 生活指導

表5-1 学級集団づくりのすじみち

段階＼側面	よりあい的段階	前期的段階（一期）	前期的段階（二期）	前期的段階（三期）	後期的段階
班づくり	班編成の方法や班競争，班編成のくりかえし，班の係活動など	班長の班編成権，班の係活動立候補，周題別小集団の準備など	班長会の班編成権，周題別小集団の恒常的成立，班の原案提出権など	班の定期的編成がえ，指導部の活動の多様化，とりくみ領域の拡大など	班から周題別集団への移行（班の転化）など
核づくり	班長の選出方法，核の発見，班長議長制，班長会のもち方，班長立候補制など	核の確立，とりくみ領域の拡大，班長会の確立，原案提出権，常任議長制，私的集団など	班長と核の分離，班長会の日直への要請，班長の管理権，個人的核の出現など	指導的核と行動的核の分離，指導的管理の確立，指導権の部分的委託の恒常化など	班長会のリーダー機関への移行，指導と管理の統一，核日直制など
討議づくり	当面の教師の要求，全体討議と班討議，教師の原案提出権，総会決議，日直のあり方，不利益に対する怒りの表明，個人ではなく班を追求することなど	日直権の確立，集団による支持と拒否の形式，班を単位とする班多数決制，班長や常任議長のリコール権，総会での追求は班か班長を対象とすることなど	学級外集団へのとりくみ，個人への集団的追求，自己批判・相互批判の定着，日直の管理的指導，特定個人への管理権の部分的暫定的委託など	個人日直制，管理権の特定個人への委託，総会における個人の追求の条件つき廃止，集団への要請，多数決制など	リーダー機関への管理権の移行，日直の核への委託，総会開催権の限定と定例化，総会への原案提出権の個人への拡大，万場一致制など

（出所）全生研常任委員会（1971：85-90）を簡略して作成。

に扱われた。とくに同書に示された「構造表」といわれた「学級集団づくりのすじみち」（表5-1）は，班を設定し，子どもたちが班を手がかりとして学級という学校の基礎的集団を組織する方法と手順を示している。よりあい的段階は集団づくりの初期段階で，子どもたちは教師の指導下にある。この時点での討議づくりの基本は「自分の不利益には黙っていないこと」と「みんなできめて，かならず守ること」であり，「当面の教師の要求」として子どもたちに要請する。そうして班を単位する係活動等の過程で子どもたちの発言力や行動力，他者意識などを引き出していく。「核」とはリーダーである。班長会は学級のリーダー集団となり，班長は班員を守る存在でもある。そうして前期的段階を第一期から第三期まで経るなかで，学級の管理権を教師からリーダー機関に移

91

譲していくことになる。こうして子どもたちが自治能力を習得していくことをめざした。

『第二版』は，集団づくりがめざす能力を「集団を民主的に管理・運営し，集団のちからを集団の内外に対して行使する能力である」（全生研常民委員会，1971：27）と説明する。1980年代半ばごろになると，「構造表」にみられたがっちりした枠組みに対する違和感が語られるようになってきた。しかし，竹内常一は，1960～70年代の生活指導実践の分析を通して，教師たちが進めてきたのは，子どもたちが「なかまと共同して生活する喜び」を知り，「しなやかなからだ」を取り戻していくことだという。「しなやかなからだ」とは，体力や運動能力のことではなく，自然物に働きかける「巧みな手」であると同時に，「なかまと呼吸を合わせて生活するわざ」のことだと説明する（竹内，1980：13）。1960年代の高度成長期の地域開発政策は，教育面での能力主義的政策を促しただけでなく，子どもたちの育ちから，地域や家族で育まれてきた交わりの体験を貧しくしてきた。そうしたなかにあって，全生研に所属する教師たちの優れた実践記録がたくさん出版され，影響力も大きかった。[5]

■集団活動を通してのケアと自治へ

1960年代の高度成長は日本社会に生きる人々の暮らしを大きく変えた。人々の生業が農林漁業中心からから鋼工業へ，さらにサービス業へと大きく変わり，地方農山漁村で，人と人だけでなく人と動植物ともつながりのあった暮らしが失われていくその転換点となった。当然ながら子どもたちの育ちも変化した。1970年を迎えるころ，関西のある地域で「勉強せんと百姓せんなんど」（勉強しないと百姓をしなくてはならなくなるよ）と，ある親が子どもに語っていた。自分自身は「百姓」をやっているが，経済面で厳しいことを承知している親が，子どもには「百姓」にならないよう「勉強」して高校に進学することを勧める象徴的な表現である。高度成長が終わった1970年代半ばに高校進学率が90％を越え，「勉強」に重きをおく「学校化社会」が到来したのである。親たちはこうした変化に敏感だったのだろう。学校教師たちが子どもたちの親や祖父母たち自身の育ちの経験を学校教育に取り入れる「地域に根ざす教育」が1970年代

第5章 生活指導

に広がった。それは、教師が地域の生活に学ぶことでもあった（渋谷（1988），小林（2014）参照）。

　こうした教師たちの努力にもかかわらず、日本の社会は学歴社会、さらに学校歴社会へと進み、労務管理の面では職務給から能力給へと変化した。貧困問題、ワーキング・プア問題等々、現代につながる「生きづらさ」は1980年代前半にはじまった。こうした問題は子どもたちを巻き込み、ひきこもり、いじめ、自殺などの形で、生活指導上の諸問題を生み出していった。こうして生活指導は、班づくりや係活動を通しての自治力育成にとどまらず、傷ついた子どもたちに対するケアなどを含みこむものとなっていった。直訳すれば元気づけるといった意味のエンパワーメントという概念も生活指導にかかわって広がっていった。カウンセリングや教育相談も広がり、スクールカウンセラーやスクールソーシャルワーカーと学校教師たちの協働が広がってきた（竹内（2016）参照）。

　それでも、大きくは高度成長期以前の生活のなかに人々がとくに意識せぬまま存在していた生活のなかでの「しなやかなからだ」をもたらす人間形成力が失われたことが、学校での生活指導を困難にした。子どもたちの不安や不満がいじめの形で現れることもあるし、逆にひきこもりの形になることもある。カウンセリングは、対個人でなされるが、個人と集団とのかかわりを組織することで個人の自立を促し、自治力を習得させていくのが生活指導である。子どもたちは学校だけで生活しているのではない。家族生活に加えて、地域社会の人間関係、学童保育や公民館主催の活動などにもかかわっている。学校教師はかつての綴方教師たちがそうであったように、可能なところから地域での子どもたちの生活に目配りをし、子どもたちの育ちの様子を把握するようにしたい。社会の変化のスピードが速いため、自分の子ども時代をイメージして現代の子どもをとらえようとしても難しさが伴う。

　親たちは、漠然とであれ、子どもがまっとうに育つには集団が必要であることを承知しているように思われる。それが、親たちによって支えられてきた地域子ども会活動の継続を支え、野球やサッカー、バスケット、バドミントン、合唱等の小学生の学校外活動となって現れているのではないだろうか。問題は、それらに親たちの経済力や手間の有無が関係することである。大手の教育産業

による夏休み中のキャンプ活動も行われている。それが子どもたちと自然や人とのダイナミックなつながりをもたらすものであっても，親に経済力と手間がないと子どもを参加させることはできない。社会の経済格差はいやおうなく子どもの育ちに影響を与えているのである。

　だからこそ，すべての子どもに開かれた公教育である学校でこそ，多彩な行事活動をはじめとする教科外諸活動を，丁寧に，子どもたちの現状に即して計画・実行していくことが大切になってくる。生活指導は，子ども一人ひとりへの目配りとともに，学級集団や学校集団を通して，ときにダイナミックに子どもたちを内側から成長させていくものなのである。

4　生活指導の教育評価

■生活指導の内容と評価

　学校で子どもの生活面の指導をする以上，適切な指導をなしえたかどうか，指導を通して子どもがどのような発達をなしえたかを評価することが必要である。一見，この分野に評価はなじまないように考えられがちだが，評価しなければ教師の主観や好みがまかり通ってしまう。ここにいう評価は，子どもの発達を助成するべく計画・実施した教師の側の教育活動の評価である。

　評価するためには，生活指導が何をどのような順序で教えようとするのかという生活指導の目標・内容が明らかにされなくてはならない。生活指導にも目標はあるし，行事活動や学年別諸活動の年間の流れが大体のところできあがっている。そして多くの場合，とくに評価と意識しなくとも，子ども一人ひとりあるいは子ども集団の様子について，教師たちは何らかの見解をもちながら指導してきている。生活指導の評価とは，この点を意識的に取り出して考え，反省し，日常的な子どもたちの生活指導や特別活動等に生かしていくことである。教育評価は決して評点の記入に終始することではない（小林・平岡・中内(2016) 参照）。

　生活指導の目標・内容については，表5－2のようにとらえたい。

　暗示的目標とした個の確立と交流・集団とのかかわりは，方向目標で示され

第5章　生活指導

表5-2　生活指導の目標区分

目　標　区　分		例
暗示的目　標	個の確立	基本的生活習慣，一人でも遊べる，自分の意見を主張できる，自分の進路や生き方を考える，自己理解，主体性，自律，等々
明示的目　標	学習内容・活動内容の理解・構想・実施	学級会，班づくり，係活動，レクリエーション，種々の行事活動，児童会や生徒会活動，教師が準備した教材を通して学ぶ道徳指導，等々
暗示的目　標	交流・集団とのかかわり	集団で遊べる，一つのことに集団で取り組む，友だちを思いやる，集団自治，共同性，連帯，等々

（出所）小林（2004）に示した表を一部修正した。

るもので，こうあってほしいと教師が考える目標でもある。これを上段と下段に示したのは，これらが表裏の関係にあり，両者を意図的につなげるのが中間に位置する明示的目標だからである。「個」は集団のなかで自覚され，現れてくる。また，真の共同性は，集団を形成する一人ひとりが個を確立させてこそなされる。ただ，実際の場面として，友だちと仲良く楽しく遊べる子であれば自己理解が進んでいるというわけではない。その点で，これらは表裏の関係にありながらも，別々の目標としていくことが必要である。

　明示的目標の部分は子どもたちにも教師たちにも何をするかがわかるものである。多くの学校が行事活動の年間計画を作成している。そうしたものもここに属する。この目標は，班活動や係活動，修学旅行，学級新聞づくり，文化祭での合唱や演劇の取り組み，道徳の授業等々，各教師の得意分野を反映して種々試みられている。総合的な学習の時間の内容と連動することもあるだろう。

　実際に何らかの指導が始まるには学習や活動の目標・内容を明確にしなければならない（＝到達目標の設定）。それには，子どもたちの現状把握，すなわち診断的評価が必要である。教師は，こうして設定した学習や活動（明示的目標の部分）へと子どもたちを誘いながら，同時に，暗示的目標である個の確立や交流・集団とのかかわりに発達がみられるかどうかを，集団の雰囲気とともに子どもたち一人ひとりについてみていくことになろう。これは形成的評価にほかならない。一定期間を要して一つの活動の終了時に何らかのプレゼンテーションを行うなら，それが総括的評価となる。

■目標の二重構造と評価の手順

　暗示的目標である方向目標を大目標としよう。教師は，たとえば一人ひとりがもっと自己主張できるようにしたいといった，大目標を念頭に置きながら，子どもたちの現状に即した，かつ発達段階を加味した具体的な取り組みを考案する。特別活動については，各学校で，行事活動や学年別諸活動の年間の流れが大体のところできあがっているので，それが具体的な取り組みとなる。たとえば修学旅行であれば，事前に情報を収集して栞作成をするだろう。指導はそこから始まっている。修学旅行から帰ると，「総合的な学習の時間」を使って各自が新聞づくりをして学級ごとに発表会を行うということも考えられよう。どの程度のものを作成するかを示したものが目標である。この具体的な目標を小目標としよう。その小目標に準拠して評価していくことになる。方向目標としての大目標と，取り組みの目標である具体的な小目標すなわち到達目標とがあるという点で，生活指導の目標は二重構造をなしている。

　小中学校のよくやる行事活動としては，遠足，あいさつ運動，運動会，水泳大会，学校祭・文化祭，宿泊学習，修学旅行，持久走大会，スキー合宿，立志式，カルタ取り大会，等々がある。これらを学年別に整理し，各取り組みの到達目標を設定し，目標をさらに段階化したなら，それは生活指導におけるルーブリックになっていく。

　目標設定と評価の具体的な手順を大まかに整理すると，以下のようになる。

　① まず診断的評価をする。子どもたちおよび個々の子どもの現状を把握し，漠然とではあれ何が課題かを考える。これが大目標である。

　② 具体的な到達目標を設定し，何らかの活動を組織する。あるいは年間行事活動の微調整を図る。子どもたちとともに目標（めあて）を考えるのもよい。これが小目標であり，教師と子どもたちが目標を共有できるとよい。

　③ 取り組みの開始。ここで組織された活動は，教科指導にいう教材に相当する。ひとまとまりの活動は教科指導にいう単元に相当する。

　④ 折々に形成的評価をする。目標にどれだけ近づいているか，目標は適切であったか，指導はうまくいっているか等を判断し，必要に応じて軌道修正する。この形成的評価の一環として，子どもたちの自己評価やグループ討議等に

よる相互評価を取り入れるのもよい。その際の評価の基準は，②の具体的な小目標である。

⑤ 総括的評価をする。これは成果の確認である。発表会等はその一つのあり方である。子どもたちに作文を書かせることも考えられる。

5　生活指導の幅広さ

特別活動や教科外活動といえば，それなりに領域を示すことになるが，生活指導というと，その守備範囲は学校を超えて，地域や家族を含む子どもを取り巻く環境全体といってもいいほどに広くなる。教師は子どもの私生活にどこまでかかわるものなのかと，不安に思う教職課程履修学生は少なくないだろう。実際，教師であれば，家庭訪問をするし，三者面談ならずとも，子どものことで保護者とかかわるのは不可避である。どこまでかかわるのかという線引きなどできるものではない。

「モンスターペアレント」ということばは，教師ではなくメディアが広めたことばであったにしても，学校教師側に寄り添った表現である。それだけ，教師は保護者対応に腐心しているともいえよう。しかし，これを保護者側からみたらどうだろう。教師への不満の表現でもあろうし，教師以外に子どものことを語れる人がいないという保護者の現実の反映でもあろう。保護者対応にしても，子どものことがあってのことだから，生活指導の一環である。保護者対応で，自立できていない教師が陥りがちなのが，自分は教師なのだと強がる，いいかえれば鎧をまとうことである。教師とて人間であり，できることとできないことがある。そうした自分自身に素直になりつつ教育の専門家である部分を太らせていくことが，保護者対応だけでなく子どもたちの生活指導面でも教師を成長させる前提となる（今関（2009）参照）。

近年ようやく学校の人権にかかわることとしてメディアでも取り上げられるようになったことに LGBT 問題がある。性的少数者をこのように表現しているが，とくに身体も心もダイナミックに変化する思春期の子どもたちにとって自分の性をどのように感じ，考えるかは大きなテーマである。しかし，現実の

学校は子どもたちを男子と女子に区分するのが一般的である。その事実によって，たとえばトランス・ジェンダーの子どもは着替えもトイレも不快なもの，あるいは自分は変なのかと不安に陥らせるものともなる（薬師・笹原・古堂・小川（2014），金井・薬師・杉山（2015）参照）。教師として，学校としてこの問題を考えていくことも生活指導の一面である。

　生活指導の守備範囲は恐ろしく幅広く，学校教師の手に負いきれないといってもいいほどである。できることを地道に教師集団で協力し合って行っていくことが大切である。教師ならではの教科指導に生活指導を取り入れて子どもたちに深い理解を，それも集団活動を通して行うことも可能である。たとえば，英語による自己主張のエッセイを書いて発表会を行うことなどは，英語の学習でありながら自分を皆に語るものとなる。研修旅行に合わせて研修先の歴史や文化をグループで調べ，討議していくことなども，集団活動も自立活動も伴うという点で生活指導と教科指導の統一となる（西岡・永井・前野・田中ほか（2017）参照）。古くは高等学校農業科で行われていた地域の伝統野菜の栽培・研究（村山（1986）参照）その他，子ども一人ひとりの特性に即したという点で生活指導的側面を含みこんだ課題研究的な実践は，総合的な学習の時間での学習も含めて多数みられる。

注

1) 教育課程＝curriculum，教育＝education，学級＝class など。
2) 詳細については中内（1985）参照。
3) 教育にかかわる行政事務を担当する国家機関は，明治以来文部省であったが，2001年の中央省庁再編に伴い文部科学省となった。
4) その詳細については竹内（1980：129-214）の「第Ⅱ章　教科外教育の編成原理」参照。
5) 大西（1975），坂本（1976），能重（1982），その他。

参考文献

今関和子（2009）『保護者と仲良くする5つの秘訣』高文研。

大西忠治（1975）『核のいる学級』明治図書。

小川太郎（1980）「教育における教科の位置」『小川太郎著作集』第6巻，青木書店。

小川太郎ほか（1957）「子どもの実践と認識をどう指導するのか（下）」『教育』第78号。

小野英喜（2013）「中・高校の部活動の本質と体罰問題を考える」『教科外活動と到達度評価』第14号，全国到達度評価研究会教科外教育分科会。

金井景子・薬師実芳・杉山文野（2015）『LGBT 問題と教育現場』早稲田教育ブックレット。

小林千枝子（1988）「子供集団の自治と教師の指導性」『生活指導』第389号。

小林千枝子（2004）「教科外教育の目標・評価研究を進めるために」『教科外教育と到達度評価』第7号。

小林千枝子（2014）『戦後日本の地域と教育』学術出版会。

小林千枝子（2016）「到達度評価の道徳指導論的あり方」『今日からはじめる楽しい授業づくり』第5号，全国到達度評価研究会。

小林千枝子・平岡さつき・中内敏夫（2016）『到達度評価入門』昭和堂。

坂本泰造（1976）『学級の主人公はぼくらだ』明治図書。

渋谷忠男（1988）『学校は地域に何ができるか』農山漁村文化協会。

全生研常民委員会編著（1971）『学級集団づくり入門　第二版』明治図書。

高山一郎（1938）「生活教育再出発のために」『生活学校』第4巻第6号。

竹内常一（1980）『学級集団づくりの方法と課題』民衆社。

竹内常一（2016）『新・生活指導の理論』高文研。

留岡清男（1937）「酪聯と酪農義塾」『教育』第5巻第10号。

中内敏夫（1985）『指導過程と学習形態の理論』明治図書。

中内敏夫（2005）『教育評論の奨め』国土社。

中内敏夫（2008）『生活訓練論第一歩』日本標準。

西岡加名恵・永井正人・前野正博・田中容子ほか（2017）『パフォーマンス評価で生徒の「資質・能力」を育てる』学事出版。

能重真作（1982）『ブリキの勲章・ヤング版』民衆社。

宮坂哲文（1962）『生活指導の基礎理論』誠信書房。

村山隆（1986）『たにし学校』あゆみ出版。

文部科学省（2010）『生徒指導提要』。

文部省（1981）『生徒指導の手引（改訂版）』。

薬師実芳・笹原千奈未・古堂達也・小川奈津己（2014）『LGBT ってなんだろう』合同出版。

（小林千枝子）

第6章

進路指導・キャリア教育
——教育と職業社会——

本章では，進路指導・キャリア教育という名前で呼ばれている教育活動について学ぶ。キャリア教育という用語は2000年ころから急速に普及し始め，現在では進路指導という言葉よりも多用されるようになっている。学校教育の重要な課題のひとつに，社会に出て働くための準備をすることが挙げられる。教育基本法，学校教育法のいずれも職業や勤労について学びその準備をすることについて規定している。そこで，ここではこれらの課題に関連する進路指導・キャリア教育の現状と課題について学んでいく。

1　進路指導とキャリア教育

まず初めに，進路指導とキャリア教育の関係についてみておこう。キャリア教育とは，文部科学省によると「一人一人の社会的・職業的自立に向け，必要な能力や態度を育てることを通してキャリア発達を促す教育」と定義される。また，キャリア発達とは「社会の中で自分の役割を果たしながら，自分らしい生き方を実現していく過程」と説明される。これらは，学校教育の課題であることに違いないが，やはりキャリア教育が強調されだしたのには社会的背景がある。詳しくは後に述べられるが，1990年代から社会問題となったフリーター問題がある。当初は，会社に縛られない自由な生き方を選ぶ若者といったイメージでとらえられたフリーター問題も，その後非正規雇用にしか就けず，安定した職業生活を展望できない若者の増加という深刻な社会問題としてとらえ直されてきた。こうした流れのなかで，これまで卒業間際までほとんど系統的に労働や職業について学ぶ機会のなかった学校や大学で，これらを学ぶ必要性が再認識され，重視されるようになった経過がある。

第6章　進路指導・キャリア教育

　一方，学校を終える児童・生徒に対し卒業後の進路を指導する進路指導は，キャリア教育の一環であるが，より直接的，具体的な進路選択の援助である。実際の進路選択は，児童・生徒の成績や家庭環境，時々の雇用環境，学校の所在する地域の産業構造，景気動向などきわめて現実的な諸条件の下で行われる。一般的・長期的な目標を掲げるキャリア教育のいわば「建前」が，現実のなかで試されるのが進路指導であるともいえる。

　進路指導は，キャリア教育以前から常に学校の重要な課題であった。わが国では戦後，教育制度の民主化に伴い中学校までを義務教育としたので，基本的にすべての児童が中学校に進学する小学校では本来的な意味での進路指導はなされず，義務教育修了段階後の進路選択が行われるのは，中学校以降の段階の学校である。以下では，各学校でのキャリア教育と進路指導について見ていく。

2　小学校におけるキャリア教育と進路指導

　先に，小学校では進路指導はないと述べたが，都市部においては無視できない数の子どもたちが，国立，私立の中学校あるいは公立の中等教育学校に進学する。また，通常の公立中学校進学にあたっても，複数の学校から選択できる場合もある。こうした場合，どの中学校，中等教育学校を選ぶかについて指導が必要となる。ただ，これらの子どもたちに対する小学校での進路指導は，組織的な学校教育活動として取り組まれることは少なく，担任教師の個別的な対応に委ねられているのが現状であろう。むしろここで主導権を握っているのは，塾などの学習産業である。また，この段階では進路についての考えは，児童よりも保護者の意志が強く反映されると思われる。

　この段階でのキャリア教育は，基礎的な学力と生活習慣を身につけ，将来の職業生活の土台を作ることと，いろいろな仕事や職業について興味関心をもたせ，自分の将来の進路について考え始めさせることである。労働や経済の仕組みについての基本的な事項についても考えさせる。

3　中学校におけるキャリア教育と進路指導

　学校教育法第21条には義務教育の教育目標のひとつとして「職業についての基礎的な知識と技能，勤労を重んずる態度及び個性に応じて将来の進路を選択する能力を養うこと」が挙げられている。この規定は，高校進学率が半数を超えるようになる1960年代頃までは，現実的な教育課題としてとらえられ，中学校における職業科，職業・家庭科，技術・家庭科を主とする教科指導と，就職指導が重要な位置を占めていた。

　その後，高校進学率が短期間で90％台にのると，中学校における進路指導は，専ら高校進学指導となっていった。高校進学者の増加に伴い，多くの高校が増設されまた多様な学科が作られたが，結果的に進学高校をトップとする偏差値体制が作られ，工業，商業，農業などの専門高校もこの体制に組み込まれ，本来の職業教育の特色が十分に生かせない状況になった。その結果，少子化と相まって，高校の統合と再編が大規模に行われ，新たに総合学科が設けられ，専門学科の減少が顕著に見られた。

　その後，偏差値体制はさらに進み，いわゆる受験学力のみによる進路選択を助長し，学校の先にある職業生活を見越した本来の進路指導の機能が失われる弊害が意識され始めた。

　そこで生徒に職業について考えさせる取り組みとして，まずは，職場体験学習が始められた。これは，1998年に兵庫県で「トライやるウィーク」として始まった。中学2年生が，1週間程度の地域の商店や事業所，各種施設などでの仕事を体験するこの取り組みは，その後急速に全国に広まった。この職場体験学習は，職業選択に直接結びつくことは少なく，どちらかというと生徒の社会認識やコミュニケーション能力などのソーシャルスキルの促進，学校と地域の連携の強化といったさまざまな意味合いで評価される。

　その後これらの取り組みは，キャリア教育という言葉の登場によりより明確に意識され，ここに統合されていくことになる。中学校におけるキャリア教育の課題は，義務教育終了時に将来の職業生活を十分に見越して進路を構想し，

選択，決定できる能力を養うことである。

　具体的には，多くが選択する高校進学について，普通科，総合学科，専門学科についての正確な知識と，自己の将来の職業生活についての展望の明確化，及びそれらと自己の現状を照らし合わせた現実的な進路選択の決断能力の養成が図られねばならない。これには，いわゆる基礎的な学力を身に付けることとともに，教員の側からも正確な情報および相談の提供が必要となる。これまで，最終学年段階での偏差値を主たる根拠とする進学指導を主とした進路指導から，3年間にわたり，幅広く進路や職業についての関心を高めさせるキャリア教育へと転換すること自体は意味がある。

　中学校における進路指導とキャリア教育の課題を列挙すれば以下のようになる。第一に，少数ではあるものの，中学校卒業後直ちに就職する生徒に対する十分な指導である。かつて1965年には卒業生の4人に1人以上が就職していたが，2016年度現在，卒業生の0.3%，約3,300人に減少した。彼らの就職状況はきわめて厳しい。15，16歳前後から技能を身に付けるのが有効な一部の職業を除き，彼らの就職先は非熟練職が多く，将来性に乏しいものが多い。そこで彼らに対する進路指導では，定時制高校をはじめ，できるだけ継続して学習が続けられるように配慮することが望まれる。さらに，特別支援学校中学部卒業者や発達障害の卒業生に対する，特別な支援制度も必要となっている。

　第二に，就職者，進学者ともに途中でやめる者に対するフォローの課題である。特に中卒就職者は3年以内に7割が就職先を変えるか辞めている。これは，必ずしも否定的な現象とは言えず，その機会をとらえて適切な援助があれば，さらに発展的な学習や技能向上のチャンスに転化できる。ただし，追指導という名で課題として挙げられてはいるが，中学校教師が卒業生を個別的にフォローすることは実際には難しく，卒業生が気軽に母校に立ち寄れる状況を作り，適切なアドバイスをしたり，ハローワークにつなげたりすることが重要である。わが国の若者の就業援助は，主に学校が担っているため，転職者は一旦学校を離れると，パーソナルな狭い範囲での情報で動きやすく，一層条件の悪い職場に変わる危険性が高いので，ハローワークなど，公的な機関の関与が望ましい。このことは，高校・大学中退者も同様である。現在，国際的にも進学率の上昇

に伴う，中退者の増加への対応が課題とされている。彼らの多くが，進路指導のネットワークからこぼれ落ち，高い失業リスクにさらされて問題となっている。わが国の高校・大学の中退率は国際的には低いが，今後無視できない課題となるであろう。

第三に，キャリア教育でも進められる職業や労働についての教養を深めさせることである。戦後，高度成長期に至るまで中卒就職が普遍的であった時期まで，この課題は中学生にとって現実的なものであったが，ほぼ全員が高校に進学するようになってから，この課題は中学校教育のなかで周辺的なものとなった。

近年のキャリア教育の重視のなかで，再びこの課題が重視され始めたが，ここでの取り組みが，実際の進路選択とどのようにつながるのかは必ずしも明確ではない。今後の実践が期待される。

4 高等学校の進路指導とキャリア教育

日本の高等学校は学校教育法第50条に「中学校における教育の基礎の上に，心身の発達及び進路に応じて，高度な普通教育及び専門教育を施すことを目的とする」とされているように，普通教育だけではなく専門教育を共に行うことによって，個性に応じた進路を選択していく段階にある。戦後の我が国の学校制度においては，高等学校を総合制とし，普通教育と職業教育を合わせ行うことによって，中等教育段階で具体的な職業教育を行うことが目指されてきた。したがって，ここでの「専門教育」は，その後の職業を視野に入れた職業教育を意味するものでもある。しかし，今日の高等学校は普通科が70％以上を占めており，中等教育段階で職業を意識した専門教育を行っているとは言い難い状況にある。

学校基本調査によると，2015年度の高卒者の進路状況は，大学進学率が54.7％，専門学校進学率が16.4％，合計71.1％となっている。これに専修学校一般課程および公共職業能力開発施設等への進学者5.9％を加えると，高卒者の77％がその後何らかの教育訓練施設へと進んでいることがわかる。これに対

し，就職者の割合は17.9％となっており，高卒求人の状況が改善されているにもかかわらず，低いままの状況にある。高卒者の進路のここ10年の経過を見ると，専門学校進学率はおおよそ14％〜18％で推移し，就職率は15％〜19％ほどで推移しているのに対して，大学進学率は49.3％から54.7％に上昇している。就職率はリーマンショックの影響を受けた2010年に最低値の15.8％となって以降，増減を繰り返しながら，若干の増加傾向にあるが，全体としてみれば，進学率が上昇している。

　1980年代以降の中等後教育の拡大期を経て，高卒進学が一部の者に限られていた時代は終わり，18歳人口の減少期を迎えたこと，またリーマンショック以降の景気の回復による高卒求人倍率の改善により，高卒者の進路選択の幅はこれまでになく広がっている。特に，学力偏差値にもとづく選抜を経ずとも，大学に進学することが可能となったことにより，大学進学は一般的・大衆的な進路となり，大学進学者は増加傾向にある。また，職業教育を中心とした専門学校への進学も一定の割合を保持しており，大学とは異なる進路として定着している。さらに，2019年度からは，実践的な職業教育を行う「専門職大学」の設置が予定されており，高卒後進路はより，多様化・複雑化することとなっている。

　高等学校進学率が90％を超え，高校が準義務化しているわが国では，高卒後の進路選択が実質的にはその後の職業選択につながっている。しかし，高校の進路指導をめぐっては，偏差値主義的な進学指導や，職業意識が低いままでの消極的な就職選択などの問題が指摘されてきた。他方で，それら旧来の進路指導の問題を克服すべく行われている，自己選択や自己決定を重視する進路指導や，学力偏差値主義的な進路指導からの転換も，決してうまくいっていないことも明らかになっている（詳しくは，望月（2007），荒川（2009）などを参照のこと）。

　高等学校では，そういった進路指導の改善とともに，不安定化・流動化が進む労働市場に対応すべく，生徒の生涯のキャリア発達を見据えたキャリア教育の実践が求められるようになっている。高等学校では，キャリア教育の実践として，生徒の職業意識を高めるため職場体験やインターンシップ，職業に関する講話などが実施されている。先に述べたように，進路指導を含む新たな実践としてキャリア教育が登場したため，教育現場では，模索的な取り組みを経て，

徐々に体系的・組織的キャリア教育の実践が定着してきた。その一方で，キャリア教育の取り組みが形骸化し，生徒の意識の変化や労働，雇用の実態に十分適応していないという問題もでてきている。このような問題に対して，高等学校でのキャリア教育には，進路指導との整合性や，中学校までのキャリア教育との体系性を確立していくことだけでなく，雇用や労働，職業社会の変化を踏まえた現実的な視点が求められている。

　他方で，1994（平成6）年の総合学科等の登場に見られるように，科目選択や，実習，体験的な授業などを通して，自分のやりたいことを見つけ，進路に結びつけることを教育課程全体の目的とする学校も出現している。また，流動化する労働市場に適応していくためには，旧来の「手に職」「熟練」型の専門性ではなく，その後の展開可能性を含んだ「柔軟な専門性」を身につけ，キャリア形成の手がかりとすることが有効であるという議論もある（本田，2009：191）。

5　若年労働市場の変化と高校での就職指導

　日本型雇用の縮小によるフリーターの出現に始まった非正規雇用は，今や若年層には特異なものではなくなっている。児美川は，学校基本調査をもとに，学卒後すぐに正規雇用に就き，3年間就労継続する，いわゆるストレーターは，高校入学者の41％にすぎず，6割近くの者は中退や離転職，非正規雇用を経験するというデータを示している（児美川，2013：24）。この背景には，雇用に関する規制緩和の影響を強く受ける形で，若年者雇用が不安定化・流動化し，非正規雇用に就く若者が増加するとともに，若年者の離転職が一般化している実態がある。さらに，正規雇用者についても，ブラック企業や若年者の過労死事件など，その厳しさを表す象徴的な出来事が起こっている。

　近年では，若年フリーターは180万人前後で推移しており，労働力人口に占める割合は徐々に増加している。フリーターは，低い賃金や社会保障の不十分さが大きな問題となっており，他方，周辺正社員的な派遣・契約社員は有期雇用であり，組織のなかで正規メンバーとして扱われないため，不本意就労の割

合が高いという問題がある。これら非正規雇用者は企業の計画的教育訓練（いわゆる企業内教育）の対象とならないことから，職業能力を高めることができず，不安定な雇用にとどまり続ける傾向がある。バブル崩壊以降，就職氷河期といわれる時期に新卒であった者（いわゆるロストジェネレーション）は，流動的な労働市場のなかで，正規社員として働くことが難しくなっており，30代後半以上の熟年フリーター，ニートの増加が問題となっている。今日では，このような若年者の雇用をとりまく問題は，個人の就労の問題という次元を超えて，晩婚化・非婚化・少子化の要因として，社会問題となっている。

　このような若年者雇用の不安定化のなかで，高等学校卒業後の就職者は減少傾向にあるが，高等学校での職業教育を経て就職するという進路は，高等教育の私費負担割合の高い日本においては，重要な意味をもっている。以下では，高等学校での就職指導の特徴とその変化についてみていく。

　日本の学卒者の就職は，新卒一括採用の形態をとることによって，若年者の失業率を低くとどめてきた。新卒一括採用を実現するためには，在学中の就職指導が必要であり，先にも述べたように，学校は職業安定法（第26条，27条，33条の2）によって，職業紹介事業を委託され，企業の求人を受けて職業紹介を行ってきた。

　2016（平成28）年度の高卒就職の状況は，求人倍率が2.23倍，就職内定率は99.2％と，1987（昭和62）年度の調査開始以降，最高の数値であった（厚生労働省，2017）。都市部での求人倍率が軒並み高くなっており，特に東京を含む京浜地域での求人倍率は高く，4.82倍となっている。他方で沖縄を含む南九州地域や，京阪神を除く近畿地域では1.4倍程度となっており，地域による差が大きくなっている。求人の中身は，製造業，建設業を中心としながらも，卸売・小売業，医療・福祉，宿泊業・飲食サービス業等も多くなっている。近年は，求人数の増加によって「売り手市場」の状況が続いている。しかし，求人の内実をみると日本型雇用といわれる安定的な雇用形態の多い産業分野の求人は相対的に減少し，労働条件の厳しい中小企業や小売りサービス業に移行しつつある。このように，求人状況は量的には改善傾向にあるが，その具体的な中身は大きく変化している（筒井，2009）。

これまで，高校と企業は相互の信頼関係を基礎として生徒や求人内容に関する確実な情報を交換することによって，雇用のミスマッチを防いできた。高校は企業との良好な関係を継続するために，よりよい生徒を学内で選抜し，企業は学内での選抜の結果を尊重した採用を行ってきた。このようなシステムのもとでは，高校で勉強することがよりよい就職に結びつくため，進学する者も就職する者も皆，学校での学習に取り組み，勤勉性を身につけることにつながっているといわれている（苅谷，1991）。このような「日本的高卒就職システム」は景気の拡大期・安定期に形成されたものであり，バブルの崩壊，リーマンショックという2つの景気の低迷期を経て，大きく変化することとなっている。

第一に，正規雇用の減少による新規高卒求人の変化である。企業は景気の低迷期に，人件費の削減を目的として，新規学卒者の採用減とともに，雇用の非正規化を進めた。このため，従来の正規雇用を前提とした学校と企業のつながり自体が弱まっているといえよう。

第二に，企業の求人が継続的ではなく単発的になっていることである。すなわち，企業は不安定な景気状況に応じて，求人状況を変えるため，継続的な採用ではなく，必要な時に必要な求人を出し，採用を行うようになっている。したがって，従来のような継続的な信頼関係を基礎とした就職指導は成立しにくくなっている。

第三に，高卒求人の内容の変化である。前述したように，高卒求人で増加している，卸売・小売業，医療・福祉，宿泊業・飲食サービス業などの業界はパート・アルバイトなど非正規雇用者が多い業界でもある。また，その多くが現業であるため，入職自体がさほど難しくはないが，労働条件・内容が厳しい場合も多く，高校生にとって魅力的な求人とはいえない。そのため，高校が積極的に就職を勧めることができなくなっている。

このような高卒求人の変化によって「日本的高卒就職システム」といわれた伝統的な就職指導は規模を縮小させ，それに変わって，単発的，個別的な就職指導が増加し，高校での就職指導に新たな困難が生じている。このような就職指導の困難によって，リスク回避の観点からとりあえず進学を選択させる傾向が強まっており，進学率を押し上げているとみられる。

第6章　進路指導・キャリア教育

6　高校での進学指導と新たなリスク

　先に見たように，高卒後の進学率は高止まりしており，多くの場合，具体的な職業教育・訓練は中等後教育段階に持ち越されることとなっている。現在，18歳人口の減少と大学の増加によって，大学・専門学校への進学のハードルが低くなっており，高卒者の進路の選択肢は拡大すると同時に多様化している。しかし，それは個人の希望する進路を自由に選択できるということを意味せず，経済状況や家庭環境，居住地域などのさまざまな制約を受けながら，難しい選択を強いられる場合も少なくはない。

　全国の進路指導主事に対して行った調査によれば，進路指導が困難と考える高校教員は9割以上に上っており，その要因は「入試の多様化」「教員が進路指導を行うための時間の不足」「進路選択・決定能力の不足」であるとされている。また，高校教員が将来社会で必要となると感じている能力として60.3%が「主体性」を挙げているにもかかわらず，実際に育成されている能力は「規律性（51.6%）」や「傾聴力（32.3%）」であり「主体性」については12%程度であると回答している。また，大学・短大進学率が高い学校は「入試の多様化」に困難が感じられており，大学・短大進学率の低い高校においては，「家庭・家族環境の悪化・家計面」に困難を感じている（リクルート進学総研，2017）。このように高校進路指導をめぐっては，進路選択において重要となる能力が生徒に備わっていないことや，それぞれの学校の環境や生徒の特徴によって，多様な困難が存在しているといえる。

　高卒後進学の問題として，わが国の中等後教育は，その多くを私学が占めることから，私費負担の割合が高く，なかでも家計負担が最大を占めていることから，家庭に経済的な余裕がなければ進学は難しい。また，世帯の平均所得は低下しているにもかかわらず大学進学が増加している状況のなかで，学生アルバイトと奨学金の利用が拡大している。現在では，学生の半数以上が奨学金を利用し，大学卒業時には数百万円の負債を抱えることが一般化し，大きな社会問題となっている。そもそも，経済的に困窮した状態での高等教育への進学は

109

学業不振や中退に至るリスクが高く，中退した場合は学位も資格もなく，奨学金を利用していた場合は負債だけが残ることとなる。他方，卒業できた場合も奨学金返済のため，卒業と同時に条件のよい就職先へ就職する必要性が高まり，大学生の就職活動へのプレッシャーの高まり，インターンシップなどと学業との両立の困難など，さまざまな問題が表れている。医療関係職等，高齢化との関係で需要が増加した分野においては，資格の取得が就職にとって有利である状況が続いたが，それも中長期的に需要が続くわけではない。上昇する進学率に対して，若年者に占める非正規雇用は高い割合で推移していることからも，進学率の上昇が非正規雇用を抑制するわけではなく，逆に経済的理由等から高等教育への進学がリスクとなるケースが出てきていることには注意が必要である。

　しかし，依然としてリスクの高まる労働市場においては，より有利な条件での就職を目指した中等後の教育機関への進学が一般化する動きが継続している。これらの動きに加えて，産業技術の発達によって，単純労働は減少し，より高度な技術を身につける必要性が高まるとみられており，高卒後の進学要求は高まっていくと予想される。

　このような状況のなかで，高等教育の学費の低減や，給付型奨学金の制度化が予定されているが，その対象は限定的であり，問題を根本的に解決するものではない。若年者雇用が流動化・不安定化する中で，経済的負担の少ない中等後の職業教育の機会を保障することや，高校での職業教育の意義をとらえ直し再評価するなど，高校進路指導において支配的であった進学優位の考え方を見直す必要もあるだろう。

7　青年の発達保障と進路指導の課題

　青年の進路指導の課題は「よい仕事につくため」であり，学校はそのための「人材育成機関」であるというとらえ方は，進路指導への理解としては十分ではない。青年の発達にとって，自分の能力を伸ばし，自分に適した職業をみつけ，社会の中で個性を生かしていくことが重要なのはいうまでもない。した

がって，生徒の進路意識・職業意識の涵養は教育の普遍的な課題として意識されるべきであるといえよう。近年では，より多様な選択，多様なリスクが青年を取り巻く中で，一人ひとりの生徒に対するきめ細やかな支援が必要となっている。進路指導の実践においては，個々の生徒の進路意識・職業意識の多様性や職業社会の変化・多様性を的確にとらえ，進路指導・キャリア教育の実践に反映していくことが重要である。

　青年の「学校から社会への移行」の困難の問題が注目されるようになって久しいが，新規学卒一括採用や終身雇用といった戦後日本の安定的な青年期の前提がなくなった現在では，青年の社会への移行は多様化し，標準的な移行モデルは成立しなくなっている。青年の高卒後のキャリアについて実態調査を行った乾らは，若者の社会への移行の困難は，仕事の不安定さと厳しさ，公的支援の欠落，家族への依存と格差の再生産などによって，複雑化・深刻化していることを明らかにしている（乾・本田・中村，2017）。これら深まる若者の危機に対して学校での進路指導はどのような役割を果たしていけるだろうか。

　まず，「仕事が合わない」というジョブマッチングの問題や，入職前に得ることのできる職場の情報が限られていることを考えれば，離転職を前提として中長期的なキャリア形成を支援していく必要性が高まっている。特に，近年では，数年の職業探索期（job-hopping）を経て，安定した職業に就いていくという移行の形が増加しており，高等学校での進路指導・キャリア教育においても，職業探索期の存在を前提とした指導が必要となっているといえよう。具体的には，離転職のリスクだけではなく，キャリア形成にとっての積極的側面への理解をはかることや，不安定な職業生活を支えるための資源の確保や人的ネットワークの形成などが挙げられる。さらに，社会的資源の乏しい若者にとっては，卒業後も高等学校が生徒の拠り所となることによって，学校自体が不安定な職業探索期を支えるソーシャルネットワークの一部となっていくことなども重要である。具体的には既卒者の追跡や卒業後数年間の離転職への支援等が考えられる。ただし，このような問題への対応は，高等学校の教育指導の範囲を超えており，不安定な青年期を支える社会保障体制の整備や，青年の社会への移行を支える社会システムの構築が強く求められているといえよう。

このように新たな課題への現実的対応が求められる一方で，学校の教育課程のなかに，産業界や企業の求める能力の育成を位置づけ，キャリア教育として具体化していこうとする動きが学校教育全体において高まっている。このような傾向は，場合によっては公的機関としての学校教育の自律性・独立性と矛盾をきたし，特定の産業分野の人材育成機関として学校が「活用される」ことになりかねない。学校教育は社会の発展のための重要な機関であることは間違いないが，短期的に「役立つ」能力をことさら重視することや，特定の産業領域に「貢献」していくことは，学校教育の本来的性格を歪めることになるだろう。職業教育やキャリア教育の重要性が引き続き強調される中で，学校教育と職業社会のよりよい関係を追求していくことは，今後の大きな課題である。

参考文献

荒川葉（2009）『「夢追い」型進路形成の功罪——高校改革の社会学』東信堂。

乾彰夫・本田由紀・中村高康編（2017）『危機のなかの若者たち——教育とキャリアに関する5年間の追跡調査』東京大学出版会。

苅谷剛彦（1991）『学校・職業・選抜の社会学』東京大学出版会。

厚生労働省（2017）「平成28年度『高卒・中学新卒者のハローワーク求人に係る求人・求職・内定状況』取りまとめ」プレスリリース。

児美川孝郎（2013）『キャリア教育のウソ』ちくまプリマー新書。

望月由起（2007）『進路形成に対する「在り方生き方指導」の功罪——高校進路指導の社会学』東信堂。

筒井美紀（2009）「高卒労働力需要と高校就職指導の変容」『若者の働き方』ミネルヴァ書房。

本田由紀（2009）『教育の職業的意義——若者，学校，社会をつなぐ』ちくま新書。

リクルート進学総研（2017）「高校の進路指導・キャリア教育に関する調査2016」プレスリリース。

（佐々木英一／瀧本知加）

第7章

教職の専門性と現代教師の課題

　学校教育の「質」を決めるのは，教師であるといわれている。今日，ピサ（PISA：OECDによる生徒の学習到達度調査）に象徴されるように教育をめぐる国際的な競争が激化し，そのなかで各国ともに教師の資質向上が活発に議論され政策化されている。しかし他方でわが国においては，「教師受難の時代」が続いている。80年代末の「ゆとりの教育」や「新しい学力観」政策に対する「学力低下」批判は，政策の反転を引き起こし，今日では「学力試験」偏重の教育を生み出している。それと並行して，新自由主義的な経済政策の展開のなかで学力格差の拡大が深刻化するとともに「子どもの貧困」問題が顕在化し，これらの問題への対応に学校と教師は日々苦闘している。

　学校教育の「質」は，教師とその教育活動の「質」によって規定されるということができる。しかしその際，そもそも学校の役割とは何であり，そのために教師はどのような課題と役割を与えられているか，そしてそれらをどのような条件のもとで担おうとしているのかが明らかにされていなければならない。

　本章では，今日の教師政策をリアルに見つめながら，教職の歴史，教師の職務，教育実践と教師の成長，教師の養成と採用などを概説し，専門職としての教師像を実現するために必要な諸課題を考察したい。

1　教職の歴史と専門職としての教師像

ヨーロッパにおける教職の歴史と教師像の変遷

　今日的な意味での教師は，近代学校制度の成立・発展とともに形成されてきた。現代の学校と教師の問題を考える前提として，教師という職業の歴史的変遷について一瞥しておこう。

　ヨーロッパ諸国の近代学校制度は，いわゆる複線型の体系をとって発展したが，それに伴い教師も，その養成・資格制度および社会的経済的地位を大きく

異にする 2 種類の階層として成立・発展した。そしてこれら 2 種類の教師が，ひとつの職業階層として統合されるようになるのは，主に第 2 次大戦以後のことである。まずこの経過を整理しておこう。

　単純化して述べるならば，ヨーロッパ諸国の近代学校制度は，「上から下へ」と整備されていった学校系統と，それより遅れて「下から」作り上げられた学校系統との複合・併存の過程として成立した。前者は，まず中世末以降に成立した大学が存在し，次にそれへの準備教育機関として中等教育施設が整備され，さらにそれへの準備施設ができあがるという経緯をたどった。この中等教育施設は，中産階級出身の男子を社会のエリートへと教育するためのものであり，イギリスではパブリック・スクール，フランスではリセ，ドイツではギムナジウムと呼称された。これに対して後者は，国民全体を対象とする教育機関であり，多くは19世紀後半以降の就学義務制度の導入に伴って本格的に整備されるようになるものである。両系統の教育施設は，社会の階層構造に対応し，互いに隔絶した存在であった。

　前者の中等教育施設の教師は，大学修了を基礎資格とし，幅広い学問的教養と専門的知識をもつものとされ，その社会的経済的地位は高く，大学教師に準じる教養専門職であると見なされた。他方，後者の初等学校教師は，きわめて低い地位から出発した。もともとこの職は，ある程度 3R's（読み：reading，書き：writing，算：arithmetic）のできる者なら誰にでもできる，あるいは他の職業に就くことができない者がする仕事であると見なされていたからである。

　ドイツの場合を例にこの経過を確認してみよう[1]。ドイツ（プロイセン）の中等教育制度の発展は，19世紀を通じてのギムナジウムの発展・分化の過程としてとらえることができるが，その教師の養成・資格制度もそれと並行して整備された。最初の国家試験制度が導入されるのは1810年のことであるが，以降，中等学校教師になるための基礎資格は，大学での学修と教員国家試験に合格することであった。その際，大学での学修とは，大学での専門研究を通じて，フンボルト（Humboldt, K. W. v.）のいう「調和的人間的教養」の獲得をめざすものであり，優れた学者とはすなわち優れた教養人であり，それはとりもなおさず優れた教育者であるという理念に基づいていた。またこのことは中等学校教

第7章　教職の専門性と現代教師の課題

師も大学教師もその理想像において同じものであることを意味し，実際ギムナジウム教師と大学教師は連続的存在であった。

　19世紀後半にギムナジウム教師は各地で職業団体を結成し，社会的地位の強化と経済的地位の向上をめざして積極的に運動を展開するが，その目標は，裁判官および高級官吏との同格化であった。すなわち国家官吏としてもっとも地位の高い専門職との形式上および実質上の同格化を政府に要求し，20世紀の初頭にはその地位を実際に獲得するのである。

　これに対して初等学校であるフォルクス・シューレ（民衆学校，国民学校）教師は，18世紀後半以降，フォルクス・シューレに接続する「レーラーゼミナール（師範学校）」を通じて養成された。この学校は，大学などの高等教育機関に接続しない袋小路的施設であり，宗派別に設置され，基礎的学問の学習ではなく，ひたすらフォルクス・シューレでの教授の方法と技術を教え込むものであった。フォルクス・シューレ教師の出身階層は低く，その社会的経済的地位はギムナジウム教師に比して大きく劣っていた。彼らは19世紀中頃から各地に教員連盟を結成し，地位向上の運動を積極的に展開したが，その一貫した目標は「大学での教員養成」と「教師層の統一」であり，ギムナジウム教師との同格化であった。この運動は，19世紀末以降の統一学校運動と深く結びついていた。そしてこの運動のなかで，教師の地位の向上にとどまらず，統一的な職業層としての教師の養成・資格制度のあり方，教職の課題とそれを遂行する上での自由と責任等についての議論が深められていくこととなったのである。ちなみにドイツにおいてこの2つの目標が実現するのは，1970年代のことである。

■わが国の学校制度の発展と教師像

　戦前のわが国の学校制度は，ヨーロッパ諸国にみられたような徹底した複線型の体系をとっていたわけではない。しかしわが国の場合にも，中学校および高等女学校などの中等学校教師と小学校教師の間には歴然とした格差が存在した[2]。

　小学校教師の場合，その養成は主に師範学校を通じて行われたが，それは中

等教育レベルに位置づけられる学校であり，高等小学校に接続し小学校教員養成のみを目的とするものであった。そこでは初代文部大臣森有礼の提唱した「順良，親愛，威重」という三気質が，教師の徳目として強調され，それを体得することが目標とされた。全寮制で学費は不要，さらには制服，日用品などの学資や食料の支給があったが，軍隊式の生活を強要され，卒業後は指定された小学校への服務を義務づけられていた。

　これに対して中等学校教師は，高等師範学校を修了するという特別なルートもあったが，主要には，大学あるいは専門学校などの高等教育機関の卒業を基礎資格とする教員検定制度を通じて養成されていた。このような養成制度の違いに応じて両者の間にはかなりの社会的経済的格差があり，また官吏としての地位も明確に区別されていた。

　しかし戦前の教師がおかれていた状況に関してもっとも重要な特徴は，教職の種類を問わず，その職務上の自由や労働者としての基本的権利が著しく制限されていたことにある。

　第8章にみるように大日本帝国憲法のもとで教育は天皇の統治権の一部とされ，学校教育に関する基本方針はすべて勅令によって定められていた。最高の価値基準とされたのは教育勅語であり，その理念のもとに学校令やその施行規則などを通じて，教育の目標・内容が詳細に規定されていた。教師の役割は，官僚機構の末端にあって忠実にそれを実践していくことであった。教師がその役割から逸脱することを防ぐために視学官が配置され，校長とともに日常的に教師に対する監督を行った。またそもそも憲法には，「学問・教育の自由」の規定は存在しなかった。このような構造のもとで，教師は，国定教科書の教授方法の工夫以外，創造的な教育実践を行う自由は認められていなかった。

　さらに教師は，「小学校教員心得」「学校教員品行検定規則」（1881〔明治14〕年）などにより，服装，言葉遣い，恋愛，住居など日常生活の隅々に至るまで詳細に統制され，「品行方正」が求められた。また教職は崇高な仕事であるということから，政治や経済活動などの「俗事」には関与せず清貧に甘んずるべきであるとされていた。教師は「聖職」であり，人々から尊敬を集めるべき存在とされていたが，現実の庶民の眼には，「民衆には尊大，権力には卑屈」な

人間として映っていたのである。

　もちろんこのような国家統制に抗して，子どもたちの立場に立って教育内容の改善を求める運動や教師の労働者としての権利の拡大をめざす運動が不断に展開された。とりわけ大正自由教育運動や生活綴り方運動，あるいは啓明会やその後の教育労働者運動は，今日の学校教育と教師を考える上でかけがいのない貴重な遺産となっている。しかしこれらの自覚的教師の努力にもかかわらず，戦前においてはこのような体制が大きく変化することはなかったのである。

■ILO・ユネスコ「教員の地位に関する勧告」と専門職としての教師像

　敗戦とそれに続く日本国憲法および教育基本法の成立は，戦前の教育体制を根本的に変革することになった。教育は天皇に対する臣民の義務ではなく国民の権利となり，国家はそれを保障する義務を負うことになった。同時に教師の位置づけも大きく変化した。それは天皇のための教師から国民のための教師への転換であり，教師は国民の信託を受けて子ども・国民の「教育を受ける権利」（憲法26条）を保障する責務を担う存在となったのである。また6・3・3制の単線型学校体系と新たな大学制度は，統一的な教師養成・資格制度を作り上げる基盤となった。

　こうして再出発した日本の教師は，戦前の教育を厳しく反省・総括するとともにその経験の上に教職員組合を結成し，新たな教師像の実現をめざして力強い運動を展開した。それは憲法・教育基本法の理念を教育実践のなかで具体化する運動であり，教育内容の科学化と民主化，教育課程の自主的編成，民主的な教育行政と学校運営制度の創造などであった。同時に，教師の教育活動を実り豊かに展開するための前提として，教師の労働基本権の獲得が求められた。日本教職員組合による「教師の倫理綱領」（1952年決定，1961年解説文を追加）には，戦後教員運動の初心が如実に表現されている。

　このような憲法・教育基本法上の教師の位置づけおよび教師の運動を背景に，教師像の発展の歴史的画期となったのが，ILO・ユネスコの「教員の地位に関する勧告」（1966年）における「専門職としての教師」という国際的提言であった。

パリのユネスコ本部で行われた特別政府間会議で採択されたこの勧告は，「教育を受ける権利」が基本的人権のひとつであることを確認し，それをすべての人々に保障するために，各国が教師に対してその役割にふさわしい地位と社会的尊敬を与えねばならないことを力説した。その基本理念は，教職は専門職とみなされるべきである，というものであった。全文は前文および146項目からなるが，その内容は，教師の職業生活全般を網羅するものであり，職業上の自由，教員の責任，市民および労働者としての権利などが具体的に言及されている。

「専門職（profession）」とは，もともと主に社会学で用いられてきた用語・概念であり，特にアメリカの職業社会学のなかで発展してきたものである。それは，「長期の教育訓練を通じて習得した学問的知識と技能によって営業における独占的な地位を形成した職業」と定義される（見田ほか，1988：555）。あるいはさらに進んで，① 高度に体系化された専門的知識・技術に基づくサービスを顧客の求めに応じて独占的に提供する職業であり，② そのサービスの提供は営利よりも公共の利益を第一義的に重視して行われ，③ そのことによって職業活動上の大幅な自律性と職業団体としての一定の自己規制力を社会的に認められた職業範疇，と定義されるものである[3]。そしてそのような職業としての社会的地位を獲得することが，「専門職化（professionalisation）」と呼ばれる。欧米社会においてはこれらの職業の原型として，聖職者，医師，弁護士そして大学教師などが想定されている。上述のドイツの中等学校教師は，19世紀をかけて専門職化をめざし，ドイツ社会の文脈のなかでそれを達成したのである。

このような専門職研究を背景に，教員の地位に関する勧告が作成されたのである。ただしそこで問題にされているのは，教職が専門職に分類されるか，あるいは準専門職にとどまるか，といった学問的評価・分類ではなく，それぞれの国において，専門職にふさわしい職業上の自由，教職員集団の自治と自律，労働時間・給与等の労働条件の改善が具体的に実現されることの重要性であった。

わが国の場合，1955年を前後する時期から戦後の教育改革は大幅に後退し始める。教師の教育実践は，学習指導要領に厳しく規制されるようになり，学校

運営は教育委員会によって詳細に指揮・監督され，教職員集団の自治と自律は大きく制限されるようになった。勧告の理念と内容は，このようなわが国の動向がまさに世界の趨勢に逆行するものであることを雄弁に示していたのである。勧告は，その後のわが国の議論と教師の運動に大きな影響を与え，専門職としての教師像の実現が目標として広く確認されることになった。そして今日なお，勧告が提起した諸項目を実体化することが重要な課題であるといえるのである。

　しかし同時に，今日の教師像には，60年代の専門職論が提起した項目に加えて，さらに新たな課題に応える必要性が生じている。すなわち80年代以降，教職に限らず専門職一般に対して，専門職の自治・自律性のもつ閉鎖性に対する批判が高まり，また専門職の自律性とクライエントの利益との乖離が厳しく指摘されるようになり，情報公開とアカウンタビティ（説明責任）を求める運動が大きく広がっている。たとえば医師の場合，それはインフォームド・コンセントの取り組みに象徴されている。教師の場合には，それは教育情報の徹底した公開であり，そして子ども・父母・地域住民らの学校参加と教職員との協同をどのように実現するかという課題である。言うまでもなく教師の倫理綱領に見られるように，日本の教師は一貫してこの協同を強調してきた。しかし今日ではさらに，それを公的な仕組みとすることが求められているのである。

2　教師の職務と学校自治・学校づくり

▰教師の職務：その自由と責任

　教育基本法第9条が，教師のあり方を次のように規定している。「法律に定める学校の教員は，自己の崇高な使命を深く自覚し，絶えず研究と修養に励み，その職責の遂行に努めなければならない」。教員は，「その使命と職責の重要性にかんがみ，その身分は尊重され，待遇の適正が期せられるとともに，養成と研修の充実が図られなければならない」。

　教師の職務を考えるにあたって，最初にこの条項の意味を確認しておこう。

　まずここにいう「法律に定める学校」とは，学校教育法第1条に定める学校，すなわち幼稚園，小学校，中学校，義務教育学校，高等学校，中等教育学校，

特別支援学校，大学および高等専門学校の計9種類の学校を指している。これらの学校は，国民の教育を受ける権利を保障するために特別な位置づけを与えられているものである。ちなみに，2016年度のその教員（本務教員）総数は約134万人であり，幼稚園約10万人，幼保連携型認定こども園約6万人，小学校約42万人，中学校約25万人，高等学校約23万人など，となっている。

続く「自己の崇高な使命を深く自覚し」は，いうまでもなく学校教育にとっての教師の重要性を強調したものである。国公私立の教員は，公教育を担う中心的存在として，憲法・教育基本法に定める教育の理念・目的・目標を実現すべく，一人ひとりの子ども・青少年の教育の必要性に対して責任を負う存在でなければならない。

またこの条項の後段は，教師に対する身分の尊重と待遇の適正化を規定している。ただしこの点についての法的仕組みは，未だきわめて不十分である。もともと教育基本法が制定された際に，教育刷新委員会は「教員身分法」を制定することを建議していた。それは国公私立学校の別なく，しかも大学も含めて，すべての種類の教師を基本的に同一の身分としてとらえようとしたものである。しかしこの建議は実現されることなく，それに代わって教育公務員特例法が制定されるにとどまった。この法律は対象を国公立学校教員に限定し，しかも大学教員の身分保障に重点を置いたものであり，教員身分法としてふさわしい内容を備えたものとはなっていないのである（永井，1992：46）。

次に，教師の職務はどのように定義されているのであろうか。学校教育法は，それを次のように定めている。「学校には，校長及び相当数の教員を置かねばならない」（第7条），そして「教諭は児童の教育をつかさどる」（第37条第11項）。この，つかさどる（司る・掌る）とは，官（つかさ）をとるが原義であるが，職務として取り扱う，担当する，管理する，というほどの意味である。要するに教師の職務は，児童・生徒の教育を担当するということである。

それでは，このことはどのような内容を含むのであろうか。形式的に整理すればそれは，教育課程の編成と実行，教科指導あるいは児童・生徒の学力形成と教育評価，教科外活動と生活指導（生徒指導），そして児童・生徒の懲戒などを挙げることになろう。しかしまたそれらを現代学校の機能と役割との関係

から，その内実に即して把握しようとするならば，勝田守一と堀尾輝久による
次のような提起がわかりやすい。二人は現代学校の主要な任務を，① 人間の
「認識」の発達を軸に，文化の伝達と国民の教養を形成すること，② 生徒に創
造的社会的統制の能力，すなわち自治的能力を育てること，そして③ 将来の
職業選択が自主的にできる能力と見通しをつけさせること，とまとめている[4]。
そして教科活動や教科外活動などを通じて，このような任務に中心的に携わる
職業が教師なのである。勝田がこの提起を最初に行ったのは1950年代末であり，
当時と比べてわが国の学校をめぐる状況は大きく変化した。しかしこの提起は，
今日においても学校と教師の職務を考察する上での出発点として踏まえられる
べきものであろう。

学校運営と教師の専門性

　教師の職務は，学校という組織体の活動の一環として存在する。教師の自由
と責任，教育実践の質は，常に学校組織の問題となる。ある学校に優れた教師
が集まることが，そのまま優れた学校教育の実現に直結するとは限らない。多
様な資質・能力をもち，また年齢や経験の異なった教師が，集団のダイナミズ
ムのなかでそれぞれの個性を発揮してこそ，全体としての教育力の向上が実現
する。教職には本質的にきわめて高度の組織性が求められ，また学校運営の仕
組みは学校教育にとって決定的に重要な要素である。この学校運営と教師の専
門性に係わって，重要な論点を整理しておこう。

　まず第一に，学校には教師以外にも多様な職員が働いており，それら各種の
教職員の総合的な活動として学校教育が成立するということである。

　学校教育法に基づき，小・中学校には校長，教頭，教諭（または助教諭，講
師），養護教諭（または養護助教諭），事務職員が必ず置かれなければならず
（第37条他），また栄養教諭，用務員，警備員などの「必要な職員」を置くこと
ができる。高等学校の場合には，これらに加えて実習助手，技術職員などの職
員を置くことができる（第60条第4項，第6項）。また寄宿舎を設ける特別支援
学校には，寄宿舎指導員が置かれ（第79条），学校保健安全法により各学校には，
非常勤職員として学校医，学校歯科医，薬剤師が置かれている（第23条）。

さらにこれらの，従来より置かれていた職に加えて，2017年の学校教育法施行規則改正で，スクールカウンセラーやスクールソーシャルワーカーが学校で活動する職員として明記された。前者は「小学校における児童の心理に関する支援に従事する」（第65条の2：中学校，高校等へも準用）ものであり，後者は「小学校における児童の福祉に関する支援に従事する」（第65条の3：同上）ものである。

　さらに2015（平成27）年の中教審答申「チームとしての学校の在り方と今後の改善方策について」では，「学校が抱える課題は，生徒指導上の課題や特別支援教育の充実など，より複雑化・困難化し，心理や福祉など教育以外の高い専門性が求められる事案も増えてきて」いるとして，次のような教師以外の専門スタッフの学校運営への参加が提言されている。

① 心理や福祉に関する専門スタッフ
・スクールカウンセラー，・スクールソーシャルワーカー

② 授業等において教員を支援する専門スタッフ
・ICT支援員，・学校司書，・英語指導を行う外部人材と外国語指導助手（ALT）等，・補習など，学校における教育活動を充実させるためのサポートスタッフ

③ 部活動に関する専門スタッフ
・部活動指導員

④ 特別支援教育に関する専門スタッフ
・医療的ケアを行う看護師等，・特別支援教育支援員，・言語療法士（ST），作業療法士（OT），理学療法士（PT）等の外部専門家，・就職支援コーディネーター

　これらの専門スタッフは，それぞれ独自の必要性と責任をもって子どもの成長と発達を援助する活動に携わることとなる。このような体制の実現が望まれるとともに，これらすべての教職員の団結と協力・協同を可能にする学校運営上の仕組みを工夫することが求められている。

　第二は，学校運営における校長の指導性（リーダーシップ）と教職員集団の合意形成に係わる問題である。

第7章 教職の専門性と現代教師の課題

　学校運営における校長と教師の関係をめぐっては，大別して二通りの発想法がある。一方は，専門職としての教師集団の自治に依拠し，教師相互の民主主義的な合意形成を基礎に学校運営を行おうとするものである。そこでは教師の職階の分化は必要最低限にとどめ，学校運営はフラットな組織形態のもとに専門職同士の合議に基づいて行われるべきであるとする。この発想に基づけば，校長は同僚の教師のなかから最も優れた者が選ばれることになる。

　他方は，学校といえどもひとつの組織体であり，その合理的効率的運営を図るためには，職階の明確化と厳密な意思決定・伝達ルートの確立が不可欠であるとする。校長等の管理職の意思決定の下に，一般教員が迅速・確実にそれを実践することが優れた学校運営につながるとするのである。また校長をはじめとする管理職には，教育実践以外の別の能力が求められるのであるから，必ずしも管理職が教職経験者である必要はない。

　このような二つの発想法を背景に，わが国では学校組織・運営のあり方をめぐって歴史的に論争が行われてきた。戦後においてそれが最初に顕在化したのは1960年代のことであり，「学校重層構造論」（伊藤和衛ら）対「学校単層構造論」（宗像誠也ら）という形で整理されている（伊藤，1966；宗像，1975）。そしてこの論争を経て，1975年には「主任制」の制度化が行われた。すなわち，教諭をもってあてる職として，保健主事，生徒指導主事，進路指導主事などに加えて，新たに教務主任，学年主任，寮務主任が設置され，主任には特別手当が支給されることになった。さらに2007年には，副校長，主幹教諭，指導教諭という新たな職階が設置された。副校長は「校長を助け，命を受けて校務をつかさどる」職，主幹教員は「校長（副校長を置く小学校にあっては，校長および副校長）及び教頭を助け，命を受けて校務の一部を整理し，並びに児童の教育をつかさどる」職，指導教諭は「児童の教育をつかさどり，並びに教諭その他の職員に対して，教育指導の改善及び充実のために必要な指導及び助言を行う」職である（学校教育法第37条，中学校等についても準用）。このようにこの間，政策的には，校長のリーダーシップの確立・強化が進められるとともに，校長を中心に垂直方向への職階の分化が推し進められている。

　同様に，校長のリーダーシップの確立のために，「職員会議」も法規上次の

ように規定されている。学校には「設置者の定めるところにより，校長の職務の円滑な執行に資するため，職員会議を置くことができる」。「職員会議は，校長が主宰する」（第23条の2他）。「主宰」するとはその機関の運行について必要な一切の処置をとる権限があることを表すものであるとともに，自ら経営する，あるいは自ら管理するという意味に用いられるものである，と説明されている。

　戦後多くの学校では一般に，学校運営に係わるさまざまな事項を審議し決定する機関として職員会議が機能してきた。しかしこの会議に関する法規上の明文規定は存在せず，そのためその性格をめぐって論争が繰り返されてきた。文部科学省の解釈は，それは校長の諮問機関ないし補助機関であり，学校運営の方針そのものを決定するのはあくまでも校長である，というものであった。これ対して，教職員組合をはじめとして多くの教師は，職員会議は事実上学校の最高議決機関であると解釈してきた。このような対立状態を解消すべく，2000年に先述の規定がなされたのである。

　しかしこのような規則改正によっても，上述のように教諭の職務は，児童・生徒の教育をつかさどるのであるから，とりわけ教育実践に関する学校運営事項，すなわち教育課程の編成，校務分掌の決定，補助教材の選択，教育評価の方法，進級・卒業の認定，児童・生徒の懲戒などについては，教職員集団の専門性が発揮されなければならない。また職員会議は学校の実質的な合意形成と意思決定の機関であるべきであり，校長はその決定を対外的に表明する代表者であるとみなされるべきであろう。その意味で，これまで定着してきた職員会議が，今後もその実質的な機能をさらに発展させることが求められているということができる。校長の学校運営上のリーダーシップの重要性は，いうまでもない。しかし専門職としての教員の教育活動の自由と責任の尊重，教員間あるいは「チーム学校」のメンバーの合意形成を欠いたリーダーシップの発揮は考えられない。

■開かれた学校づくりと教師の役割

　わが国においてはこれまで，子ども・父母・地域住民が学校教育へ参加するための公的な仕組みは作られてこなかった。もちろん生徒会等は存在するが，

それらが学校運営に対して実際にどのような権利あるいは発言権をもつかは曖昧なままである。また通常，学校には PTA が存在するが，それは学校運営や教育内容に関して学校に正式に意見を述べる機関としての位置づけを与えられていない。子どもの権利条約に示されているように，子どもは学校運営に直接参加する権利を有するはずであるし，父母も学校教育の具体的状況に対して何らかの形で発言し，参加する権利をもっている。さらに学校は，地域に支えられて存在するとともに，同時に学校が地域に果たすべき役割も存在する。

　このように児童・生徒，保護者および地域住民の学校運営への参加，あるいは学校と地域（組織）との協力・協同についての仕組みを作るという点において，日本の学校は国際的にも遅れているといわざるをえない。たとえばイギリス，アメリカ，ドイツなどの諸国では，形態は多様であるが学校理事会あるいは学校協議会や学校委員会という形で，子ども・保護者などが学校運営に直接参加しうる制度を実現しているのである（平原・室井・土屋，2001：158-162）。

　このような状況に対して，この間学校に２つの制度がつくられた。ひとつは「学校評議員」制度である。学校評議員とは，校長が「教育に関する理解及び識見を有する」と推薦した人物のなかから教育委員会が任命するものであり，校長の求めに応じ，学校運営に関し意見を述べるものである（学校教育法施行規則第49条）。この制度を通じて，保護者や地域住民の意向を把握し協力を得ることができるし，また学校の説明責任（アカウンタビリティ）を果たすことができるとされている。ただしそれはあくまでも校長が推薦し教育委員会が委嘱するものであり，諸外国にみられるような，学校運営方針の形成過程に位置づけられる諮問機関のようなものではなく，また学校運営について決定を下す学校理事会のようなものではない。この学校評議員は，すでに全国の公立小・中・高校の８割以上に設置されている。ただし名誉職化しており，地域の声を学校運営に反映するという点からは十分に役割を果たしていないとの報告（中央教育審議会答申「新しい時代…」，2015：23）もある。

　もうひとつは，「学校運営協議会」制度であり，文部科学省はこれを日本版コミュニティ・スクールと名づけている。これは教育委員会が指定した学校に，教育委員会が任命した地域住民や保護者などの委員からなる学校運営協議会を

置くというものであり，同協議会は校長が作成した学校の基本方針について議論・承認するとともに，教育委員会に対して教職員の任用についての意見を述べる権限が与えられている。2018年4月の統計で同協議会をもつ学校は，総計2,806校，小中学校ではその9.0％に設置されていると報告されている。しかしこの組織はあくまでも教育委員会が学校を指定し委員を任命するものであり，それが学校運営にとってもまた地域にとっても実り豊かな組織となるためにはまだまだ多くの経験の蓄積と改革が必要であると考えられる。

さらに2015年12月の中教審答申「新しい時代の教育や地方創生の実現に向けた学校と地域の連携・協働の在り方と今後の推進方策について」では，「地域学校協働本部」の設置や地域コーディネーターの組織化など，学校と地域が連携・協働して教育支援に取り組むための新たな仕組みが提唱されている。しかしこれらの組織の制度化を実現するための課題は多い。

具体的な学校運営や教育方針・内容をめぐっては，専門職としての教師の立場と子ども，保護者あるいは地域住民の主張や要求とは必ずしも一致しない。むしろ対立する場合の方が多いかもしれない。また現実には，子どもや保護者が，その意見や要求をまとめること自体に相当な努力と訓練が必要となろう。また地域と学校との協力・協同の構築も，具体的には複雑な課題である。

しかし今日求められている教師の専門性には，子どもや保護者の教育要求を組織していく力量，そして公的な参加の仕組みを創造し運用していく力量も含まれなければならない。教師が，学校教育上の困難を民主主義的に解決し，しかもそれを通じて民主主義的な人格の形成に寄与すべきであるとするならば，この課題への取り組みは避けて通ることができない。その際，現在各地で行われている試行的な取り組みに学ぶことも重要であろう。

3　専門職としての教師の成長——教師の養成・採用・研修

■教師に求められる資質・能力

教師は専門職としての地位を認められなければならない。しかし教師の専門性の内実は，既存の専門職あるいは他の職業と比較して，どのような特徴や性

第7章　教職の専門性と現代教師の課題

格をもつものであろうか。

　教師の職業像と専門性をどのようにイメージするかは，これまでさまざまに議論されてきた。古典的にはシュプランガー（Spranger, E.）による「社会的タイプ」の人間像と教育愛の提唱，カーゼルマン（Caselmann, C.）の教師のタイプ分類——学問志向型教師と児童志向型教師——，あるいは最近ではアンダーソン（Anderson, L. W.）編『国際教師・教師教育辞典』による教師モデル分類の試み——芸術家（artists），治療家（clinicians），専門家（professions），探求者（reseachers）としての教師——（Anderson 1995：3-19），というものもある。

　また1999（平成11）年の教育職員養成審議会「養成と採用・研修との連携の円滑化について」（第3次答申）は，「教員に求められる資質能力について」総括的な整理をしている。そこでは「いつの時代にも求められる資質能力」として，「教育者としての使命感，人間の成長・発達についての深い理解，幼児・児童・生徒に対する教育的愛情，教科等に関する専門的知識，広く豊かな教養，そしてこれらを基盤とした実践的指導力といった能力」が挙げられている。

　教師に求められる資質・能力とは一般に，人間に対する感受性と連帯感，人間発達に対する科学的知見，教育内容に対する専門的知識とそれについての教授学的力量，組織者あるいは教育専門家としての指導者性等といったものであろう。当然それは時代と社会の課題によって変化するものであるし，また個人の資質・能力にとどまるものでなく，教師集団としての資質・能力として求められるものであろう。

教員養成の仕組みと現状

　わが国では，教師の資質および専門的能力の水準を確保・向上させるために，教員免許状制度を採用している。教師をめざす者は，教育職員免許法に基づいて免許状を取得することが必要である。1949（昭和24）年にこの制度が出発した時点では，教員（教諭）のみならず，校長，教育長，指導主事にもそれぞれ独自の免許状が必要とされた。しかし1954（昭和29）年の改正により教員以外の免許状は廃止され，それ以降，教育職員免許法は教員の免許のみを規定する法律となっている。

わが国の教員養成は，戦後教育改革のなかで確立された「大学における養成」および免許状授与の「開放制」という二大原則に基づいて行われている。前者は，戦前の師範学校のような閉鎖的な，特別の機関を通じて教員養成を行うのではなく，高等教育機関たる大学で行うとするものである。そこには，大学における自治と学問の自由を基盤に，幅広い基礎的教養と高水準の専門的力量をもった教師を育成しようとする理念が込められている。

　後者は，教員養成を目的とする大学・学部に限らず，一定の要件を満たすならばすべての大学・学部が教職課程を設置することができ，またそこにおいて所定の単位を修得した卒業生には平等に教員免許状が授与されるという原則である。それは，戦前の規格化された教員養成制度と，そこから生み出された国家主義的で画一的な教師像に対する歴史的反省の上にうち立てられた原則である。つまりそれぞれの学問分野に取り組む優れた人材を教育界に迎え入れるとともに，すべての大学・学部がその専門性や特色をもって教員養成に参加できるように考えられているのである。もちろんこの原則は，教職の専門性を軽視するものではない。教育職員免許法によって，教師になるために修得すべき科目の基準が設定されており，さらにその上に大学ごとの特徴をもった，個性的な教職教育が行われることが予定されているのである。

　このような教員養成の原則に対して，教師としての実践的訓練という点からみれば不十分ないし不徹底である，との批判がなされることがある。しかし教師の成長は生涯にわたる過程であることを確認し，実践的養成はむしろ入職後の研修においてなされるべきであり，大学での養成は基礎的段階にとどまると考えるならば，これらの原則は妥当なものであるといえよう。

■教員免許状の種類

　教員免許状の種類には，① 普通免許状，② 特別免許状，③ 臨時免許状，の３つがある。

　普通免許状には，教諭，養護教諭および栄養教諭の免許状があり，学校の種類ごとに（義務教育学校，中等教育学校，認定こども園を除く），「専修」（大学院修士課程修了），「一種」（大学卒），「二種」（短大卒）に区分される。また

中学および高校の免許状は，各教科ごとに区分されている。それぞれの免許状を取得するには，「教科及び教職に関する科目」他の最低修得単位数が定められている。また小・中学校の場合は「介護等体験」を行うことが義務づけられている。

臨時免許状は，助教諭および養護助教諭に対応する免許状で，普通免許状をもつ者を採用できない場合に限り，都道府県教育委員会の行う教育職員検定に合格した者に授与される。

特別免許状は，優れた知識・経験や技能を有する社会人の登用を目的とするもので，1988（昭和63）年の教育職員免許法の改正で導入された。対象教科および事項は，小・中・高のほぼすべてにわたり，教育職員検定によって資格を認定される。

これら以外に，「特別非常勤講師」が存在する。それは，小学校の音楽，図画工作，家庭，体育，中学および高校の教科の領域の一部やクラブ活動など，ほぼすべての教科について，免許状の有無にかかわらず非常勤で授業を担当できるという制度である。この制度は年々その規模を拡大していると報告されている。しかしその意義自体は否定されないにせよ，教職の専門性を確保する観点から，養成・資格上のさらなる充実が必要であるとの意見も強い。

教員採用制度の仕組みと現状

公立学校の教員となるためには，基本的には採用試験に合格しなければならい。もちろん教員免許状をもつものは公立学校の講師として教壇に立つことができるし，また私立学校の場合は多様な形で教員採用が行われている。しかし公立学校に教諭として採用されるためには，都道府県および指定都市が行う「教員採用選考試験」に合格しなければならない。

採用に際して，一般の公務員の場合には原則として「競争試験」という方法がとられるの対して，教師の場合には「選考」という方法がとられる（教育公務員特例法第15条）。「選考」とは，志願者一人ひとりについて，学力，人物，経験などに関して職務遂行能力をもつか否かを一定の基準なり手続きによって審査することである。このような方法をとる理由としては，教員の場合は免許

状を所持することが前提とされていること，教員としての適格性を判断するには競争試験では適切ではないこと，教員の需給調節は他の公務員に比較して難しいことなどが挙げられている。

　試験の内容は，教養・専門科目などの筆記試験の他，実技試験，面接試験，作文・小論文，模擬授業・場面指導・指導案作成，適正検査などであり，教育委員会ごとにさまざまな方式が採られている。また１次試験および２次試験と２段階に分けて行うところが多数であるが，３次試験を行う教育委員会も存在する。

　このような試験制度は，教員の需給調節の必要性という現実的な制約のなかで，できる限り公正で合理的な方法を工夫することにより，すぐれた志願者を慎重に選び出そうとして作られたものである。しかし実際の教師の採用をめぐっては，数多くの問題点が指摘されている。たとえば，① 実際の選考の基準と具体的手続きなどが十分公開されていないこと，② 教育委員会に権限が集中して「密室化」していること，③ 選考が競争試験化し，選考のもつ本来の意味が失われていること，などである。教員採用数の拡大は当然のこととして，公正な，そして教師をめざす人々の意欲と学習・研究の努力を励ますような採用制度への改善が求められている。

■ **教師としての成長と研修**

　他のすべての職業と同じように，教師もまたその生涯を通じてその専門的力量を高めていくものである。ただしこのことは単純に，若い教師が未熟であり，年輩教師が教育的に優れているということを意味するのではない。理路整然としているが感動を失った授業より，つたなくとも訴えようとする心のある授業の方が教育力をもつことは多い。またいわゆる「学級崩壊」の現象が，むしろ経験豊かなベテラン教師に多く見られる，という報告があるのも教職の難しさを物語っている。「教師は若くなければならない，賢明な人であれば，できるだけ若いほうがいい」（ルソー，1962：50），という有名なルソーのテーゼも一面の真理をついたものであろう。重要なことは，生理的な年齢ではなく，常に教育実践の質の向上を求め，その営みのなかで自分自身の成長をめざそうとする

意思を持ち続けることである。そしてこのことは，教師自身が思う以上に，生徒には敏感に伝わるものである。

　さてこのことを確認した上でも，教師にとって日常的な研修が重要なことは言うまでもない。このことを教育公務員特例法は，「教育公務員は，その職責を遂行するために，絶えず研究と修養に努めなければならない」（第21条第1項），「教育公務員の任命権者は，教育公務員の研修について，それに要する施設，研修を奨励するための方途その他研修に関する計画を樹立し，その実施に努めなければならない」（同条第2項）と表現している。またそのために教員は「授業に支障のない限り，本属長の承認を受けて，勤務場所を離れて研修を行うことができる」（第22条第2項），「教育公務員は，任命権者の定めるところにより，現職のままで，長期にわたる研修を受けることができる」（同条第3項）と定められている。

　このような規定の上に，教師の研修にはさまざまな形態のものがある。一般的には，① 文部科学省や教育委員会などが主催して行われるいわゆる行政研修，② 各種の学会，民間教育団体や教員団体，あるいはその他の自主的研究団体に参加して行われる研修，③ 大学・大学院や研究機関などで行われる（長期）研修，④ 職場や地域での日常的な研究・研修，などに分類される。

　①については，新規採用者を対象とする「初任者研修」，中堅職員を対象とした「中堅教諭等資質向上研修」が法定されているほか，教育委員会ごとに職階別・年代別，専門別（各教科，道徳，特別活動，進路指導，学校経営など）に各種のものが用意されている。

　またこれらの研修とは性格が異なるが，教員は10年ごとに30時間の「免許状更新講習」を受講することが義務づけられている。

　さらに教育公務員特例法の改正に伴い，2017（平成29）年4月からは文部科学大臣が策定した全国的な「校長及び教員としての資質の向上に関する指標」に基づいて，都道府県教育委員会等と関係大学の代表等から構成される「協議会」が，校長および教員の資質向上を図るための必要な指標と教員研修計画を定める制度が設けられている（教育公務員特例法第22条の2～5）。また同時に免許状更新講習の認定やこの指標策定を行う際の助言を行う機関として「独立行

政法人教職員支援機構」が作られた。

③については，従来から都道府県ごとに行われていた大学院等への長期派遣研修制度とともに大学院修学休業制度が設けられている。この制度は大学院での学修の間，身分は保有するが職務には従事せず，無給になるというものである。現職教員が大学院で研修を積むことは今後ますます重要となり，大学院の側もそれに対応する制度を整備しつつある。しかし現職現給が保障される派遣研修と，無給の休業研修という2つの制度が併存することには問題も多い。

研修の機会が拡大することは望ましいことであり，大学院など職場を離れて研修に専念できる機会を得ることは有意義である。また民間教育団体等を通じて，特定のテーマを継続的に深めていくことも大切であろう。しかし研修の中心は，職場の同僚とともに行う日常的な教育実践研究であるべきである。職場における日々の「事例研究」が，個人の成長にとっても学校全体の教育実践の向上にとっても基本となるべきであり，それが可能となる学校運営が求められている。

■教育実践研究の特殊性

最後に，教師に求められる力量形成および成長と係わって，教育実践研究の特殊性についての佐藤学の提起について紹介しておきたい。

佐藤は，ショーン（Schön, D.）の研究によりながら，「反省的実践家（reflective practitioner）」という概念によって教職の専門性を説明しようとしている[5]。彼によれば，教育実践を探求する方法には，技術的実践モデルと反省的実践モデルという二つのアプローチが存在する。前者は，科学的技術の合理的適用を実践の原理とする様式であり，普遍的有効性が科学的に検証されたプログラムや教育技術を実践に適用する過程として遂行される。このモデルは従来の授業実践と授業研究に支配的な様式であり，教育実践の特異性・複合性・不確実性を普遍性（一般性）・単純さ・確実性へと翻案しようとする特徴をもっている。

これに対して後者のモデルは，教育実践を複雑な文化的社会的状況のなかで生起する個別的な問題に対する洞察，省察，判断の過程ととらえ，教師の専門

性を，問題状況に主体的に関与するなかで省察と熟考を通じて問題を解決しようとする実践的見識（practical wisdom）に求めるというものである。したがってこの実践研究は，教育実践の特異性・複合性・不確実性をそのものとして佇立させるという特徴を有する。教師は不確実性を自らの仕事の宿命として受け止め，不確実性の自覚を通して，教育実践の創造的性格と探求的な性格を実現する回路を復権することができるとするのである。

　このような佐藤の提起は，教師の専門性を考える上でもまた教師としての成長の過程を考える上でも示唆に富むものである。ただしこのような教育実践と教師像は，まったく新たな着想というものではない。佐藤自身が述べているように，これまでいわゆる行政研修や大学での教育学研究で行われて来たのが技術的実践モデルの教育実践研究であり，これに対して，学校内外のよりインフォーマルな集団のなかで，教師たちの「事例研究」として追究されてきたのが反省的実践モデルの研究である。そこでは，研究を進め一人ひとりの力量を高める上で，教師集団の「同僚性」と先輩教師の「援助的な指導」が大きな役割を果たしてきたのである。

　教育をめぐる状況が複雑化する今日，このような視点からの教育実践の探求，教師集団の見直し，そして教師の力量向上の道筋が再確認される必要があろう。[6]

注

1)　吉岡（1990），吉岡（1995），など参照。

2)　わが国の教員養成の歴史については，船寄（2014）などを参照のこと。

3)　日本教育社会学会（1986）。また教育社会学における教師専門職論の動向については，今津（2017），など参照。

4)　堀尾（1976），勝田（1960）など。

5)　佐藤（1997），他に，同（2015）参照。

6)　この他に，本章の内容を深めるためには，日本教師教育学会（2017），久冨（2017），佐藤（2016）などを参照のこと。

参考文献

伊藤和衛（1966）『学校経営の近代化論』明治図書。

今津孝次郎（2017）『新版変動社会の教師教育』名古屋大学出版会。

勝田守一（1960）「学校の機能と役割」『岩波講座　現代教育学第2巻　教育学概論Ⅰ』岩波書店。

久冨善之（2017）『日本の教師，その12章——困難から希望の途を求めて』新日本出版社。

久保富三夫（2017）『教員自主研修法制の展開と改革への展望』風間書房。

佐藤学（1997）「教師の省察と見識——教職専門性の基礎」『教師というアポリア——反省的実践へ』世織書房。

佐藤学（2015）『専門家として教師を育てる——教師教育改革のグランドデザイン』岩波書店。

佐藤学編（2016）『岩波講座　教育　変革への展望4　学びの専門家としての教師』岩波書店。

中央教育審議会「新しい時代の教育や地方創生の実現に向けた学校と地域の連携・協働の在り方と今後の推進方策について」（答申）2015年12月21日。

土屋基規（2017）『戦後日本教員養成の歴史的研究』風間書房。

永井憲一編（1992）『別冊法学セミナー No. 115　基本法コンメンタール／教育基本法』日本評論社。

日本教育社会学会編（1986）『新教育社会学辞典』東洋館出版社。

日本教師教育学会編（2017）『教師教育研究ハンドブック』学文社。

平原春好・室井修・土屋基規（2001）『現代教育法概説』学陽書房。

船寄俊雄（2014）『論集現代日本の教育史2　教員養成・教師論』日本図書センター。

堀尾輝久（1976）「教育の本質と学校の任務」五十嵐顕他編『講座日本の教育1　教育とはなにか』新日本出版社。

見田宗介ほか編（1988）『社会学事典』弘文社。

宗像誠也（1975）「学校経営近代化論批判」『宗像誠也教育学著作集　第4巻』青木書店。

吉岡真佐樹（1990）「近代ドイツの中等教員像の変遷」望田幸男編『国際比較・近代中等教育の構造と機能』名古屋大学出版会。

吉岡真佐樹（1995）「中等教員の資格制度と機能」望田幸男編『近代ドイツ＝「資格社会」の制度と機能』名古屋大学出版会。

ルソー，今野一雄訳（1962）『エミール（上）』岩波文庫。

Anderson, L. W. ed., (1995) *International Encyclopedia of Teacher and Teacher Education,* second edition, Pergamon.

（吉岡真佐樹）

第8章

日本の教育制度

　本章では，日本の教育制度，とりわけ戦後日本の学校制度と教育行財政制度について学習する。まず，戦後教育制度の基本となった憲法・旧教育基本法の制度理念について戦前と比較しながら分析した後に，それらの制度理念の教育思想的位置づけについて，義務教育をキーワードとして学ぶ。次に，戦後日本学校制度の学校類型上の位置，戦後当初の学校制度の理念，その後の学校制度の歴史的展開及び近年の改革の動向について，問題点を分析しながら学習する。さらに，旧教育基本法下の教育行政の理念，教育行政と教育基本法，戦後教育行政制度の根幹としての教育委員会制度，および教育財政制度について，考察・学習する。なお，教育基本法には，戦後初期1947年3月に成立した教育基本法（法律第26号）（2006年12月廃止）とこれに代わって2006年12月に成立した現行の教育基本法（法律第120号）がある。本章では，両者の混同を避けるために，前者を旧教育基本法，後者を新教育基本法と記述する。

1　日本国憲法・旧教育基本法と教育制度

▓戦前日本の教育と教育勅語

　明治以来の近代日本の教育・教育制度のあり方が根底から変わったのは，1945（昭和20）年の敗戦が契機であった。戦前日本の教育の根本を律していたのは，1889（明治22）の大日本帝国憲法であり翌1890年の教育勅語であった。そこでは天皇が「統治権ヲ総攬」する（帝国憲法第4条）絶対主義的国家体制のもとで，「一旦緩急アレハ義勇公ニ奉シ以テ天壌無窮ノ皇運ヲ扶翼」（教育勅語）する良き臣民の育成が教育の究極の目的とされた。1886年の諸学校令（小学校令他）以来，主要な教育法令は法律ではなく天皇の命令である勅令（帝国憲法第9条で規定）によって定められるようになり，その頂点に立つ教育勅語の発布により戦前教育の勅令主義（命令主義）が完成した。こうして戦前の教育は，

兵役・納税の義務とならぶ国家＝天皇に対する臣民の三大義務のひとつとされ，天皇制国家に無批判に服従する臣民の育成の最大の手段とされた。

さらに1941（昭和16）年の対米英戦争開始の頃から，「皇国ノ道ニ則リテ……国民ノ基礎的練成ヲ為ス」ことを目的にした国民学校令の発布（1941年）に代表されるように絶対主義・軍国主義教育はさらに徹底され，お国（天皇）のために喜んで武器をとり他のアジアを中心とする諸国に侵略していくことを日本の青少年に教えこんでいった。こうして教育された多くの日本青年が，侵略した地域で民間人を含む多数の人間を殺傷し，経済・文化を破壊しつくしていった。同時に，自らも死んだり傷ついたりしていった。ファシズム日本が敗れ去った1945年，日本国民は，戦前の政治とそれを支えてきた戦前教育への深い反省から出発しなければならなかった。

■ 日本国憲法第26条：国民の権利としての教育

1946（昭和21）年11月，大日本帝国憲法に代わって，国民主権・平和主義・基本的人権の尊重を三大原理とする日本国憲法が制定された。その第26条1項は「すべて国民は，法律の定めるところにより，その能力に応じて，ひとしく教育を受ける権利を有する」と定め，戦前は国家（天皇）に対する臣民の義務とされていた教育を，今度はすべての国民の権利として憲法で明文化したのである。だが，それは，単に教育を憲法上の基本的人権のひとつとして承認したというだけではなく，「恒久の平和を念願し」「平和を愛する諸国民の公正と信義に信頼して，われらの安全と生存を保持しようと」「全力をあげてこの崇高な理想と目的を達成する」（憲法前文）主権者としての国民の育成を権利としての教育に託し，同時に憲法に定める他の基本的人権を実効あるものにすることをも権利としての教育に託している。要するに，憲法第26条は，憲法の三大原理を支えるべき人間主体・政治主体を育成するための権利を保障しているといえる。

ところで，この憲法第26条1項の定める「能力に応じて，ひとしく」の意味について，「人種，信条，性別，社会的身分，経済的地位又は門地によって，教育上差別されない」（旧教育基本法第3条，新教育基本法第4条）という教育上

の出発点の平等を保障しているものであって，その後の各人の受け取る教育の量と質はその個人の「能力」の程度にしたがって個別化（差別化）されうるという解釈がある（沖原，1980：342）。しかし，このような解釈は，人間の能力を固定的なものとみなしたうえでその「能力」に基づく差別的教育を容認するものであり，人間能力の無限の発達可能性を前提としたすべての人間の学習権・発達権を保障するための教育を受ける権利という立場からすれば許されるものではない。現在では「能力に応じて，ひとしく」という条文は，「すべての子どもが能力発達のしかたに応じてなるべく能力発達ができるような（能力発達上の必要に応じた）教育を保障される」（兼子，1978：231）と解釈されるようになってきている。すなわち，教育内容・方法が画一的なものであってはならないと同時に，「国民の教育を受ける権利の保障に『能力に応ずる』制限・差別が決してあってはならない」ことを意味している（平原・牧，1994：46）ととらえるのである。このような立場にたてば，重度の障害をもつ障害児であればあるだけ，その発達保障のためには，治療と合わせて障害の重さに応じたより豊かな教育が保障されていると解釈される。憲法第26条2項は，1項の権利としての教育を前提として義務教育とその無償を定めているが，それについては次節で考察する。

▓旧教育基本法の性格と制度理念

日本国憲法第26条をより具体化し，戦後日本の教育についての基本を定めたものが旧教育基本法である。当初，日本の支配者層や教育関係者のなかには，戦後教育のあり方を戦前の教育勅語の延長線上に位置づけようとする新教育勅語渙発論が根強く存在していた。一方，日本の絶対主義・軍国主義教育の一掃をめざしていた占領軍は，1946（昭和21）年3月，アメリカから27名の教育家を日本に招いて戦後教育のあり方について調査研究させ，報告書（第1次米国教育使節団報告書）を提出させた。これに呼応して，日本側も行政官を除く38名の教育専門家による教育刷新委員会（のちに教育刷新審議会）を発足させて討議を重ね，同年12月「教育の理念及び教育基本法に関すること」を総理大臣に建議した。また，文部省（2001年以降文部科学省）も，同年5月「新教育指

針」を発表して，新しい日本の民主的教育の方向性を示した。こうした流れのなかで，一部に根強くあった新教育勅語渙発論は否定され，国民主権国家にふさわしい教育原則を定める基本法制定の方向が確認されていった。それを支えたのは，国民や教育関係者の戦前教育への深い反省と戦後民主教育への強い決意であった。こうして1947（昭和22）年3月，教育基本法案は議会で可決され公布された。

　この旧教育基本法は，まず第一に，教育勅語と比較してその成立の手続きにおいても民主性が貫かれた。戦前の教育勅語は，天皇個人の命令（勅令）であった。しかし，旧教育基本法は，「これまでのように，詔勅，勅令などの形を取って，いわば上から与えられたものとしてでなく，国民の盛り上る総意により，いわば国民自らのものとして定めるべきものである。国民の代表をもって構成せられている議会において，討議確定するがため法律をもってする」という法案の提案理由からも明らかなように，国民主権の憲法に沿った民主的手続き（日本国憲法は公布されたものの未施行のため，衆議院と貴族院で審議）を経て成立したのである。また，一部にあった教育勅語評価論を否定するために，1948年6月，衆議院は「教育勅語等排除に関する決議」，参議院は「教育勅語等の失効確認に関する決議」をわざわざ行っている。

　第二に，旧教育基本法は，「教育の理念を宣言する意味で教育宣言」であるとともに「今後制定せらるべき各種の教育上の諸法令の準則を規定する」（提案理由）とあるように，他の教育法令に優先する教育憲法的性格（準憲法的性格）をもつものとして制定されたので，法律としては異例の長い前文が付された。

　第三に，旧教育基本法は，戦前教育への深い反省に立ち，国民主権・平和主義・基本的人権の尊重を三大原理とする日本国憲法と一体のものとして制定されている。それは，旧基本法の前文や第1条によく現れている。前文は「われらは，さきに，日本国憲法を確定し，民主的で文化的な国家を建設して，世界の平和と人類の福祉に貢献しようとする決意を示した。この理想の実現は，根本において教育の力にまつべきものである。」と述べている。また第1条は，戦前の教育が国家（天皇）のための人づくりや侵略戦争遂行のための人づくり

を優先し個人を犠牲にしてきたことを深く反省して，教育の目的について「教育は，人格の完成をめざし」と明確に規定し，完成されるべき人格の中身として「平和的な国家及び社会の形成者」，「真理と正義を愛」する人，「個人の価値」を尊ぶ人，「勤労と責任を重ん」ずる人，「自主的精神に充ちた」人を挙げているのである。

　第四に，戦後教育の基本を定めた旧教育基本法は，同時に戦後日本の教育制度の基本をも示していた。そこに示された制度理念を基礎に，戦後の新しい教育制度を定めた諸法律が次々と制定されていったのである。旧基本法第3条に定める教育の機会均等の原則，第4条に定める無料の義務教育，第5条に定める男女共学の原則に従って，9年間の義務教育を含む6・3・3・4制の単線型学校制度を定めた学校教育法（1947年）が，旧基本法第10条の定める教育行政の任務に従って教育委員会法（1948年）が，「教育の目的は，あらゆる機会に，あらゆる場所において実現させなければならない」という旧基本法第2条や戦前の団体中心主義への反省から施設中心主義の社会教育の原則を定めた旧基本法第7条に従って，社会教育法（1949年）が制定された。

　このように，憲法・旧教育基本法は，戦前の日本国民の悲惨な教育体験への深刻な反省のうえに，戦後の民主教育とその制度の基本を定めるものであった。しかし，その後の日本の政治権力者たちのとった教育政策の歴史は，憲法・旧教育基本法の空洞化を図る歴史であった。そして，2006（平成18）年12月，政府・与党は，多くの国民や教育関係者の教育基本法改定についての反対・慎重審議の要望を無視し，「やらせ質問」や「さくら動員」が発覚した全国各地でのタウン・ミーティングによって国民的議論の場も保障したとして，新教育基本法案を野党欠席のまま強行採決した。この新しい教育基本法は，「教育の国家統制法」と批判されたように，国家主義への思想統制の手段として利用される危険性をはらんでいる。この教育基本法の全面改定は，単に時代に合わせて良いものへと変えていくことを目的としたものではなく，ファシズム日本の敗北によって天皇主権から国民主権へ，教育勅語（滅私奉公の臣民の育成）から旧教育基本法（個人の人格の完成）へと価値が転換されたことを認めず，戦前の価値を現在に持ち込もうとする危険な意図をもっている。

2 教育を受ける権利と義務教育制度

■日本国憲法第26条2項

　憲法第26条2項は「すべて国民は，法律の定めるところにより，その保護する子女に普通教育を受けさせる義務を負ふ。義務教育は，これを無償とする」と述べ，義務教育制度と義務教育の無償制度を定めている。また，これを受けて，旧教育基本法第4条は，9年間の義務教育（1項）と義務教育での授業料不徴収（2項）を定めた。なお，新教育基本法は第5条で，義務教育（1項）と義務教育での授業料不徴収（4項）を定めているが，義務教育の年限については規定していない。戦前の日本においては，納税，兵役（男子のみ）と並んで，教育を受けることは臣民の国家＝天皇に対する絶対的義務とされ，その義務の意味は明白であった。だが，戦後の憲法第26条は，すでに前節で述べたように，1項で教育を受けることをすべての国民の権利として明白に規定しているので，その前提のもとに2項で義務教育を規定していることになる。"権利"としての教育を前提とした"義務"教育とはいったい何を意味するのか？　この問いの答えは，教育をめぐるさまざまな権利・義務関係の全体構造をいかに理解するかのカギであるだけでなく，近代以降成立してきた国民教育制度（近代公教育）の基本的性格をどのように理解するかのカギにもなっている。

■強制教育としての義務教育の時代

　法令により被支配階級を含むすべての国民の子どもに受けることを義務づけている教育を義務教育と定義すれば，そのような考え方は，16世紀ドイツの宗教改革の指導者ルター（Luther, M. 1483~1546）のなかに見いだすことができる。ルターは聖書中心主義の立場から，民衆すべてが神のことばである聖書や教義問答書を直接読んで理解できるようにするために，行政当局は学校を設立し，親に対して子どもの就学を強制する義務と権威を神に負っていると主張した。実際，アメリカのマサチューセッツ植民地議会は，ピューリタンの宗派的動機から，1642年法ですべての子どもに教育を与える義務を両親や親方に課し，

1647年法では50家族以上のすべてのタウンに公立学校の設置を義務づけている。また，ドイツ・プロイセンのフリードリッヒ大王（在位 1740〜1786）が1763年に制定した地方学事通則は，王権神授説を基礎に神や国王に忠誠をつくす臣民を育成し富国強兵の絶対主義国家を作り上げる目的で，両親・後見人・雇用主に対して5歳〜13ないし14歳のすべての子どもを学校に通わすことを義務づけた。戦前日本の義務教育もこれと同様の性格であったといえる。これらの義務教育の特徴は，教育を受ける者やその親にとっては，神や国王や国家に対する義務のみが存在し，教育についての権利が全く与えられていないことである。そこでは，国王や国家の国民に対する就学を強制する権利や教育する権利のみが強調され，当初は無償教育の発想もなかった。その教育内容は，国民に従順さを植えつけるための宗教教育・道徳教育と 3R's（スリーアールズ，簡単な読書算）であった。このような性質をもった義務教育は，教育を受ける権利を前提とした現代の義務教育と区別するために，強制教育と呼ばれている。

■人権思想としての教育

これに対して，義務教育を含む国民教育制度を支えているもうひとつの思想は，資本家階級が市民階級として18世紀の市民革命に結実させた人権思想のなかから芽生えてきた。フランス革命前夜に活躍したルソー（Rousseau, J. J. 1712〜1778）は，『エミール』（1762）をあらわし，「親の所有物」「小さな大人」という当時の子ども観やキリスト教の原罪思想に基づく「罪深き者として生まれた子どもをたたき直す」という当時の教育観をきびしく批判した。[1] そして，大人と比較しての子どもの未熟さや弱さを大人には無い無限の発達可能態＝学習可能態とみなし（子どもの発見），子どもは大人と同じ人権をもつと同時に，子ども固有の価値に応じた「子どもの権利」（親の保護のもとで教育を与えられ学習し，無限の発達の可能性を現実のものとする権利）を主張した。[2] フランス革命直後の立法議会に公教育制度案を提案したコンドルセ（Condorcet, M. 1743〜1794）も，同様な権利思想から出発している。コンドルセは，人民主権の政治の質は主権者である民衆の知性のレベルに左右されると考えて，主権者にふさわしい科学的知識を全国民が平等に学ぶための無料の公教育制度を構想

した。そこでは，ルソーと同様に，旧世代に対する「新しい世代の権利」が主張されていた。コンドルセは，子どもを教育する義務と権利が第一義的には両親にあることを認めたうえで，両親の経済的貧困や恣意によって子どもの発達・学習権が奪われることのないように，親義務を共同化したものとして公教育を構想したのである。そして，既存価値をのりこえていく可能性をもった「新しい世代の権利」を保障するために，国家が教育における真理の決定者になってはならないとして，国家（政治権力者）の教える権利を強く否定した。[3]さらに，公教育の内容は科学的知識の伝達に限られるべきであり，人間の内面形成については，宗教・思想・良心の自由を守る観点から両親にまかされるべきであるとした。

　このように，近代市民革命期の人権思想は，子どもの発達・学習権（＝教育を受ける権利）を保障するための親義務の共同化＝公教育という思想を結実させたのである。そこでは，教育を受ける者の権利を中心に構想されており，強制教育としての義務教育の発想は全くない。子どもの教育を受ける権利を保障するための，親の義務と国家・社会の義務のみが存在している。

■教育を受ける権利を前提とした義務教育の意味

　18世紀後半の市民革命期に構想されたすべての民衆の子どもが学べる公立学校教育制度が，欧米諸国で現実のものとして成立したのは，生産力が飛躍的に発展し公教育を支えられるだけの社会的富が蓄積されるようになった19世紀の産業革命以後であった。産業革命を契機にひとつの階級として現われた労働者階級は，かれらを保護する法令がまだ存在しないなかでは，資本家階級の過酷な労働搾取によって貧困の極にあった。より安価な労働力を求める資本家階級によって児童労働も普及し，この資本主義的児童労働と貧困からくる親の恣意によって，労働者階級の子どもたちは肉体的にも精神的にも極度に疲弊していた。労働者階級は，自らの権利獲得のための労働運動のなかで，資本主義的児童労働や親の恣意から子どもを守り，子どもの発達・学習権を保障するために，法的に義務づけられ授業料の要らない公費支弁の学校教育を強く要求した。市民階級（のちの資本家階級）が市民革命に結実させた人権としての教育の思想

は，市民社会の実体としての資本主義社会の現実の進行過程においてはその担い手が変わり，労働者階級の手に受け継がれ発展させられていくのである。一方，資本家階級も，自らにより従順で良き搾取対象としての「優秀な」労働者を効率的に大量に養成するために，すべての民衆の子どもが学ぶ公費支弁の国民教育制度（公教育）を強く要求するようになった。この2つの階級の強い要求にうながされて義務教育を含む公教育制度が19世紀後半に成立してくるものの，そこでは，資本家階級による強制教育と同じような教育についての考え方（労働者階級の統制手段としての教育）が支配的に貫かれることになった。

　しかし，市民革命期の公教育の理念からしても，またすべての国民の教育を受ける権利を前提に義務教育を定めている憲法第26条の規定からしても，義務教育の意味は，子どもの教育を受ける権利を中心に理解されなければならない。義務教育の義務とは，第一に，戦前のような国民の国家に対する義務ではなく，子どもの教育を受ける権利を保障するための親の子どもに対する就学させる義務である。この場合，親権は，子どもに対しては義務としての意味しかもたず（その意味で，親権は子どもに対しては権利にあらざる権利となる），自分の子どもへの教育義務履行の第三者に対する優先権としてのみ権利としての内実を有することになる（堀尾，1971：199-200）。義務の第二の意味は，子どもの教育を受ける権利を具体的に保障するための，国家・社会の教育条件整備（学校施設の設置や教員の配備など）の義務であり，親の就学義務違反についての子どもに代わっての監視義務である。そして，義務教育の無償も，義務＝強制の見返りとしての国家からの慈恵的無償（タダ）としてではなく，子どもの権利を平等に保障するための公費支弁（国民の社会的労働の結晶としての租税の一部を，すべての子どもの権利としての教育に充てること）として，認識されなければならない。

3　戦後日本の学校制度

■単線型学校制度の採用

　戦後日本の学校教育について定めた学校教育法（1947年）は，アメリカ合衆

国をモデルとした6・3・3・4制（小学校6年・中学校3年・高等学校3年・大学4年）の単線型学校制度を当初採用した。単線型学校制度とは，出身階級や経済的地位，社会的身分，性別とは全く無関係に，すべての国民が自らの「能力」や「学力」のみにしたがって単一の連続的学校階梯にそって進学していく学校制度である。この制度では個人の「能力」や「学力」が上級学校への進学の唯一の基準なので，教育の機会均等の原則に最も合致する学校制度とされている。

　この単線型学校制度と対立する概念が複線型学校制度である。複線型学校制度とは，出身階級や貧富の差や将来の職業の違いなどによって学校系列が最初から完全に分かれており，しかもひとつの学校系列から他の学校系列へ途中から移れない学校制度をいう。それは，貴族階級の力がそれなりに強く残っていた近代ヨーロッパの社会的歴史的条件のもとで成立した。上流階級（貴族階級や宗教家や資本家階級）のためには，高等教育機関としての大学がまず成立し，次に大学教育への準備機関としてグラマー・スクール（イギリス），ギムナジウム（ドイツ），リセ（フランス）などの中等教育機関ができ，さらにその下に中等教育の準備機関としての私立予備校（初等学校）や家庭教師が位置づくというように，上級学校から下級学校へと発達した（下構型）学校系列が19世紀にすでに成立していた。そこに，産業革命後，労働者階級の子どもを主たる対象にして授業料の要らない公立学校（当初，初等学校のみで，後に中等学校まで伸びて行く上構型）系列が，全く別個に形成されたのである。このような2つの学校系列が，それぞれ相互の関連をもたずに並存しているのが，複線型学校制度である。その意味で，複線型は階級差別に基づく学校制度であるといえる。

　ヨーロッパ諸国では第一次世界大戦後，民衆の中等学校進学要求の高まりを背景に，階級差別廃止要求のひとつとして2つの学校系列の統一を求める労働者の運動（統一学校運動）が盛んになり，その結果各国で学校制度の改革が行われた。しかし，単線型になったわけではなく，初等学校のみが統一され中等学校以上が複線型になっている分岐型（フォーク型）学校制度になった。この分岐型も，広い意味での複線型学校制度に入れて分類される場合がある。戦前

第8章 日本の教育制度

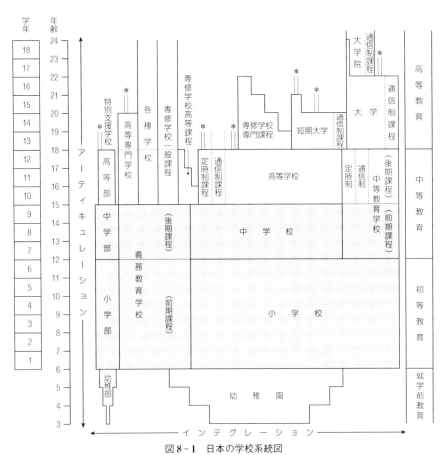

図8-1 日本の学校系統図

(注) (1) 　部分は義務教育を示す。
　　 (2) ＊印は専攻科を示す。
　　 (3) 高等学校，中等教育学校後期課程，大学，短期大学，特別支援学校高等部には修業年限
　　　　 一年以上の別科を置くことができる。
(出所) 文部科学省「教育指標の国際比較」。

　日本の学校制度も，初等学校のみが一元化され中等学校から学校系列の分かれるこの分岐型であった。ヨーロッパ諸国では，その後もしばしば学校制度改革が行われてきているが，今日でも完全な単線型学校制度にはなっていない。

■学校制度と教育における平等

　戦後当初日本が採用した単線型学校制度は，学校教育の機会を出身階級や経済的地位，社会的身分，性別には関係なく万人に開放している点において，複線型制度と比較して，教育の機会均等の原則にかなっているとされている。この場合，教育の機会均等とは教育における自由競争機会の平等を意味しており，それは「能力」「学力」を基準とする競争＝選抜の原理を教育機会制限の唯一の原理として公認することによって成立している。そして，その「能力」「学力」は，各人の生まれ育った環境の影響とは無関係に，生まれつきの自然的差異と個人の自由な努力によって形成されると信じられてきた。

　しかし，1980年代には進学の基準としての「学力」が家庭の経済力に大きく左右されるようになってきていることが日本のマスコミでも指摘され始め，[4]近年の教育社会学者の実証的研究は，日本の子どもの「学力」やその基礎となる学習への意欲と努力が，親の所属する社会階層の影響を強く受けており，日本における社会階層間の格差は学校教育を通してますます拡大しつつあると指摘している。[5]人種差別に基づく経済的格差の激しかったアメリカ合衆国では，1960年代の公民権運動のなかですでにこのことが自覚されていた。公民権法成立（1964年）直後の演説のなかでジョンソン大統領は，「機会の門戸を開くだけでは不十分である。われわれすべての市民は，この門戸を通り抜けるにたる能力をもたなければならない」「単なる権利としての，理論としての平等ではなく，事実としての，結果としての平等を求めるのである」と述べている。これは，教育における平等を自由競争機会の平等ととらえるだけでは不十分であると考えたうえで，経済的環境や文化的環境の差が能力の発達に直接的影響を与えないような条件を整えるという意味での機会の利用能力の平等と，人種間の平等という２つの要因から形成される「結果の平等」という概念の提起であった。前者の要因からは，小学校入学時の出発点での平等を保障するためのヘッド・スタート計画（貧困家庭の就学前の子どもに連邦政府の補助によって教育や保健などの社会サービスを提供し，普通家庭の子どもと小学入学時の能力に差が出ないようにする施策で，1965年に開始）が，後者からはマイノリティに就職や大学入学に一定の特別枠を設けるアファーマティヴ・アクションが生ま

れた。このように，単線型学校制度のもとにおいても教育における平等が完全に達成されているわけではなく，そこにはなお難しい問題が残されている。

■各学校の教育目的と普通教育

　学校教育法第1条は，当初，学校を小学校・中学校・高等学校・大学・盲学校・聾学校・養護学校・幼稚園の8種類と規定していた。その後の法改定によって，高等専門学校の新設（1962年度），中等教育学校の新設（1999年度），盲学校・聾学校・養護学校の特別支援学校への一本化（2007年度），義務教育学校の新設（2016年度）がなされた。現在，学校教育法第1条の規定する学校とは，幼稚園・小学校・中学校・義務教育学校・高等学校・中等教育学校・特別支援学校・大学・高等専門学校の9種類である。現在，学校教育法は各学校の教育目的について，幼稚園は「幼児を保育し，幼児の健やかな成長のために適当な環境を与えて，その心身の発達を助長する」（第22条），小学校は「義務教育として行われる普通教育のうち基礎的なものを施す」（第29条），中学校は「義務教育として行われる普通教育を施す」（第45条），高等学校は「高度な普通教育及び専門教育を施す」（第50条），特別支援学校は「視覚障害者，聴覚障害者，知的障害者，肢体不自由者又は病弱者（身体虚弱者を含む。）に対して，幼稚園，小学校，中学校，又は高等学校に準ずる教育を施すとともに，障害による学習上又は生活上の困難を克服し自立を図るために必要な知識技能を授ける」（第72条），大学は「広く知識を授けるとともに，深く専門の学芸を教授研究し，知的，道徳的及び応用的能力を展開させる」（第83条），と定めている。

　小・中・義務教育学校・高校・中等教育学校や特別支援学校の小学部・中学部・高等部で施されるべきとされている普通教育とは，第一に人間の調和的発達を目指す教育で今後のあらゆる専門教育や職業にとって必要な基礎教育（general education），第二に同一社会のすべての社会構成員が共通に受けるべき共通教育（common education）という2つの意味をあわせもっている。その意味で，普通教育は専門教育と対立する概念である。そして，日本では小・中・高（義務教育学校・高校または小・中等教育学校）の12年間で国民教育としての普通教育を完成することになっている。また，小・中学校では普通教育のみ

を施すのに対して，高校では，小・中と積み上げてきた普通教育を完成させると同時に，現実の職業的分野が要求する専門的技能を授ける専門教育をもあわせ施すことになっている。これは，戦前の中学・高校が一部エリートための大学予科的学校としての性格を強くもたされていた点を反省し，青年期の学校として，労働や職業に対する認識をも養うことの重要性から規定されたものであった。しかし，高校間の格差，普通科と専門学科（旧職業科）の格差，高校受験競争の激化，普通科の大学予科的性格の強化など，現在の高校教育の実態は新制高校発足当初の制度理念から大きくかけ離れてきているが，当初はそうならないようにさまざまな制度的工夫が考えられていた。

■戦後当初の高校三原則

　新制中学より1年遅れて1948（昭和23）年に発足した新制高校は，エリートを養成する旧制の中学・高校とは異なって，入学者選抜はやむをえない場合にのみ実施して，「その収容力の最大限度まで，国家の全青年に奉仕すべき」準義務的な国民教育機関として位置づけられた（文部省「新制中学校・新制高等学校　望ましい運営の方針」1949年）。そして，学校教育法施行規則旧第59条で，入学志願者数が入学定員を超過した場合にのみ高校入学試験を実施できるとしていた。新制高校は，「普通教育を主とする学科」（高等学校設置基準）としての普通課程（1960年以降の呼称は普通科）と「専門教育を主とする学科」としての職業課程（1960年以降の呼称は職業科，1995年以降は専門学科）を共に等しくその教育課程に位置づけたうえで，普通教育と専門教育をあわせ施すものとされた。当時，これらの高校教育の理念を実質化するために，のちに高校三原則といわれるようになった3つの制度原則——小学区制，男女共学制，総合制——が推奨された。小学区制とは，通学区設定に際しては1学区1高校の小学区制をとることによって，地域に密着した教育を実施し高校教育の普及を図るとともに戦前のような学校間格差を作らないようにしようというものであった。1学区1高校であれば，男女共学制とならざるをえないし，地域の多様な要求に応ずるために多課程（多学科）を併置する総合制の高校とならざるをえない。そして，単に多学科を併置するのみでなく，学科を問わず全生徒に共通必修と

された6教科38単位については，普通科の生徒も職業科の生徒も同じ教室で学習する（高校によっては複数学科の生徒によって同一のホームルームを編成した）ことによって，お互いの良い面を学びあいながら青年期に必要な普通教育と専門教育の両方を履修していく可能性を追求するものであった。[6]

しかし，朝鮮戦争を契機とする占領軍対日政策の変更に伴う日本政府のいわゆる逆コース政策や，財界からの労働力対策としての高校教育への要求によって，1952年以降これらの三原則は急速に崩されてゆく。1955年の高校学習指導要領改訂のなかで，文部省は，大学教育との接続の強調や総合制の理念を否定する学科内でのコース制の導入（普通科には，どの教科にも偏らないコースと主要5教科に重点を置くコースの2コースを設定）によって普通科の大学受験体制への傾斜を促進し[7]，学区拡大への動向を促した（小学区制を実施する都道府県は，1967年には京都府のみとなり，1985年には皆無となった）。

■経済成長と教育の多様化政策・能力主義政策

日本が高度経済成長をとげた1960年代の1963（昭和38）年，経済審議会答申「経済発展における人的能力開発の課題と対策」は，「ハイタレントの開発」「多様な人間の能力や適正を観察，発見し，これを系統的効率的に伸長する」ための教育における「能力主義の徹底」を宣言した。労働者の能力の優劣を学校教育の早い段階から選別し，その能力に見合った労働力が経済界の要求に応じて計画的に形成されるように，学校教育を多様化することを求めたものである。これに先立って，1960年高校学習指導要領の改訂でさらにコース制が強化され（普通科に進学コース・就職コースを設定），1962年中堅理工系技術者を養成するための5年制の高等専門学校が新設され（単線型制度をくずす一歩として教育関係者の批判を浴びた），1963年学校教育法施行規則の改定で志願者数の多少にかかわらず高校入試の原則実施が義務づけられていった。

財界の要求に沿った教育の多様化政策は，1966年の中央教育審議会（以下，中教審と略す）答申「後期中等教育の拡充整備について」以降，高校教育を中心により一層強力に推進されていく。普通科の多様化（1968年理数系科目に重点を置いて教育する理数科の設置など。ただし，設置基準上は，普通科ではな

く，「専門教育を主とする学科」に位置付けられる），218種類にものぼるといわれた職業科の細分化や富山県で実施された普通科定員対職業科定員比率の6：4から3：7への強引な変更（村松，1967，参照），習熟度別学級編成の採用（1978年高校学習指導要領）などが推進されていった。

▓教育の自由化政策と学校制度改革

従来の能力主義に基づく教育の多様化政策をその根底に維持しながらも，従来の政府・文部省の政策とはかなり異なった「個性重視の原則」（筆者注——固定的とされる生まれつきの能力を「個性」と見なしている）や規制緩和による「教育における選択の機会の拡大」（教育の自由化）を強く打ち出したのは，臨時教育審議会（以下，臨教審と略す）の3回にわたる答申（1985〜87年）であった。この臨教審答申後1988（昭和63）年には単位制高校が新設され，1994（平成6）年の高等学校設置基準改定では普通科と専門学科（旧職業科）に加えて3種類目の学科として「普通教育及び専門教育を選択履修を旨として総合的に施す学科」としての総合学科が新設された。さらに，この臨教審答申の基本線に沿って，1996年・1997年の中教審答申「21世紀を展望したわが国の教育の在り方について」（第1次・第2次），1998年中教審答申「今後の地方教育行政の在り方について」などが次々と出され，教育の自由化政策と多様化政策，学校制度の複線化政策を柱とする学校教育制度改革が急速に進行していった。

進行しつつある学校制度改革の中で注目を集めてきたのが，小・中学校を含む公立学校の自由選択制の推進である。臨教審答申の指摘をうけて1997（平成9）年文部科学省（当時文部省）は，学校教育法施行令第5条2項の市町村教育委員会による公立小・中学校の通学区域指定制度について「通学区域制度の弾力的運営について」という通達を出し，公立小・中学校の自由選択制を推進し始めた。そして，東京都品川区が2000年度小学校入学者から4分割ブロックのなかでの区立小学校の自由選択制を導入したのを皮切りに，公立小・中学校の自由選択制が拡大し，2012（平成24）年度現在，通学区域を完全に廃止して完全自由選択制や設定ブロック内完全自由選択制を実施している市区町村は，東京都内を中心に小学校33自治体，中学校64自治体（文部科学省調べ）となって

いる。公立小・中学校自由選択制推進・導入の理由として挙げられているのは，① 各公立学校の教職員の間で競争が生まれ質の高い教育が確保できる，② 特色ある学校教育づくりが促進される，③ 子どもや保護者はより子どもの個性に適した学校教育を受けることができる，などである。

　しかし，自由選択制を実施した地域の実態からは，① 学校間の序列化が進行し，いったん評価の低い学校というレッテルを貼られると挽回することはむずかしい，② 毎年教職員の転勤のある公立学校では，教育の実際の内容や質は入学してみないと分からないので，選択基準が「うわさ」や学力テストの平均点が公開されている自治体ではその点数になってしまう，③ 保護者のエネルギーが地域の学校を改善する方向へ向かわず，自分の子どもだけを「良い」学校に入れるという利己的な方向へ向かう，④ 希望集中校で施設設備の不足が起こると同時に，小規模校のさらなる過疎化と学校統廃合を促進する，⑤「わかって選択のうえ入学したのだから，学校の方針にしたがってもらう」という論理で，学校や行政の側が保護者からの教育改善要求を切り捨てる根拠として利用する，⑥ 特に小学校の場合，保護者が選択することになるので，学校ごとに家庭環境の同質化・子ども集団の同質化が起こり，さまざまな家庭環境の子どもたちが「めぐり合わせの中で育ちあう」ことの重要性が軽視される，⑦ 教師が宣伝のためのビデオ・パンフレット作りや勧誘のための家庭訪問などに時間を割かれ，子どもと向き合う時間が少なくなる，⑧ 子どもを通しての地域のつながりが少なくなり，地域で子どもを育てるという機能がますます失われるなど，多くの重大な問題点が指摘されている。したがって最近では，いったん公立小・中学校自由選択制を採用した自治体が，弊害が大きいとして元の通学区域制度に戻す例も出てきている。さらに高校についても，都道府県教委による「高等学校の通学区域の指定」義務を廃止（2001年，地方教育行政の組織及び運営に関する法律旧第50条全面削除）することによって学区を指定されない（県内全域から受験できる）公立高校が可能となり，今後高校間格差がより拡大していく傾向にある。

　最近の学校制度改革のもうひとつの特徴は，「学校制度の複線化構造」の推進（1997年中教審第2次答申）を通しての「個性尊重」の名によるエリート教育

の全学校体系にわたる制度化である。1999（平成11）年度に発足した中高一貫の中等教育学校（2016年度現在，国公私立合計52校）は，公立の場合も義務教育を含むにもかかわらず学区指定がないまま入学選抜を実施することによってエリート校化している。また，2001（平成13）年の学校教育法改定によって，分野制限なしでの成績優秀者の17歳での大学入学，優秀な大学生の3年修了時からの大学院入学，優秀な大学院生の1年間での修士号取得と3年間での博士号の取得が可能となった。さらに，2016（平成28）年度からは，小・中学校を完全に一本化した9年制の義務教育学校が新設された（新設初年度，義務教育学校は公立のみ22校開校）。この義務教育学校は，現在のところ，エリート教育のための学校という役割よりも，新機軸の「良い」学校としてのイメージによって公教育費削減のための学校統廃合推進政策の促進剤としての役割を果たしている。こうして，戦後当初，完全な単線型であった日本の学校制度は，近年の教育政策によって複線型へと移行してきている。

　このような教育の自由化による教育への市場原理の導入と学校制度の複線型化という2つを大きな柱として急速に進行しつつある教育制度改革の根底にあるのは，GDP（国内総生産額）に対する公教育費の割合がOECD諸国のなかで最低レベルにある公教育費を現状維持あるいは削減しながらも，経済界が要求する一部エリートを養成するための教育へ公教育費を重点的に配分するシステムづくりである。

4　教育行政と教育基本法

■教育行政とは何か？

　教育行政とは，平たくいえば教育に関する行政といえるが，そこにはすでにひとつの内在的矛盾が存在している。本来，教育は，目的意識性をもった人間の精神的行為であり価値観にかかわる行為なので，本質的に強制力になじまない性質をもっている。他方，行政は，立法・司法と並ぶ国家統治行為のひとつであって，国家による強制力としての権力行使という性質を本質的にもっている。このように，教育行政は，強制力になじまないもの（教育）と強制力その

第8章　日本の教育制度

もの（公権力作用としての行政）とを同時に取り扱わなければならない矛盾を
もっている。宗像誠也（1908～1970）が「教育行政とは権力の機関が教育政策
を現実化することだ」と定義し「教育行政を考えるときに権力の要素を抜きに
するわけにはいかない」（宗像，1969：1，11-12）と述べたのは，教育行政に内
在する本質的矛盾を十分に意識していたからであった。したがって，精神的行
為であるがゆえに強制力になじまない教育という分野において，教育費問題を
通して民衆教育にかかわってくる近代国家の強制力としての権力作用をどのよ
うに位置づけるかが，教育行政研究の最大の課題となっている。そして，教育
行財政制度は，近代公教育のなかに国家（公権力）の作用を合理的に位置づけ
ようとする制度といえる。

▉旧教育基本法第10条

　戦後長い間，日本の教育行政の基本を規定していたのが，旧教育基本法第10
条であった。同条1項の前段は「教育は不当な支配に服することなく」と述べ
ている（この部分は，新教育基本法第16条1項でも全く同じ条文となってい
る）が，この場合の「不当な支配」の主体には，政党・財界・組合・宗教団
体・マスコミ・特定の個人などと並んで，公権力作用としての教育行政が含ま
れていると理解されなければならない。そのような解釈こそが，戦前の教育行
政を通しての国家による教育支配の深い反省のうえにたったこの法案の立法趣
旨に合致しているからであった。第92帝国議会衆議院教育基本法案委員会にお
いて，辻田政府委員は「従来官僚とか一部の政党とか，その他外部的な干渉…
（中略）…によって教育の内容が随分ゆがめられたことのあることは，申し上
げるまでもないことであります。…（中略）…一般に不当な支配に教育が服し
てはならないのでありまして，ここでは教育権の独立と申しますか，教権の独
立ということについて，その精神を表わしたのであります」と述べ，官僚の行
う教育行政による教育支配をも禁止することによって，教師の教育権の独立を
保障することの重要性を訴えている。また，1項の後段は「（教育は）国民全
体に対し直接責任を負って行われるべきものである」と述べ，教育の国民に対
する責任は，議会制民主主義の政治ルートを通しての間接責任とは別に，制度

化された直接責任のルートを通してはたされるべきことを定めていた。旧教育委員会法による教育委員の公選制は，この直接責任制原理の制度化であったといえる。

　さらに，同条２項は「教育行政は，この自覚のもとに，教育の目的を遂行するに必要な諸条件の整備確立を目標として行われなければならない」と規定していた。ここでは，２項が，１項に定める教育が不当な支配に服さないこと（教育の自主性尊重）の自覚のもとに作られていることや，教育行政の任務を教育の整備確立ではなく，教育の目的を遂行するに必要な諸条件の整備確立とわざわざ規定していることに留意して，解釈する必要があった。２項について研究者の多くは，教育の内的事項（教育の内容や方法に直接かかわるカリキュラムや教科書，教材など）と教育の外的事項（教育の内容や方法には直接かかわらない外的条件で，施設・設備や人的配置など）とを区分して考えたうえで，教育行政の任務は教育の外的事項に限定されるのであって教育の内的事項への介入は禁止されているとする解釈（教育の内的事項・外的事項区分論）（前出『教育法〔新版〕』：343-353）をとってきた。

▨新教育基本法第16条

　第１節の最後で述べたように，政府・与党は2006（平成18）年12月，多くの国民や教育関係者の反対・慎重審議の声を無視して，新しい教育基本法を強行採決によって成立させた。この新教育基本法は，法案段階から，旧法と比較して多くの問題点と危惧を指摘され，批判されてきた。そして，その批判の多くは，「教育の国家統制法」と表現されたように，国家と教育との関係を問い，国家による教育支配を批判・危惧するものであった。すなわち，そのことは，強制力になじまない"教育"と国家による強制力行使としての"行政"を同時に取り扱う"教育行政"の目的とあり方をどのように考えるのかが，新旧の教育基本法の賛否をめぐるひとつの大きな論点であったことを意味している。

　新教育基本法は，第16条で教育行政について定めている。１項前段の「教育は，不当な支配に服することなく」の部分は，旧法第10条１項の条文をそのまま受け継いでいる。そして，旧法第10条１項の後段「国民全体に対し直接に責

任を負って行われるべきものである」は削除され，代わって新法第16条１項中段には「この法律及び他の法律の定めるところにより行われるべきものであり」という文言が加わった。また，教育行政の任務を教育条件の整備確立に限定し教育内容への介入をいましめていた旧法第10条２項は全面削除され，代わって新法第16条１項後段に「教育行政は，国と地方公共団体との適切な役割分担及び協力の下，公正かつ適正に行われなければならない」が加えられた。政府・文部科学省は，かなり以前から，法律に基づいて実施される教育行政機関の行為（教育行政）は，教育内容にかかわるものを含めて「不当な支配」には当たらないと繰り返し表明してきた。旧法第10条２項が全面削除され，新法第16条１項の中・後段に新たな文言が加えられたのは，そのような主張に基づいた政治的意図があってのことであると考えられる。このことは，新法第２条が，第１条の教育目的を実現するために大きく５項目，細部では20項目にわたる教育目標を新たに規定し，しかもそれらの「態度を養う」と規定したことを考え合わせると，さらに危険な政治的意図を感じざるをえない。教育目標には，愛国心（具体的条文では「我が国と郷土を愛する」）など人間の思想・良心の自由（憲法第19条）や学問の自由（憲法第23条）を侵す危険性のある項目が多く含まれており，教育の場での「態度」の評価を通して，政府の一方的な解釈に基づく項目内容を強制する危惧がある。

　しかし，新法第16条１項の規定する「不当な支配」の主体には，強制力になじまない教育の本質や思想・良心の自由，学問の自由などからして，旧法第10条１項解釈の場合と同様，法律に基づいて行われる教育行政も含まれると解釈されなければならない。したがって，法律に基づくものであれば教育行政は，包括的に教育内容・方法を決定できるということを規定しているものではない。やはり，教育行政の任務は，教育の外的条件整備に限定され，教育の内容・方法には介入できないと解釈すべきである。それゆえ，第16条２項および３項に規定する国や地方公共団体の「教育に関する施策」を「策定」する権限も，教育内容・方法を含む包括的なものではないと解釈される。これらの解釈に立って第16条４項は，教育行政を実施する「国や地方公共団体」に，「教育が円滑かつ継続的に実施される」のに「必要な財政上の措置」を求めているといえる。

■新教育基本法第17条

　新教育基本法は，第16条の内容を受ける形で，第17条で教育振興基本計画について新たに規定した。同条１項は政府（国）の教育振興基本計画の策定・公表義務を，２項は地方公共団体の地方レベルの教育振興基本計画の策定努力義務を規定しており，それぞれ第16条２項・３項に規定する国・地方公共団体の「教育に関する施策」の「策定」義務に対応している。しかし，政府や地方公共団体のどのような機関がどのような手続きを経て教育振興基本計画を策定し，教育の内的事項・外的事項のどの範囲について基本計画を策定するかについては，一切規定していない。さらに，国レベルの基本計画策定にあたっても，主権者の代表で構成され，国権の最高機関である国会での審議は保障されておらず，「国会に報告する」ことのみを義務づけているだけである。時の政治・行政権力者が，教育内容・方法を含む教育全般にわたる教育政策をこの教育振興基本計画として策定し，時の政治権力者の教育政策＝教育基本法に規定する教育振興基本計画（時の政治権力者による教育支配の道具としての教育振興基本計画），となりかねない危険性をはらんでいる。2008年と2013年の過去２回作成された国の教育振興基本計画は，国会での検討機会も設定されないまま，内閣の閣議によって決定され，国会に報告された。その基本計画の内容は，教育の内的事項・外的事項を区別せずに全般にわたっている。これらの教育振興基本計画のもつ問題点と旧法第10条１項の「（教育は）国民全体に対し直接に責任を負って行われるべきものである」という部分の削除は，"教育行政の一般行政からの独立"の原則を揺るがしかねない危険性をもっている。

5　教育委員会制度と教育財政制度

■教育委員会法による公選制教育委員会制度

　旧教育基本法第10条に示された教育行政の理念を具体的に制度化したものが，1948（昭和23）年の教育委員会法による教育委員会制度であり，戦後教育行政の民主化を担う重要な制度として位置づけられていた。教育委員会とは，「地方自治体に設けられ首長から独立の行政決定権限を有する合議制の行政委員会

第8章　日本の教育制度

の一種」であり「公立学校管理をはじめ多分に非権力的・文化的な教育行政権を働かせていく公教育行政機関」である（前出『教育法〔新版〕』：475）。そして，その制度原理としては，① 教育行政の地方分権，② 教育の民衆統制（直接責任制），③ 教育行政の一般行政からの独立が挙げられる。教育行政の地方分権とは，戦前教育行政権限を国・文部省が独占することによって教育を思想統制の重要な手段として利用したことへの反省から採用され，教育行政権限を基本的に地方公共団体とその住民に委ねること（住民自治）である。民衆統制（直接責任制）とは，その地方の住民代表が地方の教育を直接コントロールし，またその責任を直接とるということである。教育行政の一般行政からの独立とは，地方の教育・教育行政を政治家である地方自治体の首長から独立した機関に委ねることによって，政治からの圧力が少ない環境のなかで教育政策が決定・執行されるようにすることである。旧教育委員会法による教育委員会制度は，現行の地方教育行政の組織及び運営に関する法律によるものが任命制教育委員会制度と呼ばれるのに対して，公選制教育委員会制度と呼ばれる。

　公選制教委制度の特徴の第一は，教育委員（都道府県7人，市町村5人）は1名を地方議会で議員のなかから選出する以外，当該住民の立候補と直接選挙によって選出するという教育委員の公選制である。これによって，教育の民衆統制と教育行政の一般行政からの独立を保障しようとするものであった。第二の特徴は，教委事務局の長である教育長（これに対し委員会の召集権をもつ教育委員の長は教育委員長であった）を専門職としたことである。すなわち，教委は，教育職員免許法の定める教育長免許状の取得者のなかから，教育長を任命するのである。公選による素人（民衆）の教育委員と玄人（教育専門家）の教育長を組み合わせることによって，スムーズな教育行政運営をはかろうとしたものである。第三の特徴は，教育予算原案送付権や教育予算支出命令権という強い教育財政権限が教委に与えられていたことである。教育予算原案送付権とは，自治体の長が教委から提出された教育予算原案を減額して一般予算案に組み込んだ時には，教委の当初の要求予算原案と原案に基づく財源見積もりを付記のうえ，地方議会に提案しなければならないというもので，教育予算の二本立て制度とも呼ばれた。教育予算支出命令権とは，地方議会で議決された教

157

育予算について，教委はその支出を出納長や収入役に命じることができる（予算執行権は，普通は地方自治体の長に属する）というものである。これらは，教育行政の一般行政からの独立を財政面からも保障しようというものであった。第四の特徴は，文部省，都道府県教委，市町村教委の相互の独立性と平等性を保障し，中央集権的な教育行政機関相互の上下関係を否定したことである。旧教育委員会法第55条2項は「法律に別段の定がある場合の外，文部大臣は，都道府県委員会及び地方委員会に対し，都道府県委員会は，地方委員会に対して，行政上及び運営上指揮監督をしてはならない」と明確に規定していた。

公選制教委は，1948年に全都道府県と5大都市に設置され，4年後の1952年に全市町村に設置された。しかし，1950年朝鮮戦争勃発の頃から占領軍の対日政策は民主化政策から反共政策へと大きく変わり，日本政府の教育政策も戦後当初の民主化政策の「逆コース」をたどる反動化政策へと転換していった。これに反対する国民や教師の民主教育を守る運動の高まりや革新的人物の教育委員への選挙による進出のなかで，教育反動化の最大の障害となっていた公選制教委制度を廃止するために，政府与党は1956年地方教育行政の組織及び運営に関する法律（以下，地方教育行政法と略す）を強行採決し成立させた。

■地方教育行政法による任命制教育委員会制度とその後の改定

地方教育行政法による任命制教委制度の1956（昭和31）年成立当初の第一の特徴は，教育委員（都道府県5人，市町村5人又は3人）が，地方議会の同意を得た上での地方自治体の長による任命（ただし過半数の教育委員の同一政党所属を禁止）となったことである。これによって，国民に対して直接に責任を負うという教育における住民自治・民衆統制の原則は著しくゆがめられ，教育行政の一般行政からの独立（特に教育委員の任命権者である自治体首長からの独立）は弱いものとなった。第二の特徴は，教育長の専門職否定と任命制限である。公選制のもとでは教育長免許状を有する教育専門家とされていた（1954年教育職員免許法改定により教育長免許状廃止）のに対し，任命制教委のもとでは教育長の法的資格は設けられなかった。これによって，教育専門家ではない一般官僚からの教育長任命が多くなり，教育の論理より行政の論理を優先しやす

くなった。また，教委による教育長任命の際には，都道府県教育長の場合文部
大臣の承認が，市町村教育長の場合都道府県教委の承認が新たに必要となり，
これによって文部省・都道府県教委・市町村教委の間に上下の支配関係が作ら
れた。第三の特徴は，公選制時代の教委の強力な財政権限（教育予算原案送付
権，教育予算支出命令権）が廃止され，任命制教委が保持する財政権限は教育
予算案作成時の自治体の長による事前の意見聴取のみとなった（地方教育行政
法第29条——以下，法律名省略の場合，地方教育行政法を指す）ことである。これに
よって，財政面からみても，教育行政の一般行政からの独立は弱いものとなっ
た。第四の特徴は，教育長任命の承認制に示されるように，公選制のもとで相
互の独立性・平等性が認められていた文部省，都道府県教委，市町村教委の間
に上下の支配関係が築かれ，文部大臣の権限が強化されたことである。地方教
育行政法は教育委員会法と同様に「指導，助言又は援助」による教育行政（第
48条）を基本としながらも，一方で教育長任命の承認制と教育委員会や地方自
治体の長に対する文部大臣の強力な権限である措置要求権（旧第52条）を認め
ていたので，教育行政の地方分権・地方自治は著しく弱まった。

　1999（平成11）年地方分権を目指して法律全般にわたる改定が実施され，地
方教育行政法も改定された。① 教育長任命時の承認制の廃止と教育委員のな
かからの任命（1956年当初は市町村教育長のみ教育委員のなかから任命）への
変更，② 市町村立学校の管理運営の基本的事項に関する基準としての学校管
理規則についての都道府県教委の設定権の廃止（旧第49条全面削除），③ 文部大
臣（2001年以降，文部科学大臣）の措置要求権の廃止（旧第52条全面削除）など，
教育行政の地方分権化への改定がある程度行われた。だが，文部大臣の措置要
求権の内容は，同時に改定された地方自治法第245条の5の規定する各大臣の
是正要求権（旧地方自治法の内閣総理大臣の是正改善要求権に代えて新設）と
して残されており，地方分権化はきわめて不十分であった。

　さらに，新教育基本法の成立を受ける形で，2007（平成19）年6月に地方教
育行政法の一部改定がなされた。このうち，教委の職務権限を教育長へ委任す
る場合の委任できない事項の新たな列挙（委任できない事項は，広範な権限の
うちわずか6項目）（第25条2項），市町村レベルにおける「教育委員会の共同

設置」推進による「教育行政の体制の整備及び充実」の努力義務の新設（第55条の２）は，教育委員会の権限を教育長に集中し教育の住民自治を弱めるものであった。また，地方自治法第245条の５に基づき文部科学大臣が教育委員会に是正要求する場合の「講ずべき措置の内容」の指示の新設（第49条），教委の教育事務の違法な管理執行や怠慢により「児童，生徒等の生命又は身体」の「被害の拡大又は発生を防止する」ため，「緊急の必要があるとき」で「他の措置によっては，その是正を図ることが困難である場合」に限っての，文部科学大臣による教委に対する是正改善の指示の新設（第50条）は，その発動基準の曖昧さも相まって，旧52条で規定していた文部大臣の措置要求権以上に文部科学大臣の権限を強化し，教育行政の中央集権化をはかるものであった。このような地方教育行政法の制定とその後の改定は，前に述べた戦後当初の教委制度の３つの原則をゆがめ，教委制度そのものの形骸化を促進していった。[13]

　2014（平成26）年，教育委員会の形骸化を理由に地方教育行政法が改定され，重大な教育委員会制度改革が実施された。当初教育委員会を廃止し地方公共団体の長を教育行政の執行機関の長とする案があったが，紆余曲折を経て，教育委員会は教育行政の執行機関として存続することになった。今回の改定の特徴の第一は，教育長の地位と権限の強化である。４人の教育委員とともに教育委員会を構成（第３条）することになった新教育長は，「教育委員会の会務を総理し，教育委員会を代表する」（第13条１項）地位となり，教育委員会の招集権をももつ（第14条１項）ことになった。すなわち，新教育長は，従来の教育委員長と旧教育長のもっていた権限をあわせ持つことになり，その地位と権限が強化された。特徴の第二は，地方自治体の長の教育行政への関与権限が大幅に強化されたことである。自治体の長は，教育委員の任命権に加えて新たに教育長の任命権をももつ（第４条）（従来は教育委員会が任命）と同時に，「当該地方公共団体の教育・学術及び文化の振興に関する総合的な施策の大綱を定める」（第１条の３，１項）という地方教育の大綱の策定権をもつことになった。大綱策定にあたっては自治体の長と教育委員会で構成される「総合教育会議」で協議調整することが義務付けられている（第１条の３，２項及び第１条の４）が，調整が不調に終わった場合でも，決定権はあくまで自治体の長にあることにな

る。文部科学省の見解でも示されているように，この自治体の長の教育大綱策定権は，教育委員会の事務を管理し執行する権限を意味するものではない。しかし，今回与えられた権限を利用して，自治体の長が教育現場を政治的にコントロールしようとする懸念が高まったといえる。

　こうして，教育委員会制度は温存されてきてはいるものの，問題点の多い新教育基本法のもとで，戦後当初の教育委員会制度の三原則がないがしろにされ，教育への政治支配の強化による新自由主義的教育改革が推し進められる危険性が増しているといえよう。

■公教育費と教育財政制度

　産業革命以降確立してきた近代公教育は，労働者階級の子どもをその主たる対象としたため，同時に教育費の社会的組織化（公教育費の確立）を必要とした。労働者階級は，自らの子どもの教育に支出すべき十分な私有財産を所有していなかったからである。一方，私有財産制を基礎とする社会では，すべての子どもを対象とした公教育を支えるのに十分な社会に固有な共同財産も存在しなかった。そこで，公権力によって強制的に徴収する租税としての教育費が主たるものとなった。それはまた，全国民の社会的労働の結晶の一部である租税としての教育費が，すべての国民の権利としての教育の物質的基礎となりうる質と量をもっていたことを意味する。こうして，租税による教育費としての公教育費は，当初から教育と国家権力を不可避的に結びつけるものであった。

　ところで，公権力が教育条件整備のための財源を確保し，自らの教育政策にしたがって公教育費として管理・支出する活動を教育財政という。旧教育基本法第10条は教育内容にかかわる事項への公権力による教育行政の介入を明確に禁止してきたが，そのことは，「財政支援はすれども統制せず（support but not control）」という近代教育財政の理念としても掲げられてきた。しかし，日本政府は公教育費の支出の仕方を通して（財政誘導によって）自らの望む教育内容を国民に強制しようとし続けており，その例には事欠かない。現実には，公教育費は政府の教育内容統制の重要な手段となっている。

　学校教育法第5条は学校の設置者経費負担主義を定めている。そして，学校

教育法第38条，第49条によって小・中学校は市町村に，第80条によって特別支援学校の小・中学部は都道府県に必要な数の設置が義務づけられており，高校も都道府県による設置数が多いので，地方自治体による教育費負担はきわめて大きい。しかし，３割自治と呼ばれるように地方自治体に与えられている税源はきわめて限られているので，学校設置者経費負担主義を厳格に実施するとすれば，多くの地方自治体が大幅な予算不足に陥る恐れがある。そこで，学校教育法第５条の設置者経費負担主義には「法令に特別の定のある場合を除いては」という例外規定を設けており，実際には地方自治体の設置する公立学校に対する多くの国庫負担金・補助金を設けている。たとえば，市町村立小・中学校の教職員の給料は本来設置者である市町村が支払わなければならないが，その負担の大きさを考慮して，市町村立学校職員給与負担法と義務教育費国庫負担法の２つの法律によって，長い間国と都道府県が半分ずつ負担してきた。しかし，法改定によって2006（平成18）年度より，国の負担が３分の１，都道府県の負担が３分の２となった。

　このように，学校の設置者経費負担主義の例外としてその使用目的を指定されて国から地方自治体や学校法人へ与えられるお金を，教育関係国庫負担金・補助金といい，多くの種類が存在する。しかし，国庫負担金・補助金の算定方法には問題がある。たとえば，義務教育諸学校等の施設費の国庫負担等に関する法律は，公立小・中学校の教室不足解消のための校舎の新増築は２分の１の国庫負担と定めているが，国が決める工事費見積もりにおける建築単価の基準や必要面積の基準が実際より低く設定されている場合が多い。したがって，国庫負担額は実際の工事費の２分の１を下回るものとなり，自治体は法定の２分の１以上の超過負担をせざるをえないという場合が多い。

　使い方を特定しない地方一般財源への国の援助は，地方交付税交付金によって行われており，これによって地方の財源不足が十分に補填されるかどうかは，地方財政の主な支出費目である教育費に大きな影響を与える。交付税の94％を占める普通交付税の各自治体への交付額は，〔基準財政需要額〕—〔基準財政収入額〕＝〔財源不足額〕として算出された額である。また，基準財政需要額は，教育を含む各行政分野ごとに〔単位費用〕×〔測定単位の数値〕×〔補正

第8章　日本の教育制度

係数〕として算出された数値を合算したものである。そして，国庫負担金と同様に，単位費用や補正係数が実際より低く設定されているため，実際には各自治体の実支出額は基準財政需要額を上回っており，地方交付税額は実際の財源不足額より少なくなっている。その基礎には，地方交付税総額が，自治体の一般財源の不足総額とは無関係に，所得税，法人税，酒税，消費税の一定割合と地方法人税の収入額と決められている（地方交付税法第6条）という問題がある。

注

1) 「人は子どもというものを知らない。子どもについてまちがった観念をもっているので，議論を進めれば進めるほど迷路にはいりこむ。このうえなく賢明な人々でさえ，大人が知らなければならないことに熱中して，子どもには何が学べるかを考えない。かれらは子どものうちに大人をもとめ，大人になるまえに子どもがどういうものであるかを考えない。」(ルソー，1962：18)

2) 「わたしたちは弱い者として生まれる。わたしたちには力が必要だ。わたしたちはなにももたずに生まれる。わたしたちには助けが必要だ。わたしたちは分別をもたずに生まれる。わたしたちには判断力が必要だ。生まれたときにわたしたちがもってなかったもので，大人になって必要となるものは，すべて教育によってあたえられる。」(同：24)

3) 「それゆえ，これがお前の知るべきことだ，ここでお前は止まるべきだなどと命じる権利を，いかなる公権力がもちえようか。真理のみが有用であり，誤謬はすべて害悪なのだから，どんな権力であれ，いかなる権利によっても，どこに真理があり，どこに誤謬があるかを厚かましく決定することなどできようか。」(コンドルセ，2002：97)

4) 「受験産業による大学入試の偏差値が最も高いのは東大理科Ⅲ類（医学部進学課程）である。……東大理Ⅲの1年生に親の年収や家庭の状況をたずねてみた。……その平均は2,100万円。2億円（開業医）を最高に1千万円以上が60％。東大全体でみると，782万円（83年度学生生活実態調査）で，理Ⅲよりかなり低い。それでも全国の国立大平均536万円や私大の674万円（82年度・文部省調査）よりグンと高くなっている。東大生の㊎度が進んだことを象徴するように20年前は40％だった日本育英会の奨学金受給率は，いま20％に満たない。こうした状況からみると，高額の教育投資をしなければ，東大にいれない，あるいは投資さえす

れば，東大に入るチャンスはふくらむといえるのではないか。」（1985年1月27日付『毎日新聞』西部本社朝刊，シリーズ「日本の教育風土」より）

5)　「教育達成における『結果の不平等』は，能力の差異のみによってもたらされるのではない。出身階層の影響を受けた努力の不平等も，そこに介在していると考えられる。にもかかわらず，『できなかったのはがんばらなかったからだ』というように，個人の失敗を努力の欠如に帰着するとすれば，日本型メリトクラシーのイデオロギー性は，能力の階層差や結果の不平等を隠蔽してきただけにとどまらない。このイデオロギーの巧みさは，まさに，多くの人々の努力を動員しつつ，同時に，階層差に影響されたその努力をも媒介にして，教育達成における階層差をつくり出してきたこと，さらにはそうした社会階層の影響を，努力が平等に存在する（『だれでもがんばれば……』）という幻想によって隠蔽してきたことにある。」（苅谷，2001：159）

6)　1952年には，23の都道府県が小学区制を採用し，4分の1以上の普通科男子生徒が専門科目としての職業関連科目を，半数近くの女子生徒が専門科目としての「家庭一般」を履修していた。（佐々木，1979：17，140-141）

7)　大学受験に関係のない専門教育に関する科目を置かずに普通教育のみしか施さない普通科が増加し，1975年全国で34％にも達した。（同：151）

8)　従来の通学区域は残したまま，特定の一部の学校選択のみを認める隣接区域選択制，特認校選択制，特定地域選択制を実施している市区町村数は，2012（平成24）年度現在，小学校238，中学校148である（文部科学省調べ，文部省ホームページより）

9)　このような主張の根拠として，政府・文部科学省は最高裁大法廷北海道永山中学学力テスト判決（1976年5月21日）を挙げている。この事件は，1961年当時の文部省が実施した全国一斉学力テストに対する反対運動を行った北海道旭川市永山中学校教師たちが刑事事件に問われた事件である。この最高裁判決は，旧教育基本法第10条の解釈をめぐって争われる形となったが，結果的には教師たちの有罪が確定し，形的には国側が勝訴している。しかし，この判決は，政府・文部科学省の主張するような法律に基づく教育行政の教育内容・方法を含む包括的決定権限を認めたものではない。判決文は，「この国民の全体意思は，憲法の採用する議会制民主主義の下においては，国民全体の意思の唯一のルートである国会の法律制定を通じて具体化されるべきものであるから，法律は，当然に，公教育における教育の内容及び方法についても包括的にこれを定めることができ，また，教育行政機関も，法律授権に基づく限り，広くこれらの事項について決定権限を有する」という政府・文部（科学）省の主張は「極端かつ一方的」であると述べ，

第8章　日本の教育制度

「教育行政機関がこれらの法律を運用する場合においても，（中略），教基法10条1項にいう『不当な支配』とならないように配慮しなければならない拘束を受けているものと解されるのであり，その意味において，教基法10条1項は，いわゆる法令に基づく教育行政機関の行為にも適用があるものといわなければならない」と述べている。その判決文の具体的内容については，青木ほか（1984：340-353），参照。

10)　実際，1966年高知県安芸市で県教委のスト参加者処分方針にしたがわなかった市教育長が再任の承認をなかなか得られなかった例や，1967年革新府政だった京都府の教育長に対する文部大臣の承認がなされなかった例がある（村松，1968：73-79）。

11)　地方教育行政の組織及び運営に関する法律第52条（1999年全面削除）の1項「文部大臣は，地方自治法第246条の2の規定にもかかわらず，地方公共団体の長又は教育委員会の教育に関する事務の管理及び執行が法令の規定に違反していると認めるとき，又は著しく適性を欠き，かつ，教育本来の目的達成を阻害しているものがあると認めるときは，当該地方公共団体の長又は教育委員会に対し，その事務の管理及び執行について違反の是正又は改善のため必要な措置を講ずべきことを求めることができる。」

12)　地方自治法第245条の5の1項「各大臣は，その担任する事務に関し，都道府県の自治事務の処理が法令の規定に違反していると認めるとき，又は著しく適正を欠き，かつ，明らかに公益を害していると認めるときは，当該都道府県に対し，当該自治事務の処理について違反の是正又は改善のため必要な措置を講ずべきことを求めることができる。」同2項「各大臣は，その担任する事務に関し，市町村の次の各号に掲げる事務の処理が法令の規定に違反していると認めるとき，又は著しく適性を欠き，かつ，明らかに公益を害していると認めるときは，当該各号に定める都道府県の執行機関に対し，当該事務の処理について違反の是正又は改善のため必要な措置を講ずべきことを当該市町村に求めるよう指示をすることができる。　一．（略）　二．市町村教育委員会の担任する事務　都道府県教育委員会」

13)　一方，長年の教育運動の結果，国民は公選制教委の復活を目指しながら教育行政の民主化を自らの手で進めていく力量をも示している。東京都中野区では，住民の運動の結果1981年から1994年まで教育委員の準公選制（住民の選挙結果を尊重して区長が任命）を実施し，地域住民と密着した教育行政運営を行った実績がある。中野区の準公選制による第1回投票で第1位となり，中野区教育委員に任命されて活躍した俵萌子さんの著書『俵萌子の教育委員日記』（毎日新聞社，1983

165

年）を読むと，形骸化した任命制教委の実態と住民の選挙によって選出された教育委員のがんばりがよくわかる。

参考文献

青木宗也ほか編（1984）『戦後日本教育判例体系 1・学習権と教育の自由』労働旬報社。

井深雄二ほか編（2015）『テキスト　教育と教育行政』勁草書房。

小川利夫・伊ケ崎暁生（1971）『戦後民主主義教育の思想と行動——高校全入運動の総括と課題』青木書店。

沖原豊（1980）『日本国憲法教育規定研究（改訂版）』風間書房。

兼子仁（1978）『教育法〔新版〕』有斐閣。

苅谷剛彦（2001）『階層化日本と教育危機——不平等再生産から意欲格差社会へ』有信堂。

コンドルセ（2002）「公教育の全般的組織についての報告と試案」コンドルセほか，阪上孝編訳『フランス革命期の公教育論』岩波文庫。

佐々木享（1979）『高校教育の展開』大月書店。

俵萌子（1983）『俵萌子の教育委員日記』毎日新聞社。

浪本勝年・三上昭彦編（2007）『「改正」教育基本法を考える』北樹出版。

平原春好・牧柾名（1994）『教育法』学陽書房。

堀尾輝久（1971）『現代教育の思想と構造』岩波書店。

宗像誠也（1969）『教育行政学序説（増補版）』有斐閣。

村松喬（1967）『教育の森 7』毎日新聞社。

村松喬（1968）『教育の森11』毎日新聞社。

山本由美（2003）「東京都品川区における『新自由主義』教育改革の問題点」『季刊教育法・No. 138』エイデル研究所。

山本由美ほか編（2016）『「小中一貫」で学校が消える——子どもの発達が危ない』新日本出版社。

ルソー，今野一雄訳（1962）『エミール・上』岩波文庫。

（南新秀一）

第9章

情報化と教育

　私たちが，日頃，情報を得ているメディアが，マスメディアだけでなく（情報の流れが一方向性のメディア，一対多の特徴をもつテレビ，ラジオ，新聞），パーソナルメディア（情報の流れが双方向性のメディア，多対多の特徴をもつ電話，現在のインターネット利用の道具など）へ広がってきている。より最近の言葉でいえば，ソーシャル・メディア（ブログ，ツイッター，フェースブックなど）を通じた情報のやりとりが盛んに行われるようになってきた。私たちの経験している生活や仕事の姿も，このような情報機器無しにはなかなか想像しにくくなってきている。特に情報を集める仕方とコミュニケーションの仕方は変わってきた。それは，児童生徒にとっても同じである。

　本章では，このような情報化の波が学校にも訪れている昨今，それは，教育政策や教育実践としてどのように進められてきたのか，また進められてきているのかに目を向ける。具体的には，情報化の波が，学習指導要領，教育課程にどのように組み込まれてきたのか，授業での利用の強調点はどのように変わってきたのかを理解する。そして児童生徒にとって，教員にとって，学校にとって，教育の情報化が，どのような意味をもつのかを考える。

1　教育の情報化の萌芽期

　教育の情報化を考える場合，そこには，(1)教育情報をコンピュータ等で処理していく校務の情報化をいう場合と，(2)教育方法としてコンピュータ等を活かしていこうとする場合，そして，(3)教育内容として「情報」をどのように児童生徒に培っていくかを考える場合がある。

　日本の初等中等教育の教育政策のなかに「情報化」が導入されてきた経過を概略すると，それらは次のような流れがあった。まず情報化への対応の萌芽は，1970年代に，高等学校の専門教育として情報処理教育が行われたことにある。

167

たとえば，工業では情報技術科，商業では情報処理科が設置され，情報処理教育が高等学校を中心に徐々に拡大された。学校における指導方法についても，児童生徒一人一人の特性等を大切にする指導の重要性が認識され，視聴覚機器等を活用して情報を提示したり，児童生徒からの応答情報を処理したりするなど，指導方法の工夫改善の動きがあった。

この「情報化に対応した教育」の必要性が，より注目を浴びるようになったのは，臨時教育審議会（1984〔昭和59〕年9月〜87年8月）で取り上げられたことによる。特に，第二次答申では，「社会の情報化に備えた教育を本格的に展開すべきこと，情報及び情報手段を主体的に選択し活用していくための個人の基礎的な資質（情報活用能力）を読み・書き・算に並ぶ基礎・基本と位置づけ，学校教育において育成すべきこと」が提言された。[1]

これらの答申を踏まえ，「情報化社会に対応する初等中等教育の在り方に関する調査研究協力者会議」（1985年1月〜1990年3月）は，1988（昭和63）年に教育課程審議会（1985年9月〜1987年12月）に対して，次の4つの内容で整理した情報活用能力の案を提出するにいたった。[2]

　Ⅰ）情報の判断，選択，整理，処理能力及び新たな情報の創造，伝達能力

　Ⅱ）情報化社会の特質，情報化の社会や人間に対する影響の理解

　Ⅲ）情報の重要性の認識，情報に対する責任感

　Ⅳ）情報科学の基礎及び情報手段（特にコンピュータ）の特徴の理解，基本的な操作能力の習得

この考え方は，1989年改訂の学習指導要領に生かされ，各教科における教育機器の適切な活用への示唆として，小・中・高等学校を通じて総則において「教育機器などの活用を図ること」が記載された。そして中学校技術・家庭科の選択必修領域として「情報基礎」などを生み出し，中学校・高等学校段階の社会科，公民科，数学，理科，家庭科（高等学校）において情報に関する内容が取り入れられるにいたった。また翌年1990（平成2）年7月に，当時の文部省（現文部科学省）が作成した「情報教育の手引き」に，その具体的な方針や内容が記載された。これにより，情報活用能力の育成を目的とする情報教育という言葉が明確にされ，その後の展開に大きな影響を及ぼした。

このような政策的な動きが活発に現れた1985年は，教育におけるコンピュータ利用元年といわれている。

一方，1994年からインターネットが注目を浴びる動きがあり，インターネットを中心とするネットワーク技術の革新や時代の要請が出てきた。第15期中央教育審議会は，その第一次答申「21世紀を展望した我が国の教育の在り方について」（1996年7月）で，「情報活用能力」育成という考え方を基本的に踏襲して，① 情報教育の体系的な実施，② 情報機器，情報通信ネットワークの活用による学校教育の質的改善，③ 高度情報通信社会に対応する「新しい学校」の構築，④ 情報化の「影」の部分への対応，について提言を行った。[3]

これを受けて，当時の文部省は，調査協力者会議を1996年10月に発足した。協力者会議は，初等中等教育における系統的・体系的な情報教育の在り方について検討を進め，「情報活用能力」の育成を目的とした教育内容に焦点化し，1997年10月に第1次報告を発表，翌1998年8月に最終報告を発表した。[4] それらの提言の内容は，教育課程審議会の審議に生かされ，1998年12月改訂の学習指導要領に反映されるにいたった。

具体的には，小学校では，「総合的な学習の時間や各教科でコンピュータや情報通信ネットワークを活用」する。中学校では，技術・家庭科に必修の「情報とコンピュータ」が設置され，小学校同様に「総合的な学習の時間や各教科でコンピュータや情報通信ネットワークを活用」が盛り込まれた。さらに高等学校では，普通教科として「情報」（「情報A」「情報B」「情報C」各2単位から1科目を選択必修）や専門教科「情報」が新設され，同様に「総合的な学習の時間や各教科でコンピュータや情報通信ネットワークを活用」が明言された。このように初等中等教育を通した体系的な情報教育が具体化されるにいたった。

政策的な動きなどが活発になされた1995年は，教育におけるインターネット利用元年といわれている。

2　教育の情報化と体系的な情報教育の推進

このような情報化への動きが顕著になってくる中，文部科学省は，「学校教

育の情報化推進計画」として，2005年度までに，すべての公立小中高等学校の，全ての学級のあらゆる授業において，教員および生徒がコンピュータやインターネットを活用できる環境を整備することを明言した。そしてこれまでの考え方や方針を集約して示す形として，2002年6月に『情報教育の実践と学校の情報化〜新・情報教育に関する手引き〜[5]』を刊行するにいたっている。

　ここでは，情報活用能力を『「生きる力」の重要な要素』と位置付けるとともに，それが，① 情報活用の実践力，② 情報の科学的な理解，③ 情報社会に参画する態度，の3つの要素から構成されるとした。

　初等中等教育における情報教育については，これら「3つの要素」から構成される情報活用能力をバランスよく育成することを目標として明記し，「情報教育の目標の3つの観点」という表現で説明している。

　まさに上記の経過とかかわって考えてみると，情報教育は，体系的な教育目標像を明確にした。そして，初等中等学校の全体を通していわれている「総合的な学習の時間や各教科でのICTの活用」といった間接的に情報活用能力の育成とかかわる学習活動に加えて，技術・家庭科の「情報とコンピュータ」や高等学校普通教科「情報」などに見られるように，直接，情報活用能力の育成を目指す「内容と時間」を設定して取り組むことへ大きく踏み出したといえる。

　この動きは，授業で活用できるコンテンツの収集，ネットワーク型コンテンツの利用の仕方，教員研修の方法などもより明確にすることへつながっていった。

　たとえば情報教育は，コンピュータ教室などで行われるコンピュータやインターネット利用の学習だけでなく，また特設した環境で啓発を意図した研究発表やイベント的な試みだけでなく，教室で通常に行われている教科等の授業においても，コンピュータやインターネットを活用してその効果をあげるために教材開発・教員研修・教育環境整備へより関心を向けることへ動き出した。コンピュータ教育というイメージを越えた情報教育が，この時代いよいよ本格化してきた。

　さらに，情報教育を実際に担える教師の役割，教師の資質能力の明確化を目指して，「ITで築く確かな学力」（2002年8月），「『ITを用いて指導できる』[6]基

準作成のための調査研究」（2003年３月）[7] 等が報告されるにいたった。

このように、この間、政策の実行とかかわる指針の提示や具体的な手立ての遂行とかかわる資料の提示（たとえば授業で扱える計画、自由に使える教材、実践事例他）、遂行のための予算処置など、急速に進められてきたのである。

3 体系的な情報教育の推進に向けた教員のICT活用指導力の育成

これまでも、調査協力者会議や学会の研究成果や委託事業研究から、教員の果たすべき役割は確かに指摘されてきた。また指導の責任を担う教員に関しても、中央研修レベルから地方教育委員会レベルの研修まで積極的にさまざまなプログラムが組まれ、教員が授業で活用できる教材集や指導案例、指導と評価のためのルーブリックの作成、授業の実際例ほか、さまざまな教育環境も整えられてきた。しかしながら、そこで示されている内容は、「指導方法」の例示にとどまっていた。

このような状況のなか、2005（平成17）年１月より検討が開始された「初等中等教育における教育の情報化に関する検討会」では、① 学校教育の情報化の今後の姿、② 情報教育の内容の充実の２つの事項について検討が進められた。

情報活用能力については、学習指導要領の下における情報教育の位置づけや子どもたちが身につけるべき情報活用能力の具体的な内容、情報教育に係る具体的な学習活動例が、十分に周知されていないことが課題であったため、本検討会において情報教育の内容のさらなる明確化が図られた。

そして2006年８月に「初等中等教育の情報教育に係る学習活動の具体的展開について」がまとめられ、初等中等教育における情報教育の考え方が整理された。そのなかでは、「情報教育」と「教育の情報化」との関係が改めて以下のように示されるにいたった。[8]

「情報教育」（①）は、「子どもたちの情報活用能力の育成」を目的とした教育であって、単にITを活用することとは異なる。ITを活用することは、情報教育を目的とした活用と、効果的に「各教科等の目標を達成す

る」ことを目的とした活用がある。ただし，後者は「各教科等の目標を達成する際に効果的にITを活用すること（IT活用）」（②）となるが，この限りでは，ITを活用することは手段に過ぎず，それのみでは「子どもたちの情報活用能力の育成」を目的とした「情報教育」（①）にはならない。ITを活用することが，「情報教育」（①）に位置付けられるためには，ITを活用することが，どのように「子どもたちの情報活用能力の育成」に資するのかが明確となり，実際に指導を行う教員が，その関係を理解した上で指導することが必要となる。

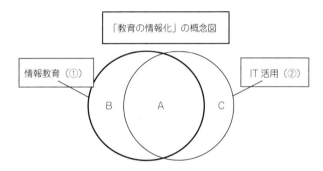

　このように，教育の情報化は，子どもたちの情報活用能力の育成を目的とした「情報教育（①）」と，各教科等の目標を達成する際に効果的にITを活用すること「（IT活用）」（②）」の２つを含むことがより明確に説明された。Aは，子どもたちの情報活用能力の育成と，各教科等の目標を達成する際に効果的にITを活用することを同時に意識する取り組みを指している。Bは，ITの活用はないが子どもたちの情報活用能力の育成を目指す取り組みを指している。そして，Cは，各教科等の目標を達成する際に効果的にITを活用するが，子どもたちの情報活用能力の育成を必ずしも目指しているわけではない取り組みを意味した。

　そして，2007（平成19）年２月には，この整理に基づく取り組みを進める教員の研修とかかわって，「教員のICT活用指導力の基準[9]」が学校種ごとに明らかにされた。「教員のICT活用指導力の基準」は，実際には，現職教員が各学校レベルで自己評価し，それを地方自治体が集約し文部科学省に報告する形で

第9章 情報化と教育

運用されている。しかし，これが明らかにされることにより，養成レベルでも何を目指すかが問われるにいたった。これ以前は，教養科目として「情報機器の操作」，教職科目として「教育方法及び技術」が置かれているが，どのように情報教育の存在意味を教員志望者に考えさせ，納得や確信を導いていくかに関しては，結局のところ，科目を担当した者の判断に任されていた。免許法やその施行規則以外，情報教育を指導する教員自身に求められる資質能力について，指導者に合意されうる枠組み（情報教育を指導する教員のための資質能力）が明示されていなかったために，各講義を担当する授業者がその内的規準に即して，学生評価を行い，単位認定を行うことがなされてきた。このように，この基準は，上記のような教員養成の現状に対しても警鐘として働く意味をもつ，大きな一歩が踏み出されたといえる。

4 情報活用能力の育成と「学びのイノベーション」に 向けた取り組みの推進

　2008年1月の中央教育審議会答申「幼稚園，小学校，中学校，高等学校及び特別支援学校の学習指導要領等の改善について」では，「社会の変化への対応の観点から教科等を横断して改善すべき事項」のひとつとして情報教育が挙げられた。また「学習のために ICT を効果的に活用することの重要性を理解させるとともに，情報教育が目指している情報活用能力を育むことは，基礎的・基本的な知識・技能の確実な定着とともに，発表，記録，要約，報告といった知識・技能を活用して行う言語活動の基盤となるものである」ことが提言された[10]。

　これらを踏まえ，改訂された小学校，中学校，高等学校および特別支援学校の学習指導要領では，各教科等の指導のなかにコンピュータや情報通信ネットワークなどの情報手段を活用する学習活動や，情報活用能力を育成するために充実すべき学習活動が示されることになった。

　たとえば，高等学校では，共通教科情報科について，「情報A」「情報B」「情報C」の内容が再構成されることになった。指導の力点をより絞込み，「社

会と情報」「情報の科学」の2つに再編された。専門教科情報科については，「情報と問題解決」「情報テクノロジー」「情報システム実習」「情報コンテンツ実習」が新設されるなど11科目から13科目に再構成がなされた。また中学校の技術・家庭科の技術分野も，この改訂で，「材料と加工に関する技術」「エネルギー変換に関する技術」「生物育成に関する技術」「情報に関する技術」の4領域へ変更がなされ，「情報に関する技術」内容もより焦点化が図られることになった。

　なお，高等学校段階において，この情報教育の要として設けられている共通教科情報科は，『高等学校学習指導要領解説　情報編』(2010年5月) のなかで，情報活用能力の定義について詳細化を行っている。「情報活用の実践力」を3つに区分，「情報の科学的な理解」を2つに区分，「情報社会に参画する態度」を3つに区分して，それぞれ解説し，その内容をより明確にしようとしている動きが見られる。

　また，この学習指導要領の改訂にあわせて，文部科学省は2010年10月に「教育の情報化に関する手引」を刊行するにいたった。[11] 本手引においても，情報活用能力をはぐくむ教育を情報教育とし，情報活用能力を前述の「初等中等教育の情報教育に係る学習活動の具体的展開について」で示された情報教育の目標の3観点の定義に基づき「8要素」として整理している。その上で，各学校段階で期待される情報活用能力をまとめている。

　このように初等教育，中等教育のすべての教科指導で，効果的な学習指導のために ICT の活用が期待される内容が細かく記載されるにいたった。

　さらに2011年4月に「21世紀を生きる子どもたちに求められる力」という大きな視野から，情報活用能力の育成を考えようとする，具体的な方針として，「教育の情報化ビジョン」が出された。[12]

　そこでは「21世紀にふさわしい学び・学校と教育の情報化の果たす役割」として「学びのイノベーション」という表現が用いられるようになり，① 校務の情報化，② 教科指導における情報通信技術の活用，③ 情報教育，の3つの柱の内容がより明確にされた。

　たとえば，子どもたちにタブレット PC 等（1人1台，グループでの活用ほ

174

か）をもたせて授業を行うフューチャー・スクール・プロジェクトや学びのイノベーション事業などの取組が計画され遂行された。[13]

　ここでは，これまで主流であった教員による授業での ICT の活用に加えて，児童生徒自身に，知識基盤社会を生きていく力を培う意図から，児童生徒による授業での ICT の活用がより考えられるようになった。そして ICT（ひとり一台のタブレット PC の利用を含む）やソーシャル・メディアの効果的な利用も視野に入れた新たな時代の教育に求められる力の育成を，教員と児童生徒の両方に期待し，それを推進しようとする試みが実践された。

　これらの取り組みの結果は，第 2 期教育振興基本計画について（答申）（中教審第163号：2013年 4 月25日）にも明確に反映されている。[14]そして「ICT の活用等による新たな学びの推進」「教材等の教育環境の充実」がそこに明記され，教育の情報化の進展の方向性がより確かなものとなってきている。

5　教育政策における「情報化と教育」の新たな動き

　全国学力・学習状況調査が行われて久しい。この調査を通じて，国および自治体では，子どもたちの学習活動や学校・家庭生活などに関する，意識や行動の現状を把握し，学校における児童生徒への教育指導の充実や学習状況の改善等に役立てようとしてきた。しかしながら，子どもたちの周りのメディア環境が大きく変わり，情報モラルなどの重要性が指摘される一方で，これまで培おうとしてきた情報活用能力それ自体については，実態調査が行われてきたわけではなかった。[15]

　これは世界の動きでも同様であった。たとえば，経済協力開発機構（OECD）による生徒の学習到達度調査（PISA：Programme for International Student Assessment）や教育到達度評価学会（IEA）による国際数学・理科教育調査（TIMSS：Trends in International Mathematics and Science Study）また国際読解力調査（PIRLS：Progress in International Reading Literacy Study）などが行われてきた。しかし，子どもたちの ICT 活用の習得状況を見る調査は，この時点まで行われてこなかった。

そこで，OECD も PISA 調査2009から，筆記型とコンピュータ使用型の2つの試験方法を導入し始め，2009年の読解力調査では，デジタル読解力の測定も行われた。2012年からは，問題解決力の調査でコンピュータ使用による調査も実施されることになり，デジタルリーディングや問題解決力に関する調査等を通じて ICT を使って，その活用力や21世紀型スキルと呼ばれている力についても調査しようとする動きが出てきた。それが2015年からはすべての調査が筆記型調査からコンピュータ利用型調査へその移行が行われた。科学的リテラシに関しては，シミュレーションが含まれた新規問題が出題され，より問題解決における情報の活用，解決プロセスを評価するのに，コンピュータが用いられるにいたった。

また教育到達度評価学会（IEA）もこれまで，第1回 IEA 国際情報教育調査以降，その環境に関する調査や取組状況に関する調査など定期的に行ってきた（第2回 IEA 国際情報教育調査 SITES：Second Information Technology in Education Study モジュール1，モジュール2そして SITES 2006）。しかし，子どもたちの力そのものについては調査してこなかった。そこでそれを測定する調査である ICILS（International Computer and Information Literacy Study）を2013年に計画するにいたった。そのため予備調査が2012年に行われ，その調査の枠組みも明らかにされるにいたった。

そこで ICILS 2013では，「家庭，学校，職場，社会に効果的に参画するために，コンピュータを調査，創出，コミュニケーションするために用いる個人の能力」の測定が目指された。

この取り組みの目的は大きくは，次の3つの問いについての検証結果を得ることにあるとされた。① 生徒の CIL（Computer and Information Literacy）について，国内でまた各国間，どのような差異が認められるのか，② どのような要素が，生徒の CIL に影響を与えているのか，③ 教育システムや学校が CIL を改善するために何をすることができるのか，である。このようにコンピュータの利用に関するスキルにフォーカスした比較調査であった。

調査対象となるのは8年生（日本では中学2年生に該当）であり，最低でも1カ国から150の学校の参加を義務づけた。そして，各学校から成績順のグ

ループごとに，20人の生徒をランダムに選出した（参加国は23カ国；日本は2013年調査に参加してはいない）。

その内容としては，大きくは2つに分かれ，ひとつは「情報の収集・管理」に関することであり，もうひとつは「情報の創出・共有（変換）」であった。

まず「情報の収集・管理」では，① コンピュータ利用についての知識，理解（コンピュータとは何か，何ができるか，コンピュータがどのように処理を行っているのかといった点に関するもの），② 情報へのアクセスと評価（適切なキーワードで検索を行い，その結果を適切にフィルタリングできるか），③ 情報の管理（特にファイルの管理を意識したものであり，データをどのような方法で保存していけばいいか）が問われた。

また「情報の創出・共有（変換）」では，① 情報の変換（受け手にわかりやすいよう色の使い方を変えたり，データをテキストから画像に変えたり，データをグラフや図にする等の工夫について），② 情報の創出（特定の受け手や目的に沿って，新たなアウトプット（ポスター，プレゼンテーション，動画等を用いて）を作成すること），③ 情報の共有（オンライン上の共同作業スペースや，SNS，eメール等から，目的に合った手段で情報を他者とやりとりする方法について）が問われた。

このように，情報社会を生き抜くための情報活用能力の育成が不可欠となっていることが国際的な共通認識になってきた。

これらの動きと関連し，日本においても，情報教育の推進等に関する調査研究が始まった。まず義務教育に関しては，2012年度から始められ，2013年度にその調査が行われるにいたった。高等学校の調査に関しては，2015年度からはじめられ，2016年度に行われるにいたった。その結果はそれぞれ公表され，日本の児童生徒の課題が明確にされるにいたった[16]（情報活用能力調査）。

6 情報活用能力と21世紀型スキルの関係

先にも触れたが，日本にしても米国にしても，またほかの国々でも，情報とかかわる能力を，もっと広く大きな能力構造とかかわって考える動きも出てき

た。あるいは，今後求められる能力として言われていることに，内包して考える動きがより活発化してきた。

たとえば，2012年12月から始まった「育成すべき資質・能力を踏まえた教育目標・内容と評価の在り方に関する検討会[17]」は，「これからの時代に求められる力を確実に身に付け，それぞれの持つ可能性を最大限に伸ばすためには，初等中等教育において，育成すべき資質・能力を明確にするとともに，そのための手立てである教育目標・内容と評価の在り方をより明確にすること」に努めている。そして，それを実現するための具体的な教育目標，指導内容などの教育課程と学習評価を一体的にとらえ，その改善に向けての基礎的な資料等を得るための情報収集・意見交換等が行われている。そのなかで本章が考えてきた情報活用能力も話題として取り上げられている。

ここでは「生きる力」を基軸にこれまで進められてきた初等中等教育の方向性に，国際化と高度情報化の進行とともに多様性が増した複雑な社会に適合することが要求される能力概念「コンピテンシー」を考慮したこと。そして，国際的，学際的かつ政策指向的に研究するため，経済協力開発機構（OECD）が組織したプロジェクトである DeSeCo（Definition and Selection of Competencies）のキー・コンピテンシーという考え方や諸外国におけるコンピテンシーとかかわる取り組み，そして21世紀型スキルなどを基軸にした世界の取組を検討しつつ，実際に国レベルのカリキュラム改革や実践の方向性の関係について論議が行われてきたことが読み取れる。

また国立教育政策研究所は，2013年3月に，教育課程の編成に関する基礎研究の報告書5として，「社会の変化に対応する資質や能力を育成する教育課程編成の基本原理」を表した。そのなかで，学力の3要素を課題解決するための資質能力という視点から再構成し，「基礎力」「思考力」「実践力」という3層構造で表し，「21世紀型能力」という表現でそのモデル像を示し，情報活用とかかわる能力もそのなかで触れられている[18]。

これらの動きは諸外国でも同様であった。米国でも，2004年頃より知識基盤社会を生きていく力，ICT，ソーシャル・メディアの効果的な利用も視野に入れた新たな時代の教育に求められる力の育成を推進しようとする試み（The

Partnership for 21st Century Skills) が行われ，21世紀の学習のための枠組み（Framework for 21st Century Learning) などが考えられてきた。[19]

　またさまざまな文献で引用・紹介されている21世紀スキルのための評価方法と教育方法に関する国際的な団体（Assessment & Teaching of 21st-Century Skills：ATC21S) は，Intel の Dr. Martina Roth と SRI International にかかわってきた Dr. Robert Kozma によって，そのドラフトを描かれ，Intel，Cisco，Microsoft の IT 企業3社とオーストラリア，フィンランド，ポルトガル，シンガポール，英国が参加し2009年に組織されたものであった。2010年からは米国も参加し，メルボルン大学がアカデミックパートナーシップの幹事となり，進められた。その目的としたことは，以前にはなかなか取り上げられなかった「デジタルネットワークを用いた学習」「協働的な問題解決」の評価と教育方法を考えることを目的としたものであった。このプロジェクトは，(1)思考の方法（① 創造性と革新，② 批判的思考・問題解決・意思決定，③ 学習のための学習・メタ認知)，(2)活用の方法（④ コミュニケーション，⑤ 協働：チームワーク)，(3)活用の道具（⑥ 情報リテラシー，⑦ ICT リテラシー)，(4)世界の中で生きる（⑧ 市民性：ローカルとグローバル，⑨ 生活とキャリア，⑩ 個人の責任と社会の責任：文化的意識と文化を扱う能力を含む)といった4つのカテゴリーでグループ化された10のスキル（KSAVE：Knowledge, Skill, Attitudes, Values, Ethics) を21世紀に求められるスキルとして明らかにし，革新的な取組には革新的な評価方法が必要であることを検討・開発・実践しようとした。また，ICT を「学習の道具」として取り上げつつも，「評価の道具」しての活用により関心を向けていることが特徴的であった。[20]

　以上のような動きから，情報活用とかかわる能力について，その能力構造を関係考察すると，パーソナルな力に加えて，協同・協働して課題解決や問題解決に挑むなど，ソーシャルな力もその射程に入れた動きが見られるといえる。

　文部科学省と総務省が連携して進めてきた「先導的な教育体制構築事業」「教育情報化の推進｜先導的教育システム実証事業」（平成26年度から28年度）は，① 地域における教育体制の構築（異なる学校間，学校種間の情報共有，学校と家庭との連携)，② 新たな学びに対応した指導方法の充実および指導力の育

成（学校種や各教科等に応じた指導方法の開発，教員の研修体制の構築），③
デジタル教材の利便性の向上（地域内の学校が相互に活用できる教材の蓄積・
提供等クラウドコンピューティングの活用）を研究目的として掲げ進められて
きた[21]。指定の3地域から出された報告書などを見ると，その取り組みのなか
で，協働的な問題解決やその評価方法の検討なども，その実践研究のなかで進
められてきたことがわかり，日本でもその取り組みが検討されているのがわか
る。

7 教育課程のなかでの「情報化と教育」の今後

2017（平成29）年3月末に小学校と中学校の次期学習指導要領が出された。
そのなかに記載されている教育の情報化や情報活用能力の育成がどのように位
置づけられてきたかを最後に見ていきたい。

中央教育審議会初等中等教育分科会教育課程部会の「次期学習指導要領等に
向けたこれまでの審議のまとめ」（2016年8月26日）[22]では，人工知能（AI）が飛
躍的に進化するなど，将来の予測が難しい社会のなかで自立的に生きるために
必要な「生きる力」の理念を具体化することが重要であるとし，そのための学
習指導要領等の改訂の方向性を示した。

そして，「生きる力」とは何かを以下の資質・能力の3つの柱に沿って具体
化することを提言した。

① 生きて働く「知識・技能」の習得

② 未知の状況にも対応できる「思考力・判断力・表現力等」の育成

③ 学びを人生や社会に生かそうとする「学びに向かう力・人間性」の涵養

この資質・能力の3つの柱は，1）各教科等において育む資質・能力や，
2）教科等を越えた全ての学習の基盤として育まれ活用される資質・能力，
3）現代的な諸課題に対応して求められる資質・能力の全てに共通する要素で
あるされた。そして，教科等と教育課程全体の関係や，教育課程に基づく教育
と資質・能力の育成の間をつなぎ，求められる資質・能力を確実に育むことが
目指された。目指す資質・能力は，この3つの柱で整理されるとともに，教科

等の目標や内容についても，この３つの柱に基づいて再整理が図られた。

　情報活用能力については，言語能力や問題発見・解決能力と同様に，教科等の枠を越えて，すべての「学習の基盤」として育まれ活用される資質・能力として位置付けられ，教育課程全体を通じ体系的に育んでいくことが重要であるとされた。

　「審議のまとめ」においては，情報活用能力は「世の中の様々な事象を情報とその結び付きとしてとらえて把握し，情報及び情報技術を適切かつ効果的に活用して，問題を発見・解決したり自分の考えを形成したりしていくために必要な資質・能力」であり，プログラミング的思考や情報モラル，情報セキュリティ，統計等に関する資質・能力も含むものとされた。これは，情報活用能力を教育課程の全体を通じて体系的に育んでいくため，これまでの３観点（「情報活用の実践力」「情報の科学的な理解」「情報社会に参画する態度」）ではなく，他教科同様に資質・能力の３つの柱に沿って再整理し，それに基づいて説明を行ったものである。

　しかしここで留意する必要があることは，情報活用能力そのものが，従来とは異なる資質・能力として整理されたというよりも，よりその意図することを教育課程上に実現していく上で有効と判断され，説明がなされたものであるという点である。

　確かに，そこでは，情報技術の基本的な操作について，小学校段階から，文字入力やデータ保存などに関する技能の着実な習得を図ること，また将来どのような職業に就くとしても，時代を超えて普遍的に求められる「プログラミング的思考」などを育むプログラミング教育を充実するよう，発達の段階に応じて位置付けていくこと，など新たな内容が提言されている。

　しかし，教育課程部会の下でより専門的な審議を行った「情報ワーキンググループにおける審議の取りまとめ[23)]」のなかでは，従前からの３観点について，「主として情報活用能力を育むための指導内容や学習活動を具体的にイメージしやすくし指導を充実させることに寄与してきた」と成果を評価している。その上で，今後３つの柱による資質・能力の視点をも踏まえることで，情報活用能力の育成は，「資質・能力とも関わらせながら具体的な指導内容や学習活動

が一層イメージしやすくなる」と述べられている。

　このような経過からするならば，30年以上前の臨時教育審議会の第二次答申において言われた「社会の情報化に備えた教育を本格的に展開すべきこと，情報及び情報手段を主体的に選択し活用していくための個人の基礎的な資質（情報活用能力）を読み・書き・算に並ぶ基礎・基本と位置づけ，学校教育において育成すべきこと」が，時を経て，これまでの取り組みの歩みを受けて，今期改訂の教育課程全体のなかに「学習の基盤として」「学習内容」「学習方法」として，より明確に位置付き，埋め込まれてきたと考えられる。

8　「情報化と教育」
——これを私たちはどのように考えて行ったらいいのか——

　これまでの日本の政策や取り組みの経過を見る中で，なぜ技術・家庭科でコンピュータを学ぶようになったのか，高等学校の普通教科でなぜ「情報科」を学んだのか，教室に大型テレビやプロジェクター，書画カメラなどが入ってきて使われるようになってきたのか，なぜタブレット PC などが授業で使われるようになってきたか，その背景が見えてきたと思われる。

　最初に述べたが，日常生活にさまざまな情報機器が入ってきているのは実感でき，それ無しには生活が難しくなっているのを感じていると思われる。

　しかし，学校では別に必要ないのではという気持ちは，やはりあるのではないだろうか？　児童生徒にとって，教員にとって，学校にとって，「情報化」は，どのような意味をもつのかをあらためて考え，本章を終わりにしたい。

　本章の最初に，教育の情報化を考える場合，そこには，教育情報をコンピュータ等で処理していく校務の情報化をいう場合と，教育方法としてコンピュータ等を活かしていこうとする場合，そして教育内容として「情報」をどのように児童生徒に培っていくかを考える場合があると述べた。

　校務での利用や授業で教員が情報機器を用いることをイメージした場合，それは学校や教員にとっての便利さであり，それがあることで効果や効率化が図られることを意味しているので，要は選択の問題と思われるかもしれない。し

182

かし教育内容として，求められる力として，「情報」が位置づけられてくる場合，話は変わってくる。それは学習をする児童生徒たちに影響してくるためである。子どもたちの学ぶ機会は，学校として教員としてやはり保証する必要がある。課題解決とかかわって，課題の内容や自分の認識や学習スタイルとかかわって，どのようなメディアを使うか選択でき，使える基礎力はやはり育てておく必要がある。情報活用能力調査の結果に見られるように，子どもは自分でほっておいても日常生活で情報機器を使っているので，学校で教えなくても大丈夫と思っていては，問題があることが明らかにされた。実際，情報機器を使っていても，使えていない，課題解決していく力につながっていかないことは明らかになったからである。また使えていない，それらとうまくつきあっていくことができないがために，被害を被ることもあることも課題として明らかになってきたからである。人ごとではなく，自分事として「情報化と教育」を考える時期にきている。これまでの日本や世界の取り組みを見て，あらためてこの点考えてほしい。

注

1）http://www.mext.go.jp/b_menu/hakusho/html/others/detail/1318326.htm

2）情報化社会に対応する初等中等教育の在り方に関する調査研究協力者会議．情報化社会に対応する初等中等教育の在り方に関する調査研究協力者会議第1次審議とりまとめ（情報化の進展と学校教育〈特集〉）（資料）．教育委員会月報47(3)，1995，p 121-139．

3）http://www.mext.go.jp/b_menu/shingi/chuuou/toushin/960701o.htm

4）http://www.mext.go.jp/b_menu/shingi/chousa/shotou/002/toushin/980801e.htm

5）http://www.mext.go.jp/a_menu/shotou/zyouhou/020706.htm

6）http://www.mext.go.jp/b_menu/shingi/chousa/shotou/021/toushin/020901.pdf

7）日本教育工学振興会．学校における IT 活用等の推進に係る調査研究報告書『IT を用いて指導できる』基準の作成のための調査研究．2003．

8）http://www.mext.go.jp/component/a_menu/education/detail/__icsFiles/afieldfile/2010/09/07/1296864_2.pdf（p. 3-4.）

9）http://www.mext.go.jp/a_menu/shotou/zyouhou/1296901.htm

10) http://www.mext.go.jp/a_menu/shotou/new-cs/news/20080117.pdf

11) http://www.mext.go.jp/a_menu/shotou/zyouhou/1259413.htm

12) http://www.mext.go.jp/a_menu/shotou/zyouhou/detail/1387269.htm

13) http://www.mext.go.jp/b_menu/shingi/chousa/shougai/030/toushin/1346504.htm

14) http://www.mext.go.jp/a_menu/keikaku/detail/1335039.htm

15) 小柳和喜雄「情報活用能力の評価」稲垣忠・中橋雄『情報教育・情報モラル教育』ミネルヴァ書房．2017．p. 91-108.

16) http://www.mext.go.jp/a_menu/shotou/zyouhou/1356188.htm

17) http://www.mext.go.jp/b_menu/shingi/chousa/shotou/095/index.htm

18) https://www.nier.go.jp/kaihatsu/pdf/Houkokusho-5.pdf

19) http://www.p21.org/our-work/p21-framework

20) P. グリフィン／B. マクゴー／E. ケア編集，三宅なほみ・益川弘如・望月俊男訳（2014）『21世紀型スキル：学びと評価の新たなかたち』北大路書房。

21) http://www.mext.go.jp/b_menu/shingi/chousa/shougai/032/shiryo/__icsFiles/afieldfile/2015/01/30/1354227_3.pdf

22) http://www.mext.go.jp/b_menu/shingi/chukyo/chukyo3/004/gaiyou/1377051.htm

23) http://www.mext.go.jp/b_menu/shingi/chukyo/chukyo3/059/sonota/__icsFiles/afieldfile/2016/09/12/1377017_1.pdf

（小柳和喜雄）

第10章

教育権に関する国際合意形成と教育実践

　国連機関等の教育権論議が，教育実践上の「目的・内容・方法・評価」等とどうかかわるかを学ぶことが本章の目的である。探求すべき課題の第一は，戦後世界の時代区分をふまえながら，教育権論議の意義を深めること，第二は，日本国憲法にある教育権規定や新旧の教育基本法にある「目的」規定（「人格の完成」）には1948年「世界人権宣言」の教育権規定などと同じ国際的背景があることをふまえ，教育実践における教育権規定の意味と，「教育目的」規定の大綱的な位置づけを理解すること，第三は，教育の内的条件（教育内容や方法）と外的条件（条件整備）の意味や両者の区別と連関をおさえながら，今日の新たな時代変化の条件下にある実質的保障の方途を探ること，第四は，第7章におけるILO/ユネスコ「教員の地位に関する勧告」の教師専門職性（専門性，自律性，責任）にかかわる教育権の意義を把握すること，等にある。

1　国際的な教育権規定の歴史的発展と時代区分

　国際機関における教育権論議はどのように推移してきたのか。そもそも教育権とは何かおよその意味を検討するために，ひとまず「どういう権利か」という人権のカタログ（自由権，選挙権，教育権，生存権その他の諸権利）のひとつであることを最初におさえておきたい。また，それらの個々の権利は「誰のものか」という担い手の属性（労働者，男女，障害者，子ども，青年，外国人その他の教育権か否か）も問題となる。この両者（カタログと担い手）の統一体としての「人権」に位置づく教育権が「なぜ，どのように」獲得され，あるいは侵害されてきたのか，などの歴史的経緯の検討は欠かせない。教育権もそこに位置づく在り様を把握することが課題となる。そこでまず，松井芳郎の枠組みも参考にし，国際的合意レベルの教育権規定に関する戦後における経緯と

諸段階を整理したい（松井，2001）[1]。

■世界人権宣言の教育権規定

　歴史上初めて教育権の国際的合意をはかった世界人権宣言（1948年）が重要である。同宣言第26条1項は教育権について「すべて人は，教育への権利（the right to education）を有する」と規定した。また，「教育は，少なくとも初等教育と基礎教育の段階では無償でなければならない」こと，「初等教育は，義務的でなければならない」ない等の基本原則が定められた。

　同宣言の「教育目的」規定にまず注目しておきたい。同26条2項では，「教育は，人格の全面発達（the full development of the human personality）並びに人権及び基本的自由の尊重の強化を目的としなければならない」と定めた。同宣言成立の背景には対ファシズムの未曾有の歴史的経験や戦争と平和に関する当時の第一義的な関心があった。当然ながらその意志は委員会の討議に反映し，未曾有の惨禍に対応すべき難題が共有されたのである。同時期に成立する日本の憲法・旧教育基本法の各条項が，再び戦争を起こさない決意をこめた事情と同じである。これも，戦前の軍国主義を支えた「教育勅語」体制の否定のうえに成立した。

　その後，世界人権宣言は後の国際人権関連の法規で必ず参照される位置を占め，今では慣習法的位置を獲得している。その意味で，「すべての加盟国に適用される共通の基準として国連憲章自体と並ぶ権威が認められて」おり，「未来を先取りするような規定も含んでいた」（松井芳郎）のである。

　世界人権宣言は自由権の色彩が濃厚であるが，権利論の構成からみれば，社会権を含むもので，後年に両者を分離した二つの国際人権規約（自由権規約と社会権規約）よりも積極面があると評価されることがある。同宣言の教育権条項は自由権と社会権の枠組みで構成されたが，それは「社会権規定をプログラム規定とみなすドイツ・ワイマール憲法の系譜に属する」（松井芳郎）という同宣言の性格に由来するものである。国際人権法体系の統一的なシステムが未だ途上にある今なお，この人権カタログの全体性を想起する意義は大きい。

第10章　教育権に関する国際合意形成と教育実践

■教育差別待遇反対条約と国際人権規約の教育権規定

　国際人権保障の第２段階は，自決権が台頭する時期である。1960年植民地独立付与宣言の国連採択は，大戦後に帝国による支配を脱し諸国が独立を達成するという世界史的転換を反映した。そこで，世界人権宣言の教育権条項を淵源とする新たな「条約」を国連専門機関のユネスコが採択している。その流れは1960年教育差別待遇反対条約や1966年国連総会採択による国際人権規約（社会権規約と自由権規約）等にも受け継がれ，教育における自由と基準性に関する新たな国際的合意の形成を豊かにした。

① 最初の教育権「条約」

　ユネスコ採択の上記1960年教育差別待遇反対条約（以下，「教育権条約」と略）は，教育権規定をもつ最初の「条約」である。日本は同「条約」を批准せず，同「条約」が人権規約に比しても注目されてこなかったことは否めない。

　しかし，これはユネスコ機関の運営を支える基本条約であるのみならず，他の国際的合意の全体像を考察する上でも欠かすことができない。成立経緯や名称（教育差別待遇反対）から，教育権条約は「差別」に抗するための単なる条約にすぎないのではとの見方もあるが，現実には教育上の無差別平等の民主的原則を拘束力のある教育権の条約規範（第１条）として初めて定めるエポックメーキングなものであった。

　同条約第５条(a)では「教育は，人格の全面発達並びに人権及び基本的自由」と規定するように，世界人権宣言の前文にある「共通の基準」や第26条第２項の「基本的自由」を継承する条約化である。つまり，同宣言と同じ教育目的としての「発達」と「自由（freedoms）」を教育権条約は定めた。

　さらに教育内容を選択する「自由」を組み込む編成原理も加えて，同項(b)では「権限のある当局（the competent authorities）が定め又は承認することのある最低限の教育水準に適合するものを子弟のために選択する自由（the liberty of parents ...... to choose for their children）」を定めた。こうして，「目的・内容・方法」など教育実践上の基準編成単位を含む編成手続きや当事者主体の在り方の審議をふまえた教育権保障の枠組みが提起されたのである。

187

教育上の「自由」は，一般に「好きな教育内容や学校を選ぶ自由」と観念されることが多い。確かに「選択の自由」は重要である。しかし，同「教育権条約」における「教育目的」としての「価値への自由」の扱いのなかで，教育実践上の内容「編成」を第一義的な課題とした。この教育目的としての「価値への自由」と教育を選択する「選択の自由」の緊密な関係が，「教育権条約」ではより自覚的にとらえられるようになった。

② 世界人権宣言の「条約」化（国際人権規約）

　国際人権規約は，世界人権宣言全体の条約化である。1948年宣言採択時から早くも起草作業が開始されたが，採択までには長い年月がかかった。60年代にかけての諸国の独立への機運を反映し，1966年の採択時には自決権が同規約（社会権規約と自由権規約とも）第１条に挿入された。同規約は，「法的拘束力を持つ多数国間条約」であり，「締約国にそこに規定された広範な人権を尊重・確保し促進する義務」（松井芳郎）を課すものである。同規約の発効は後年の1976年，日本の批准は1979年であった。また，社会権規約第13条（教育権条項）については，教育実践上の教育目的，外的事項の条件整備，教育機関設置の自由と基準化などを次のように定めた。

　教育目的は，第13条第１項で「この規約の締約国は，教育についてのすべての者の権利を認める。締約国は，教育が人格の全面発達及び人格の尊厳についての意識の十分な発達を指向し並びに人権及び基本的自由の尊重を強化すべきことに同意する」と定めた。条件整備事項のうち無償制については，同条２項で次のように規定している。「(a)初等教育は，義務的なものとし，すべての者に対して無償のものとすること。(b)種々の形態の中等教育（技術的及び職業的中等教育を含む。）は，すべての適当な方法により，特に，無償教育の漸進的な導入により，一般的に利用可能であり，かつ，すべての者に対して機会が与えられるものとすること。(c)高等教育は，すべての適当な方法により，特に，無償教育の漸進的な導入により，能力に応じ，すべての者に対して均等に機会が与えられるものとすること」。

　社会権規約の批准国には遵守の義務が生じるため，日本政府は，長年この社

会権規約第13条2項(b)(c)については留保をしてきた。しかし，無償化を求める運動の高まりもあって，2012年時点で日本政府はこの留保を撤回し，教育の無償化に舵を切り替えた。しかしなお改善は進んでいない。

同13条2項に関しては，1999年時点の社会権規約委員会が国連「教育権」担当特別報告者の原案をふまえ社会権規約第13条に関する公権解釈（一般的意見13号）を出している。「規制・財源・配慮」にかかわる権利保障の構造化をめざす次の「4A枠組み」も同意見にとり入れられた。

その「4A枠組み」とは，第1のA「利用可能性 availability」が，教育施設やプログラムが十分に利用できるものでなければならないこと等，第二のA「アクセス可能性 accessibility」は，差別が行われることなく，すべての者にアクセスが可能となること等，第3のA「受け入れ可能性 acceptability」は，学習過程や教育方法が子どもに受け入れ可能なものでなければならないこと等，第4のA「適用可能性 adaptability」は，地域や社会の変化に適合して子どものニーズに対応できるようにすること等である（UN, 1999）。

各領域への教育権規定の拡大

1966年社会権規約採択後から70年代にかけて，多くの途上国が国連に加盟するなど次第に国連の構成・性格に質的な変化がみられる。教育の規定を含む1967年女性差別撤廃宣言その他各種の権利宣言が採択され，1974年新国際経済秩序樹立宣言・行動計画の動向も新たなインパクトとなるなど，この新段階を松井は「社会権と新しい人権」の第3期と区分している。

これらの動きは，80年代以降も1986年の国連総会決議「発達の権利に関する決議」や1989年子どもの権利条約へと続き，国際教育権規定にインパクトを与えた90年代の転換につながる前史となった。「人権の第3世代」（カレル・ヴァサーク）としての「発達の権利」が主張され，「自由権と社会権の相互依存性」（1977年総会決議）の強調にも時代の特徴が示された。これらの動向が1985年ユネスコ国際成人教育会議採択の学習権宣言に反映したことも興味深い。

同宣言の注目すべき特徴の1つには，教育権にかかわる主体性の強調がある。つまり，学習権とは「読み書きの権利であり，問い続け，深く考える権利であ

り，想像し，創造する権利であり，自分自身の世界を読みとり，歴史をつづる権利であり，あらゆる教育の手だてを得る権利であり，個人的・集団的力量を発揮させる権利」だと説明している。

2つには，学習権宣言について民主主義と平和を志向する性格づけを行ったことが挙げられよう。つまり，学習権について，「もし，わたしたちが戦争を避けようとするなら，平和に生きることを学び，お互いに理解し合うことを学ばねばならない。"学習"こそはキーワードである」と述べ，「人類の一部のものに限定されてはならない。それは，男性や工業国や有産階級や学校教育を受けられる幸福な若者たちの排他的特権であってはならない」というものである。

2　新自由主義・構造改革と教育格差の拡大

これらの教育権論の進展にもかかわらず，現実には90年代以降，「市場経済化と民営化に伴う社会分野での政府支出の大幅な削減の結果，社会権自体の実現がますます困難」（松井芳郎）となった。劇的な構造変革が進行し始め，発達した義務性完全実施の国でさえ困難を顕在化させたが，日本も例外ではない。

■子どもの権利条約と「人権としての教育」

90年代以降の国際人権論には，新自由主義や構造改革のキーワードであらわされる時代の特徴がある。1989年子どもの権利条約の起草過程と採択は，（旧）ソ連や東欧諸国崩壊後の，松井がいう新段階の前触れとなった。旧ソ連や東欧諸国が崩壊し，国際社会の構成や活動に質的な転換がはかられた時期である。「子どもの権利条約」の主な教育関連条項は，第5条，第12条，第28条から第31条等であり，上記1960年教育差別待遇反対条約や1966年規約教育権の「経済的社会的文化的諸権利の国家への教育要求」や「教育を選択する自由」なども踏襲した。

子どもの権利条約第29条1項は，国際理解，平和，人権，環境など目的価値をやや多く定めており，同2項では「個人及び団体が教育機関を設置する自由」を妨げないで，「国によって定められる最低限度の基準に適合することを

条件」とするものであった。

　ところで，この第29条や第12条の意見表明権等を手がかりに教育実践上の指導方法を条約から直接に引き出そうとする議論が国内外で行われることがある。しかし，「条約」における内的事項の扱いに関しては次の梅田修による指摘が説得的なポイントをついている。

　ひとつは，「条約」第29条の目的（価値）規定があるものの，それは「教育実践の内容・方法を直接規定したものではない」のであり，教育実践で「媒介項（学校論・教師論）」が求められるということ，2つは，「条約」は「子ども・親・国家」の法的関係を定めるが，「教師」と「子ども・親・国家」の法的関係は規定しておらず，「教師（集団）の規定がないこと」は「方法論的な課題」となっている，等である。また，梅田はこれらの法的関係の枠組みを前提にすれば，「条約」から教師の指導論まで展開するのは「ないものねだり」とも述べたが，これらの観点はきわめて重要であろう（梅田，1993：239）。

90年代以降のグローバリゼーション

　90年代以降の教育権論の新たな展開と「危機への対応」，あるいは国連システムの改革が予定される構造変化の時代において，その展開を象徴したトピックが1993年の世界人権会議で採択されたウィーン宣言である。同宣言は，先の① 自決権や，② 人権の相互依存性や，③ 発展の権利，などを継承するものの，「発展の権利が個人の社会権の一種と見なされるように」なり，「市場経済化と民営化，それに伴う社会分野での政府支出の大幅な削減の結果，その社会権自体の実現がますます困難になった」（松井芳郎）状況が指摘される。

　「子どもの権利条約」や「規約教育権」の一般的意見も，この構造改革時代における市場原理・自由化のグローバリゼーションが展開され始めた段階で作成されたものである。そこで教育権規定を含む「人権としての教育」の再確認と実効性が新たな課題となったのであり，国連経済社会理事会にある人権委員会（2006年からは人権理事会に改組転換）は，1998年4月の「教育権にかんする決議」で特別報告者の設置と活動も開始させている。その後，活動報告は継続しているが，次のような論点も出された。

教育権は，人権中の人権とでもいえるコアの位置をしめており，雇用や安全と結びつく他の諸権利をも開く鍵である。公立初等レベルの授業料徴収事例は教育権の放棄の問題ではないか，教育権は人権アプローチなのか，単なるアクセス権なのか，等。また，教育とは，いったい商品（a commodity）なのか，それとも公共物（a public good）なのか。この対立物は国家と民間の役割を曖昧にしており，今日の初等義務教育における国家義務の放棄につながっているというものである。

　また，国際法学者のユネスコ専門職員がまとめた2008年段階のユネスコ冊子『教育権』では，こうした公共物としての「教育」概念を強調しつつ，「知識の市場化が貧困と不利な立場にいる者の排除する危険を生み出している」と述べて，同様の警告を発したのである（UNESCO，2008）。

■人的資本論と教育権侵害の新展開

　20世紀後半の社会構造転換に伴う教育投資論の変容は，新自由主義と成果主義に基づく評価国家の出現を促し，教育権保障の在り方に強いインパクトを与えた。2000年に始まる OECD/PISA の調査結果で名をはせたフィンランド国内の教育施策の方針転換にも教育投資論の痕跡はみられる。教育における人的資本アプローチの意味が重要な検討課題となったのである。

① 国連機関と OECD と日本

　50年代末から60年代に登場した「人的投資論」は，90年代以降，新たな装いで全面展開となり，格差貧困が世界に広がる要因となり始めた。国連開発計画（UNDP）の表現を借りれば，90年代以降のグローバル化の不平等は「グロテスクなまでに拡大」し，「教育や医療が圧迫され」「世界人権宣言でいう普遍性の道義は新たな検討」が必要だという（UNDP，1999）。

　人間の尊厳や福利にかかわる「発達」（development）や「ケイパビリティ」（capability）のキーワードを用いて UNDP に協力したアマルティア・セン（Sen, Amartya）のスタンスも，こうした状況においてであった。その後も1998年からは新たな教育権論議が国連人権委員会で始まる。また，人権理事会への

機構変革があった（2006年以降）。

　一方では，前世紀末頃から国連とは異なるOECD（国際経済協力機構）や各国内の新自由主義的な政策展開における市場万能主義が活発化し新たな攪乱要因になった。教育実践上の「目標―評価」のシステムが各国の教育権保障における「教育の自由と民主主義」を左右し始めたのである。日本では，2006年改正教育基本法第２条の復古的徳目主義の列挙による国家介入や条件整備に関する責任の後退が顕著になった。

　教育内容面では，日本の学習指導要領改訂がほぼ10年毎に行われる。そのため，今次2017年改訂の作業は2020年から先10年後の2030年頃までを展望するものとなっている。その期間は国連の2015年〜2030年までの「持続可能な発達目標（Sustainable Development Goals＝SDGs）」と重なっており，テロや難民などの国際状況が悪化するなか，2015年国連総会では「誰ひとり置き去りにしない（no one is left behind）」を掲げ，ポストMDGs（2000年から2015年までのミレニアム発達目標）としてのSDGsを全会一致採択した。全体目標17のうち，「貧困対策」「飢餓の撲滅」「健康と福利」に続く上位４番目に教育がある。無償初等義務教育の完全実施や中等後の改善（奨学金その他）を含む「質の高い教育 quality education」と「格差・貧困」の克服をめざすというものである。

　これらは政治・経済・社会の問題に根ざすものであり，そもそも「教育内容・方法」の工夫と責任だけで社会困難等のすべてが解決できるわけではない。ところが，2017年改訂では「21世紀型スキル」等の大きなグローバル課題が審議で繰り返し謳われ，あたかも多種多様な社会経済への挑戦であるかのような装いが凝らされた。教育課程改革にはOECDと安倍政権の協働によるコンピテンシー旧定義のバージョンアップ（再定義）もあった。

② 労働能力養成に対する資本の要求と PISA 調査

　教育とは人間的な「労働能力形成」と共同性を育む人格の成長・発達をめざす営みである。教育で「精神の自由」が本質的に重要となる根拠は，「人格」の尊厳性・主体性・関係性・人間的価値などにある。したがって，「人間・人格・人権・価値」の主体の全体性を教育権では重視するのである。それゆえ，

グローバル資本が求めるコンピテンス・アプローチにかかわって売買可能とする「労働力」の養成（本来の人間的労働能力の形成とは異なるもの）に応えるだけの教育「改革」で本当に良いのか，という問いに応答が求められる。「本来の労働主体」の養成であれば，人類の到達した「技術と生産」の共同の在り方こそ課題ではないのか，との本質的な問いは捨て去ることができない。

2014年人権理事会「教育権」報告（子どもの到達度評価と教育権の実施報告と勧告）でも，「改革」動向が学校現場に与える標準テスト体制の困難が指摘された。それは，2000年以来の PISA を支えるコンピテンシー概念とも重なり，教育「基準化」の攪乱要因となってきた。背景には，「教育への成果主義アプローチである職業教育訓練が教育改革に多大な影響を与えたのであり，コンピテンス・アプローチはその傾向の表現」だと分析する調査結果もある。その「新自由主義的改革」を支える世界動向には，「人的資本論」の国際展開がある。

国際的には，OECD/PISA 等による学力テスト（調査）の広がりが，この労働力養成に関する内容価値の国家統制と教育実践の相克を拡大させてきた。当事者が関与せず，大企業の民間業者や政治が介入する出来合いテスト問題の作成と実施は，国内外の教育権論議でもさし迫った課題となった。EU 圏でも PISA の「キイ・コンピテンシーが子どもの到達基準，教師基準，学校評価基準のすべてを規定する」という基準化圧力が大きい。

伝統の厚いフランスをはじめ欧州各国も市場主義的成果主義の影響を受け始めた。全国学テ結果公表に関する EU 圏の比較データ資料作成も行われ，いわゆる「キイ・コンピテンシー」を視野に入れた対応は活発化している。しかし他方で，「脱文脈化，数値通約化，政策志向の 3 点が PISA 成功の鍵」「数字による欧州の教育統治」「それはグローバルな麻薬である」など数多くの PISA 批判も出始めたのである（八木，2014：22-29）。

2014年 5 月 6 日付ガーディアン紙掲載の「PISA 担当シュライヒャー氏への公開書簡」はその典型事例である。同書簡による PISA 批判には次のような論点があった。

ひとつには，PISA テストが「その妥当性や信頼性に対する疑義にもかかわ

らず実施されてきた」ことである。ニューヨーク発の同書簡は，「致命的な欠陥があるにもかかわらず標準テストが過去数十年にわたり多くの国で蔓延し，PISA がそれに拍車をかけた。米国における近年の〈頂点への競争（Race to the Top）〉政策を正当化するもの」と国内事情とのかかわりを嘆く。PISA の結果「生徒や教師，学校管理職を順位づけ，レッテル貼り」などの事態まで広がったという。2 つには，PISA は 3 年毎に実施されるため，参加国が順位ばかり気にし始める。それゆえ教育の質にも否定的な影響を与えることになるが，教師の各国の役割や文化は多様であり，短期的な政策には問題がある。3 つには，PISA テストが狭い能力に関心を寄せており，「身体的，道徳的，市民的，芸術的な発達」などを計測できない問題である。それゆえ，「教育とは何でありどうあるべきかについての私たちの集団的想像力を危険なほどに狭める」という。4 つには，教育基準の作成を行う国際機関としての OECD の適格性が疑問視されること，等であった。[2]

　OECD は一部の国々が加盟する国際経済協力機構（先進国クラブに例えられたこともある）にすぎないが，統計技術の高さによるソフト・ガバナンスの影響が広がった。豊富な資金で開発され統計調査技術レベルが知られ，実際，利用価値は多々ある。しかし，教育に関してはその専門性と条理に慎重でなくてはならず，PISA については以上のような問題点が露わになっている。

3　目的規定の大綱性と教育内容編成

　日本の1947（昭和22）年旧教育基本法で「人格の完成」（目的規定）が第 1 条で制定された。興味深いことに当時の公定英訳は「世界人権宣言」に規定される the full development of personality（人格の全面発達）と同じ言葉であった。この「人格の完成」が英訳の「人格の全面的発達」とどれだけ整合するかは検討の余地もあるが，「発達」と同義にとらえたとすれば，それは世界の教育思想史に通じる理念であったといえる。後年の2006年改正教育基本法でも，この「人格の完成」規定は残され今に至る。この「全面発達」と共に規定される世界人権宣言第26条（教育権）の「自由」（freedom や liberty）は，後述する日本

国憲法における精神的自由と通底する教育実践上の意義もある。

■目的・目標の詳細な法規定は妥当か

　日本国憲法の解説本（芦部・高橋編）を借りれば，この精神的自由としての「表現の自由」を支える価値のひとつは「個人が言論活動を通じて自己の人格を発展させるという，個人的な価値（自己実現の価値）」であり，もうひとつは「個人が言論活動によって国民が政治的意思決定に関与するという，民主政に資する社会的な価値（自己統治の価値）」だという。また，その「表現の自由は個人の人格形成にとっても重要な権利であるが，とりわけ，国民が自ら政治に参加するために不可欠の前提をなす権利である」とある（芦部・高橋，2015：175-176）。「知る権利」も単なる憲法規範としてだけでなく教育論にとって重要である。

　これらの人格形成における「全面発達」や「自由」という教育目的は，「不当な支配」の道具としてではなく，当事者による自律的な作成のための大綱的な手がかりとしてのみ現実的な意義をもちうる。世界人権宣言第26条の教育目的についてピアジェが述べた，「人格の開花と他人の人格の尊重とをむすびつける必然的な連帯性を指示している」との解説も国家統制の道具としてではなかった（ワロン／ピアジェ，1968：150-151）。

　しかし，教育目的の法的扱いによっては，①「人格主義」的な価値や徳目による法規制によって「内心の自由」の侵害が危惧される，②国家による教育行政上の「不当な支配」等，「教育の自由」に抵触する教育権侵害に陥りかねない。その意味で，世界人権宣言や教育基本法の目的・目標は詳細で具体的なものであってはならず，最小限の抽象的かつ大綱的な性格をもつものである。

　法規上の「人格の発達」規定がたとえ抽象的とはいえ，国家統制と対極にあるべき教育権規定の目的・目標は，自律的反省を当事者が絶えず積み重ねる自己対話・相互対話が確保されるものでなければならない。法規上の目的・目標や教育内容の価値規定は，その大綱的性格によってこそ当事者主体（間）の重層的で民主的な「対話・調整・決定」による目的・目標や教育内容の現場における編成が可能になるのである。

教育内容・方法は誰がどう編成するのか

社会権規約第13条や子どもの権利条約第29条には，国家による「権限のある機関（competent authorities）」の役割が定められている。この規定を根拠に教育基準作成における「国家の関与義務」を主張する行政解釈がなされる場合がある。しかし，そこで教育の外的事項と内的事項の両者を同列には扱えない。

同じ「権限のある機関」を定めた1960年「教育権条約」では，教育内容編成は当事者間の合意形成による旨の論議を重ねた事実も想起したい。国の教育への関与の仕組みは，学校制度的基準のような法的決定に委ねる段階，教育内容レベルに関する参考基準や非権力的指導助言制度，教師の実践内容に関する自治的決定というように，事項によって「段階的な差異」がある（佐貫，2014：139-140）。これらの「対話・調整・決定」の様相は各レベルで異なるのである。

したがって，1966年規約教育権（第13条）の「国が定める最低限度の教育上の基準」に関する解釈は，「国」の関与に関する多義性に留意すべきである。字義どおり教育内容は「国」が「内容・方法」の基準を定めるとみれば国家統制と解されかねない。一方で「教育の自由」規定が重要となる。そこで，民主的公共性にかかわる内容の文化性・科学性が如何なる基準化によって担保されるかが課題となろう。

1999年「教育権に関する一般的意見13号」では，「学問の自由」や「教育の自由」の規定解釈をふまえ，カリキュラムなどの基準化といった内容事項の独自課題を「自由」の視点でとらえ直した。その意味で，社会権規約第13条の「国」による基準化規定は国家による教育内容への直接的な介入をただちに意図するものとはいえない。

日本では，大戦直後の国会で否定されたはずの教育勅語まで評価しかねない議員グループの動きもある。「豊かな情操と道徳心を培う，伝統と文化を尊重」等の多くの徳目を教育目標にした改正教育基本法第2条が2006年に成立した。そのため，PDCAサイクルによる管理統制システムの教育課程行政下で，さらに大綱的規定とは対極にあるこの改正教育基本法の詳しい教育目標の記述が加わり，学校現場に対する「不当な支配」（旧教基法第10条，改正教基法第16条）の広がりが懸念される状況である。

4 教師専門職性の国際動向と教育権

　国際的な教育権保障の課題は，第8章にある1966年「ILO・ユネスコの教員の地位に関する勧告」（以下，「地位勧告」）の専門職規定との密接な関連がある。課題のひとつは，子どもの権利との関係における教職の役割変化として深め，関連づけること，2つには，「労働基本権と市民的自由」「内心の自由・結社の自由・研修の自由」「教育の自由」など地域・父母との関係における専門職性の公証システム確立と「教育の自律性」原則を深め関連づけることである。3つには，民営化・市場万能主義・成果主義の下で，あるべき教職の公共性を模索し，「教師の人権と教育権限」「開かれた学校づくり」などのあり方を深めること，などである。

■1966年 ILO/ユネスコ「地位勧告」

　法的拘束力の弱さというだけで，この「地位勧告」の意義を疑問視する向きがある。しかし，1966年時点の日本政府が，自ら賛同して特別政府間会議で採択した事実は強調されるべきである。それは条約に準じ，「元の文書（勧告）が拘束的ではないのに報告義務は拘束的という変則的」でユニークな性格をも有する。ILO・ユネスコ両機関の憲章規定が，その適用状況に関する定期報告義務を加盟諸国に課したことにもその義務的性格が示されている。子どもの教育権保障や保護者の諸権利を，教師専門職性と相互に矛盾させない教育人権の総合的保障の方向を同勧告から読み取ることができよう。

　「地位勧告」とセアート（後述）の到達点を含め，教師自身の人権と健康の保全は最重要の課題であるが，それは教師個人のためだけでなく，子どもの成長と全体的発達にかかわる権利，教師の人権と教育権限，親の権利，市民の権利などのそれぞれの諸関係の本質的な相互の対立としてでない，連帯しうる関係構造に位置づく。専門職性や教育内容・方法の編成・開発に関与する教師の権限を定めている6項，61項，62項等を次に挙げておきたい。

　　6項　教員の仕事は専門職とみなされるべきである。この職業は厳しい，

継続的な研究を経て獲得され，維持される専門的知識および特別な技術を教員に要求する公共的業務の一種である。また，責任をもたされた生徒の教育および福祉に対して，個人的および共同の責任感を要求するものである。

61項　教員は，職責の遂行にあたって学問の自由を享受するものとする。教員は，生徒に最も適した教具及び教授法を判断する資格を特に有しているので，教材の選択及び使用，教科書の選択並びに教育方法の適用にあたって，承認された計画のわく内で，かつ，教育当局の援助を得て，主要な役割が与えられるものとする。

62項　教員及び教員団体は，新しい課程，新しい教科書，新しい教具の開発に参加するものとする。

　これらの規定をふまえるなら，教育課程作成や教科書選択など教育内容・方法の編成・開発に関与すべき教師「権限」の排除は考えられない。また，その権限に関しては，教師側の恣意や独断も回避すべく大学・学会まで含む関係当事者による協働の教育内容編成に関する本来のあり方を探求すべきであろう。

■教職の過（加）重労働への対応

　「地位勧告」成立後の経過では，専門職性規定に相応する改善課題（とくに教職の権限にかかわる条件整備）が深められない中，教職の過（加）重労働に起因する教師ストレス問題にも注意が向けられた。背景には，① 人間相手の教育実践の範囲が限定されにくい傾向，② 教育実践の在り方が教師側の内面に自責性・無力感までひきおこしかねない事実，③ 教育実践の不確実性にもかかわらず固有の責任のあり方を論じるべき重要性，など「人間相手の専門職」の特質にかかわる困難がある。この課題に関する文書が1981年 ILO「教員の労働条件共同会議報告」である。古い資料だが，ストレス性困難を ILO が重視し始める契機となり国際的に影響力を強めた。若干の論点を挙げておこう（ILO，1981）。

　第一は，「障がいのある児童，移民児童，マイノリティの児童を通常のクラスに抱える場合は，心理的にも肉体的にも，専門的力量を発揮するうえでも，

明らかに教員の負担は大きくならざるを得ない」という教室空間の変貌のなかで，結局は「子ども達のため」にこそ教師の「重荷」への対応が必要で，かつ緊急性もあるという国際社会の変化に伴う提起である。

第二は，「科目数・持ち時間・分掌の仕事・教科外活動や超勤」など，「良質の教育」を確保できるレベルにまで教師の労働時間を削減すべきであり，そうでなければ，結局は「子どもの教育に否定的な影響をあたえることになる」という提起である。

第三は，ストレスが教師の内面まで傷つける健康問題となる事実であった。このストレス問題が「教育の質」にも重大な影響を与え，「教室での教師の孤立感や無力感；特に若い教員における病欠や仕事拒否の増加；退職につながるような教育活動への不満足の増大」などをもたすのである。

第四は，教育実践の困難を克服するための処方箋として，「方針決定への教員の参加と，教師・学校当局・児童・親の，相互の絆を強化させる措置に基づく健全な教育環境の確立が最重点課題として求められる」等の方向性であった。

いずれも今の日本の状況に照らしてもあてはまる論点だといえる。子どもたちのためにこそ教師は教育実践のために授業準備の十分な時間確保が必須であり，自身の健康問題への対処も重大である。クラスのさまざまな「困っている」子どもたちへの条件整備も必要であること，教師の孤立感や無力感を引き起こす困難への援助の問題等々，構造改革時代の社会変化による教師の役割変化への対応が国際的な課題となった。

■ILO/ユネスコ共同専門家委員会（セアート CEART）の活動

「地位勧告」遵守のための共同専門家委員会セアートは，長年にわたり教職の労働過（加）重，教育諸条件の改善などの取り組みを続けており，教師の健康問題やストレス・バーンアウト問題を含む教育困難に対峙すべき重要な役割を担ってきた。

「地位勧告」には，「教員評価や人事考課」に関する規定もある。90年代以降の教員をめぐる情勢の激変，教育全般の商品化・選択サービス化が進行し，グローバルな評価国家施策の展開のなかで，勤務評定やパフォーマンス評価のあ

第10章　教育権に関する国際合意形成と教育実践

り方などが論議され始めた。

「地位勧告」が，給与連動の勤務評定自体を禁止しない問題もある。かねてより関心が寄せられてきた恣意的な教員評価基準は，1966年「地位勧告」の歴史的制約もあって，セアートによる現実的なフォローアップがなされてきた。

実態調査に基づく2008年セアート報告/勧告は，「主観的評価」による給与決定の深刻な問題（恣意的な「実践的指導力」評定など）を，新自由主義・成果主義的管理下で派生させた日本の事例を指弾し，情意領域まで勤務評定に入れた教員評価について「地位勧告」（124項：勤務評定）の規定に照らし，政府側の対応を批判している。内的事項に関する教育権保障からも，教師への支援の在り方を新たな課題としたのである。

教員評価の実相については，それがどの合意形成レベル（それも協議なのか交渉なのか）か，地域・学校・学年や教室の実践レベルか，あるいは父母との話し合いか等，社会関係性のレベルの違いで価値合意性の質的内容と水準は異なるのであり，動的な評価システムのあり方および教職基準の運用実態とかかわる区別と連関（「主観の客観化」や「対話の重層性」のプロセス）を整理し明らかにしなくてはならない。ひいては，学校・教室レベルの実践や教職の現実をふまえながら，制度・政策レベルとの区別や連関を問い直し，多様な圏域における教員評価の公証システムのあり方，あるいは教育の公共性を担保しうる個人や集団の責任の在り方が明らかになるであろう。

5　今後の展望

教職はモノ作りと同じように，「思いどおり」に対象（子ども）を作りあげることはできない。実践の成果は，医師や弁護士による実践の確実性と比べても大きく異なる。その意味で専門職基準に基づいた公共性を担保しうる教師専門家協会の社会的公証は難しさをかかえてきた。しかし，教育実践は本質的に「迷宮の世界」というわけではない。教育実践を不可知論に陥らせないためにも，実践の「誤り」を「良き誤り」に変え職能成長に生かす努力が求められる。とくに目標レベルの指導内容・方法を十分に再検討できる時間的余裕，実践や

201

評価の局面にかかわる自律的な反省や共同の研究活動など，専門性向上をめざす合理的なシステムの在り方を模索していかねばならない。教師専門職の公証システムが日本社会で未だに確立した状況とは言えないことからみても，なお死文書でない「地位勧告」をめぐる専門職規定を検討すべき必要性も明らかであろう。

　結局，狭義の教育実践は，学級における「教師－子ども関係」に依拠するものの，そのプロセス全体は教師と子どもの関係のみで完結するものでは決してない。人間形成は政治・経済・社会・歴史等の諸条件全体に制約されるものである。同様の観点から，① 教師の権限の展開，② 子どもの学習権，③ 親と市民一般の権利といった主体別・主体間の交差する関係性における教育権保障の在り方が具体的な歴史的社会的な連関の下で私たちの課題となるのである。それは，外的事項の条件整備と共に，教育内容・方法づくりなどの内的事項の編成についても地域の学校を基礎とする公共的なあり方の模索でもあろう。

注
1) 大戦後の人権に関する国際的合意形成について松井芳郎による時期区分を各所で参照した。該当頁の明示は省略（松井，2001）。
2) ガーディアン紙掲載の「PISA 担当シュライヒャー氏への公開書簡」の日本語訳を参照（民主教育研究所（2014）『人間と教育』No. 83）。

参考文献
芦部信喜・高橋和之（2015）『憲法』第六版，岩波書店。
梅田修（1993）「子どもの人権と教育実践」天野正輝・橋本伸也・窪島務編『現代学校論──いま学校に問われているもの』晃洋書房。
佐貫浩（2014）「国民の教育論を継承する」教育科学研究会『戦後日本の教育と教育学：別巻』かもがわ出版。
松井芳郎（2001）『国際法から世界を見る』東信堂。
八木英二（2017）『教育権をめぐる第2次大戦後の国際的合意』三学出版。
八木英二（2014）「PISA と全国学力テスト」『人間と教育』民主教育研究所，No. 84：22-29。
ワロン／ピアジェ，竹内良和訳（1968）『ワロン・ピアジェ教育論』明治図書出版。

ILO Doc（1981），"Report of the teachers, Joint Meeting on Conditions of Works of Teachers," ILO.

UN Doc.（1999），E/CN.12/1999/10. UN.

UNDP（1999），*Human Development Report*, UN.

Unesco（2008），The Right to Primary Education Free of Charge For All : ensuring compliance with international obligation, UNESCO.

（八木英二）

資 料 編

▶**教育資料**

諸外国の学校系統図

学事奨励ニ関スル被仰出書

教育ニ関スル勅語

学習指導要領一般編（試案）（抄）

教育基本法（旧）

ILO・ユネスコ教員の地位に関する勧告（抄）

▶**教育関係法令**

日本国憲法（抄）

教育基本法

学校教育法（抄）

学校教育法施行令（抄）

学校教育法施行規則（抄）

地方教育行政の組織及び運営に関する法律（抄）

市町村立学校職員給与負担法（抄）

義務教育費国庫負担法（抄）

教育公務員特例法（抄）

地方公務員法（抄）

教育職員免許法（抄）

学校保健安全法（抄）

社会教育法（抄）

児童福祉法（抄）

子ども・若者育成支援推進法

子どもの貧困対策の推進に関する法律

いじめ防止対策推進法

児童の権利に関する条約（抄）

▶教育資料

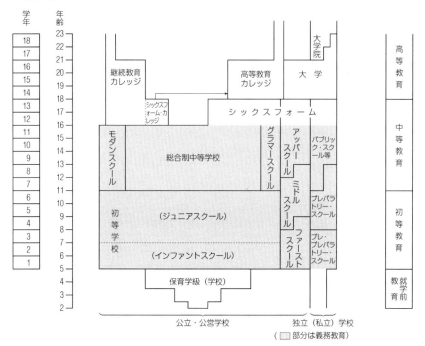

イギリスの学校系統図

(出所) 文部科学省「教育指標の国際比較」。

資　料　編

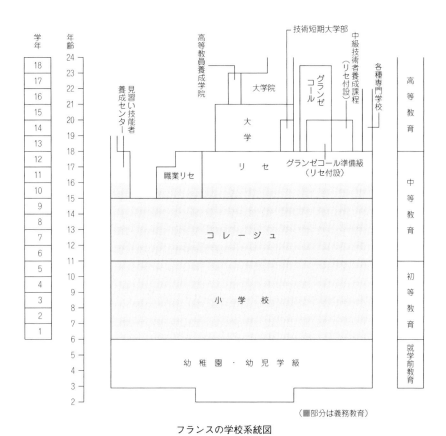

フランスの学校系統図

（出所）　文部科学省「教育指標の国際比較」。

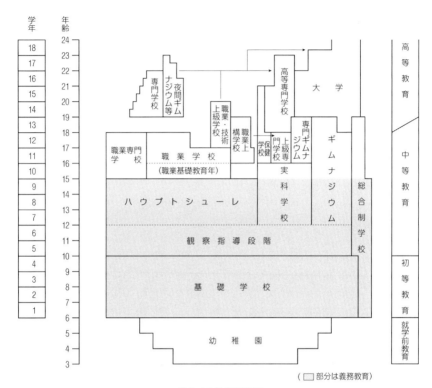

ドイツの学校系統図

(出所) 文部科学省「教育指標の国際比較」。

資　料　編

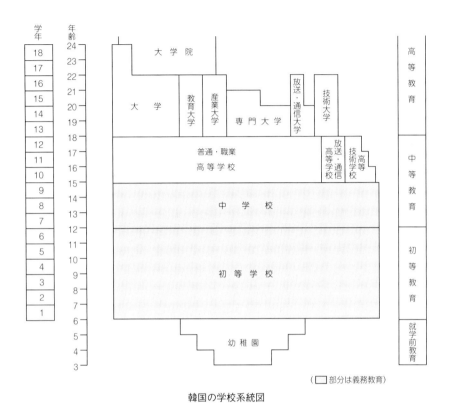

韓国の学校系統図

(出所)　文部科学省「教育指標の国際比較」。

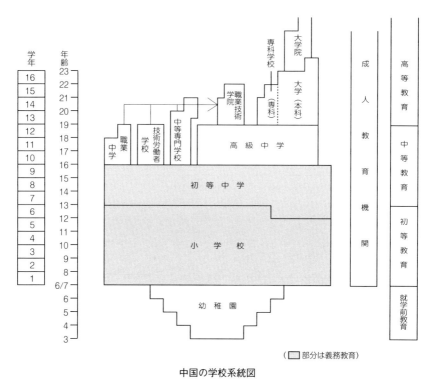

中国の学校系統図

(出所) 文部科学省「教育指標の国際比較」。

学事奨励ニ関スル被仰出書
（明治5年8月2日太政官布告第214号）

人々自ら其身を立て其産を治め其業を昌にして以て其生を遂るゆゑんのものは他なし身を修め智を開き才芸を長ずるによるなり　而て其身を修め智を開き才芸を長ずるは学にあらざれば能わず　是れ学校の設あるゆゑんにして日用常行言語書算を初め士官農商百工技芸及び法律政治天文医療等に至る迄凡人の営むところの事学あらざるはなし人能く其才のある所に応じ勉励して之に従事ししかして後初て生を治め産を興し業を昌にするを得べし　されば学問は身を立るの財本ともいうべきものにして人たるもの誰か学ばずして可ならんや夫の道路に迷ひ飢餓に陥り家を破り身を喪の徒の如きは畢竟不学よりしてかかる過ちを生ずるなり従来学校の設ありてより年を歴ること久しといえども或は其道を得ざるよりして人其方向を誤り学問は士人以上の事とし農工商及婦女子に至っては之を度外におき学問の何物たるを弁ぜず又士人以上の稀に学ぶ者も動もすれば国家の為にすと唱え身を立るの基たるを知らずして或は詞章記誦の末に趨り空理虚談の途に陥り其論高尚に似たりといえども之を身に行い事に施すこと能わざるもの少からず　是すなわち沿襲の習弊にして文明普ねからず才芸の長ぜずして貧乏破産喪家の徒多きゆえんなり　是故に人たるものは学ばずんばあるべからず　之を学ぶには宜しく其旨を誤るべからず之に依て今般文部省に於て学制を定め追々教則をも改正し布告に及ぶべきにつき自今以後一般の人民華士族農工商及婦女子必ず邑に不学の戸なく家に不学の人なからしめん事を期す　人の父兄たるもの宜しく此意を体認し其愛育の情を厚くし其子弟をして必ず学に従事せしめざるべからざるものなり　高上の学に至ては其人の材能に任かすといえども幼童の子弟は男女の別なく小学に従事せしめざるものは其父兄の越度たるべき事

　但従来沿襲の弊学問は士人以上の事とし国家の為にすと唱うるを以て学費及其衣食の用に至る迄多く官に依頼し之を給するに非ざれば学ばざる事と思ひ一生を自棄するもの少からず　是皆惑えるの甚しきもの也自今以後此等の弊を改め一般の人民他事を抛ち自ら奮て必ず学に従事せしむべき様心得べき事

右之通被　仰出候条地方官に於て辺隅小民に至る迄不洩様便宜解釈を加え精細申諭文部省規則に随い学問普及致候様方法を設可施行事

　　　明治5年壬申7月　　　　　　　太政官

教育ニ関スル勅語（明治23〔1890〕年10月30日発布）

朕惟フニ我カ皇祖皇宗國ヲ肇ムルコト宏遠ニ德ヲ樹ツルコト深厚ナリ我カ臣民克ク忠ニ克ク孝ニ億兆心ヲ一ニシテ世々厥ノ美ヲ済セルハ此レ我カ國體ノ精華ニシテ教育ノ淵源亦實ニ此ニ存ス爾臣民父母ニ孝ニ兄弟ニ友ニ夫婦相和シ朋友相信シ恭儉己レヲ持シ博愛衆ニ及ホシ学ヲ修メ業ヲ習ヒ以テ智能ヲ啓發シ德器ヲ成就シ進テ公益ヲ廣メ世務ヲ開キ常ニ國憲ヲ重シ國法ニ遵ヒ一旦緩急アレハ義勇公ニ奉シ以テ天壌無窮ノ皇運ヲ扶翼スヘシ是ノ如キハ獨リ朕カ忠良ノ臣民タルノミナラス又以テ爾祖先ノ遺風ヲ顯彰スルニ足ラン
斯ノ道ハ實ニ我カ皇祖皇宗ノ遺訓ニシテ子孫臣民ノ倶ニ遵守スヘキ所之ヲ古今ニ通シテ謬ラス之ヲ中外ニ施シテ悖ラス朕爾臣民ト倶ニ拳々服膺シテ咸其德ヲ一ニセンコトヲ庶幾フ
　　　明治23年10月30日
　　　御名　御璽

学習指導要領一般編（試案）（抄）
（昭和22〔1947〕年3月20日文部省）

序　論

一　なぜこの書はつくられたか

　いまわが国の教育はこれまでとちがった方向にむかって進んでいる。この方向がどんな方向をとり，どんなふうのあらわれを見せているかということは，もはやだれの胸にもそれと感ぜられていることと思う。このようなあらわれのうちでいちばんたいせつだと思われることは，これまでとかく上の方からきめて与えられたことを，どこまでもそのとおりに実行するといった画一的な傾きのあったのが，こんどはむしろ下の方からみんなの力で，いろいろと，作りあげて行くようになって来たということである。

　これまでの教育では，その内容を中央できめると，それをどんなところでも，どんな児童にも一様にあてはめて行こうとした。だからどうしてもいわゆる画一的になって，教育の実際の場での創意や工夫がなされる余地がなかった。このようなことは，教育の実際にいろいろな不合理をもたらし，教育の生気をそぐようなことになった。たとえば，四月のはじめには，どこでも桜の花のことをおしえるようにきめられたために，あるところでは花はとっくに散ってしまったのに，それをおしえなくてはならないし，あるところではまだつぼみのかたい桜の木をながめながら花のことをお

しえなくてはならない，といったようなことさえ
あった。また都会の児童も，山の中の児童も，そ
のまわりの状態のちがいなどにおかまいなく同じ
ことを教えられるといった不合理なこともあった。
しかもそのようなやり方は，教育の現場で指導に
あたる教師の立場を，機械的なものにしてしまっ
て，自分の創意や工夫の力を失わせ，ために教育
に生き生きした動きを少なくするようなことにな
り，時には教師の考えを，あてがわれたことを型
どおりにおしえておけばよい，といった気持にお
としいれ，ほんとうに生きた指導をしようとする
心持を失わせるようなこともあったのである。
　もちろん教育に一定の目標があることは事実で
ある。また一つの骨組みに従って行くことを要求
されていることも事実である。しかしそういう目
標に達するためには，その骨組みに従いながらも，
その地域の社会の特性や，学校の施設の実情やさ
らに児童の特性に応じて，それぞれの現場でそれ
らの事情にぴったりした内容を考え，その方法を
工夫してこそよく行くのであって，ただあてがわ
れた型のとおりにやるのでは，かえって目的を達
するに遠くなるのである。またそういう工夫が
あってこそ，生きた教師の働きが求められるので
あって，型のとおりにやるのなら教師は機械にす
ぎない。そのために熱意が失われがちになるのは
当然といわなければならない。これからの教育が，
ほんとうに民主的な国民を育てあげて行こうとす
るならば，まずこのような点から改められなくて
はなるまい。このために，直接に児童に接してそ
の育成の任に当たる教師は，よくそれぞれの地域
の社会の特性を見てとり，児童を知って，たえず
教育の内容についても，方法についても工夫をこ
らして，これを適切なものにして，教育の目的を
達するように努めなくてはなるまい。いまこの祖
国の新しい出発に際して教育の負っている責任の
重大であることは，いやしくも，教育者たるもの
の，だれもが痛感しているところである。われわ
れは児童を愛し，社会を愛し，国を愛し，そして
りっぱな国民をそだてあげて，世界の文化の発展
につくそうとする望みを胸において，あらんかぎ
りの努力をささげなくてはならない。そのために
まずわれわれの教壇生活をこのようにして充実し，
われわれの力で日本の教育をりっぱなものにして
行くことがなによりたいせつなのではないだろう
か。
　この書は，学習の指導について述べるのが目的
であるが，これまでの教師用書のように，一つの
動かすことのできない道をきめて，それを示そう

とするような目的でつくられたものではない。新
しく児童の要求と社会の要求とに応じて生まれた
教科課程をどんなふうにして生かして行くかを教
師自身が自分で研究して行く手びきとして書かれ
たものである。しかし，新しい学年のために短い
時間で編集を進めなければならなかったため，す
べてについて十分意を尽くすことができなかった
し，教師各位の意見をまとめることもできなかっ
た。ただこの編集のために作られた委員会の意見
と，一部分の実際家の意見によって，とりいそぎ
まとめたものである。この書を読まれる人々は，
これが全くの試みとして作られたことを念頭にお
かれ，今後完全なものをつくるために，続々と意
見を寄せられて，その完成に協力されることを切
に望むものである。
二　〔以下略〕

教育基本法
（昭和22〔1947〕年3月31日法律第25号）
（平成18年12月22日廃止）

　われらは，さきに，日本国憲法を確定し，民主
的で文化的な国家を建設して，世界の平和と人類
の福祉に貢献しようとする決意を示した。この理
想の実現は，根本において教育の力にまつべきも
のである。
　われらは，個人の尊厳を重んじ，真理と平和を
希求する人間の育成を期するとともに，普遍的に
してしかも個性ゆたかな文化の創造をめざす教育
を普及徹底しなければならない。
　ここに，日本国憲法の精神に則り，教育の目的
を明示して，新しい日本の教育の基本を確立する
ため，この法律を制定する。
第1条（教育の目的）　教育は，人格の完成をめ
ざし，平和的な国家及び社会の形成者として，真
理と正義を愛し，個人の価値をたつとび，勤労と
責任を重んじ，自主的精神に充ちた心身ともに健
康な国民の育成を期して行われなければならない。
第2条（教育の方針）　教育の目的は，あらゆる
機会に，あらゆる場所において実現されなければ
ならない。この目的を達成するためには，学問の
自由を尊重し，実際生活に即し，自発的精神を養
い，自他の敬愛と協力によつて，文化の創造と発
展に貢献するように努めなければならない。
第3条（教育の機会均等）　すべて国民は，ひと
しく，その能力に応ずる教育を受ける機会を与え
られなければならないものであつて，人種，信条，
性別，社会的身分，経済的地位又は門地によつて，
教育上差別されない。

資　料　編

②　国及び地方公共団体は，能力があるにもかか
わらず，経済的理由によつて修学困難な者に対し
て，奨学の方法を講じなければならない。

第4条（義務教育）　国民は，その保護する子女
に，9年の普通教育を受けさせる義務を負う。

②　国又は地方公共団体の設置する学校における
義務教育については，授業料は，これを徴収しな
い。

第5条（男女共学）　男女は，互に敬重し，協力
し合わなければならないものであつて，教育上男
女の共学は，認められなければならない。

第6条（学校教育）　法律に定める学校は，公の
性質をもつものであつて，国又は地方公共団体の
外，法律に定める法人のみが，これを設置するこ
とができる。

②　法律に定める学校の教員は，全体の奉仕者で
あつて，自己の使命を自覚し，その職責の遂行に
努めなければならない。このためには，教員の身
分は，尊重され，その待遇の適正が，期せられな
ければならない。

第7条（社会教育）　家庭教育及び勤労の場所そ
の他社会において行われる教育は，国及び地方公
共団体によつて奨励されなければならない。

②　国及び地方公共団体は，図書館，博物館，公
民館等の施設の設置，学校の施設の利用その他適
当な方法によつて教育の目的の実現に努めなけれ
ばならない。

第8条（政治教育）　良識ある公民たるに必要な
政治的教養は，教育上これを尊重しなければなら
ない。

②　法律に定める学校は，特定の政党を支持し，
又はこれに反対するための政治教育その他政治的
活動をしてはならない。

第9条（宗教教育）　宗教に関する寛容の態度及
び宗教の社会生活における地位は，教育上これを
尊重しなければならない。

②　国及び地方公共団体が設置する学校は，特定
の宗教のための宗教教育その他宗教的活動をして
はならない。

第10条（教育行政）　教育は，不当な支配に服す
ることなく，国民全体に対し直接に責任を負つて
行われるべきものである。

②　教育行政は，この自覚のもとに，教育の目的
を遂行するに必要な諸条件の整備確立を目標とし
て行われなければならない。

第11条（補則）　この法律に掲げる諸条項を実施
するために必要がある場合には，適当な法令が制
定されなければならない。

┃ILO・ユネスコ教員の地位に関する勧告（抄）
（1966年9月21日～10月5日ユネスコにおける
特別政府間会議）

前　文

　教員の地位に関する特別政府間会議は，

　教育をうける権利が基本的人権の一つであるこ
とを想起し，

　世界人権宣言の第26条，児童の権利宣言の第5
原則，第7原則および第10原則および諸国民間の
平和，相互の尊重と理解の精神を青少年の間に普
及することに関する国連宣言を達成するうえで，
すべての者に適正な教育を与えることが国家の責
任であることを自覚し，

　不断の道徳的・文化的進歩および経済的社会的
発展に本質的な寄与をなすものとして，役立てう
るすべての能力と知性を十分に活用するために，
普通教育，技術教育および職業教育をより広範に
普及させる必要を認め，

　教育の進歩における教員の不可欠な役割，なら
びに人間の開発および現代社会の発展への彼らの
貢献の重要性を認識し，

　教員がこの役割にふさわしい地位を享受するこ
とを保障することに関心を持ち，

　異なった国々における教育のパターンおよび編
成を決定する法令および慣習が非常に多岐にわ
たっている事を考慮し，

　かつ，それぞれの国で教育職員に適用される措
置が，とくに公務に関する規制が教員にも適用さ
れるかどうかによって，非常に異なった種類のも
のが多く存在することを考慮に入れ，

　これらの相違にも関わらず教員の地位に関して
すべての国々で同じような問題が起こっており，
かつ，これらの問題が，今回の勧告の作成の目的
であるところの，一連の共通基準および措置の適
用を必要としていることを確信し，

　教員に適用される現行国際諸条約，とくに
ILO総会で採択された結社の自由及び団結権保
護条約（1948年），団結権及び団体交渉権条約
（1949年），同一報酬条約（1951年），差別待遇
（雇用及び職業）条約（1958年），および，ユネ
スコ総会で採択された教育における差別待遇防止条
約（1960年）等の基本的人権に関する諸条項に注
目し，

　また，ユネスコおよび国際教育局が合同で召集
した国際公教育会議で採択された初中等学校教員
の養成と地位の諸側面に関する諸勧告，およびユ
ネスコ総会で，1962年に採択された技術・職業教

213

育に関する勧告にも注目し，
　教員にとくに関連する諸問題に関した諸規定によって現行諸基準を補足し，また，教員不足の問題を解決したいとねがい，以下の勧告を採択した。

1　定　義

1　本勧告の適用上，
　(a)　「教員」（teacher）という語は，学校において生徒の教育に責任を持つすべての人びとをいう。
　(b)　教員に関して用いられる「地位」（status）という表現は教員の職務の重要性およびその職務遂行能力の評価の程度によって示される社会的地位または尊敬，ならびに他の職業集団と比較して教員に与えられる労働条件，報酬その他の物質的給付等の双方を意味する。

2　範　囲

2　本勧告は，公立・私立ともに中等教育終了段階までの学校，すなわち，技術教育，職業教育および芸術教育を行なうものを含めて，保育園・幼稚園・初等および中間または中等学校のすべての教員に適用される。

3　指導的諸原則

3　教育は，その最初の学年から，人権および基本的自由に対する深い尊敬をうえつけることを目的とすると同時に，人間個性の全面的発達および共同社会の精神的，道徳的，社会的，文化的ならびに経済的な発展を目的とするものでなければならない。これらの諸価値の範囲の中でもっとも重要なものは，教育が平和の為に貢献をすることおよびすべての国民の間の，そして人種的，宗教的集団相互の間の理解と寛容と友情にたいして貢献することである。
4　教育の進歩は，一般に教育職員の資格と能力および個々の教員の人間的，教育学的，技術的資質に依存するところが大きいことが認識されなければならない。
5　教員の地位は，教育の目的，目標に照らして評価される教育の必要性にみあったものでなければならない。教育の目的，目標を完全に実現する上で，教員の正当な地位および教育職に対する正当な社会的尊敬が，大きな重要性をもっているということが認識されなければならない。
6　教育の仕事は専門職とみなされるべきである。この職業は厳しい，継続的な研究を経て獲得され，維持される専門的な知識および特別な技術を教員に

要求する公共的業務の一種である。また，責任をもたされた生徒の教育および福祉に対して，個人的および共同の責任感を要求するものである。
7　教員の養成および雇用のすべての面にわたって，人種，皮膚の色，性別，宗教，政治的見解，国籍または門地もしくは経済的条件にもとづくいかなる形態の差別も行なわれてはならない。
8　教員の労働条件は，効果的な学習を最もよく促進し，教員がその職業的任務に専念することができるものでなければならない。
9　教員団体は，教育の進歩に大いに寄与しうるものであり，したがって教育政策の決定に関与すべき勢力として認められなければならない。

8　教員の権利と責任

職業上の自由

61　教育職は専門職としての職務の遂行にあたって学問上の自由を享受すべきである。教員は生徒に最も適した教材および方法を判断するための格別の資格を認められたものであるから，承認された計画の枠内で，教育当局の援助を受けて教材の選択と採用，教科書の選択，教育方法の採用などについて不可欠な役割を与えられるべきである。
62　教員と教員団体は，新しい課程，新しい教科書，新しい教具の開発に参加しなければならない。
63　一切の視学，あるいは監督制度は，教員がその職業上の任務を果たすのを励まし，援助するように計画されるものでなければならず，教員の自由，創造性，責任感をそこなうようなものであってはならない。
64　(1)　教員の仕事を直接評価することが必要な場合には，その評価は客観的でなければならず，また，その評価は当該教員に知らされなければならない。
　　(2)　教員は，不当と思われる評価がなされた場合に，それに対して異議を申し立てる権利をもたなければならない。
65　教員は，生徒の進歩を評価するのに役立つと思われる評価技術を自由に利用できなければならない。しかし，その場合，個々の生徒に対していかなる不公平も起こらないことが確保されなければならない。
66　当局は，各種の課程および多様な継続教育への個々の生徒の適合性に関する教員の勧告を，正当に重視しなければならない。
67　生徒の利益となるような，教員と父母の密接な協力を促進するために，あらゆる可能な努力が払われなければならないが，しかし，教員は，本

来教員の専門職上の責任である問題について，父母による不公正または不当な干渉から保護されなければならない。

68 (1) 学校または教員に対して苦情のある父母は，まず第一に学校長または関係教員と語り合う機会が与えられなければならない。さらに苦情を上級当局に訴える場合はすべて文書で行なわれるべきであり，その文書の写しは当該教員に与えられなければならない。

(2) 苦情調査は，教員が自らを弁護する正当な機会が与えられ，かつ，調査過程は公開されてはならない。

69 教員は，生徒を事故から守るため最大の注意を払わねばならないが，教員の雇用主は，校内ないし校外における学校活動の中で生じた生徒の傷害のさいに教員に損害賠償が課せられる危険から教員を守らねばならない。

教員の責任

70 すべての教員は，専門職としての地位が教員自身に大きくかかっていることを認識し，そのすべての専門職活動のなかで最高の水準を達成するよう努力しなければならない。

71 教員の職務遂行に関する専門の基準は，教員団体の参加のもとで定められ維持されなければならない。

72 教員と教員団体は，生徒の利益，教育事業の利益および社会全般の利益のために当局と十分協力するよう努力しなければならない。

73 倫理綱領ないし行動綱領は教員団体によって確立されなければならない。なぜなら，この種の綱領はこの専門職の威信を確保し，また合意された原則にしたがった専門職の遂行を確保するうえで大きく貢献するからである。

74 教員は，生徒および成人の利益のために課外活動に参加する用意がなければならない。

教員と教育事業全体との関係

75 教員がその責任を果たすことができるようにするため，当局は教育政策，学校機構，および教育活動の新しい発展等の問題について教員団体との間に承認された協議手段を確立し，かつ，定期的にこれを運用しなければならない。

76 当局と教員は，教育事業の質の向上のために

設けられた措置，教育研究，新しく改善された教育方法の発展と普及に教員がその組織を通じ，またその他の方法によって，参加することの重要性を認識しなければならない。

77 当局は，一つの学校またはより広い範囲にわたり，同一教科担任教員の協力を促進することを企図する研究会の設立とその活動を容易にすべきであり，この種の研究会の意見や提案はこれを正当に考慮しなければならない。

78 教育事業の各方面に責任をもつ行政職員およびその他の職員は，教員と健全な関係を保つよう努力すべきであり，また，教員の側もこれら職員に対して同様でなければならない。

教員の権利

79 教員の社会的および公的生活への参加は，教員の人間的発達における利益，教育事業の利益および社会全体の利益という観点から，奨励されなければならない。

80 教員は市民が一般に享受する一切の市民的権利を自由に行使すべきであり，かつ，公職につく権利をもたなければならない。

81 公職につく要件として，教員が教育の職務をやめなければならないことになっている場合，教員は，先任権，年金のために教職にその籍を保持し，公職の任期終了後には，前職ないしは，これと同等のポストに復帰することが可能でなければならない。

82 教員の賃金と労働条件は，教員団体と教員の雇用主の間の交渉過程を通じて決定されなければならない。

83 法定の，または任意の交渉機構を設置し，これにより教員が教員団体を通じてその公的または私的雇用主と交渉を行なう権利が保障されなければならない。

84 雇用条件等から生じる教員と雇用主の間の争議の解決に当たるため，適切な合同の機構が設置されなければならない。もしこの目的のために設けられた手段と手続が使い尽くされ，あるいは当事者間の交渉が行きづまった場合，教員団体は，他の団体がその正当な利益を保護するため普通もっているような他の手段をとる権利を持たなければならない。

▶教育関係法令

日本国憲法（抄）
（昭和21年11月3日憲法）

日本国民は，正当に選挙された国会における代表者を通じて行動し，われらとわれらの子孫のために，諸国民との協和による成果と，わが国全土にわたつて自由のもたらす恵沢を確保し，政府の行為によつて再び戦争の惨禍が起ることのないやうにすることを決意し，ここに主権が国民に存することを宣言し，この憲法を確定する。そもそも国政は，国民の厳粛な信託によるものであつて，その権威は国民に由来し，その権力は国民の代表者がこれを行使し，その福利は国民がこれを享受する。これは人類普遍の原理であり，この憲法は，かかる原理に基くものである。われらは，これに反する一切の憲法，法令及び詔勅を排除する。

日本国民は，恒久の平和を念願し，人間相互の関係を支配する崇高な理想を深く自覚するのであつて，平和を愛する諸国民の公正と信義に信頼して，われらの安全と生存を保持しようと決意した。われらは，平和を維持し，専制と隷従，圧迫と偏狭を地上から永遠に除去しようと努めてゐる国際社会において，名誉ある地位を占めたいと思ふ。われらは，全世界の国民が，ひとしく恐怖と欠乏から免かれ，平和のうちに生存する権利を有することを確認する。

われらは，いづれの国家も，自国のことのみに専念して他国を無視してはならないのであつて，政治道徳の法則は，普遍的なものであり，この法則に従ふことは，自国の主権を維持し，他国と対等関係に立たうとする各国の責務であると信ずる。

日本国民は，国家の名誉にかけ，全力をあげてこの崇高な理想と目的を達成することを誓ふ。

第11条 国民は，すべての基本的人権の享有を妨げられない。この憲法が国民に保障する基本的人権は，侵すことのできない永久の権利として，現在及び将来の国民に与へられる。

第13条 すべて国民は，個人として尊重される。生命，自由及び幸福追求に対する国民の権利については，公共の福祉に反しない限り，立法その他の国政の上で，最大の尊重を必要とする。

第14条 すべて国民は，法の下に平等であつて，人種，信条，性別，社会的身分又は門地により，政治的，経済的又は社会的関係において，差別されない。（以下略）

第15条 公務員を選定し，及びこれを罷免すること

とは，国民固有の権利である。

② すべて公務員は，全体の奉仕者であつて，一部の奉仕者ではない。

③ 公務員の選挙については，成年者による普通選挙を保障する。（以下略）

第19条 思想及び良心の自由は，これを侵してはならない。

第20条 信教の自由は，何人に対してもこれを保障する。いかなる宗教団体も，国から特権を受け，又は政治上の権力を行使してはならない。

② 何人も，宗教上の行為，祝典，儀式又は行事に参加することを強制されない。

③ 国及びその機関は，宗教教育その他いかなる宗教的活動もしてはならない。

第21条 集会，結社及び言論，出版その他一切の表現の自由は，これを保障する。

② 検閲は，これをしてはならない。通信の秘密は，これを侵してはならない。

第23条 学問の自由は，これを保障する。

第25条 すべて国民は，健康で文化的な最低限度の生活を営む権利を有する。

② 国は，すべての生活部面について，社会福祉，社会保障及び公衆衛生の向上及び増進に努めなければならない。

第26条 すべて国民は，法律の定めるところにより，その能力に応じて，ひとしく教育を受ける権利を有する。

② すべて国民は，法律の定めるところにより，その保護する子女に普通教育を受けさせる義務を負ふ。義務教育は，これを無償とする。

教育基本法
（平成18年法律第120号）

我々日本国民は，たゆまぬ努力によって築いてきた民主的で文化的な国家を更に発展させるとともに，世界の平和と人類の福祉の向上に貢献することを願うものである。

我々は，この理想を実現するため，個人の尊厳を重んじ，真理と正義を希求し，公共の精神を尊び，豊かな人間性と創造性を備えた人間の育成を期するとともに，伝統を継承し，新しい文化の創造を目指す教育を推進する。

ここに，我々は，日本国憲法の精神にのっとり，我が国の未来を切り拓（ひら）く教育の基本を確立し，その振興を図るため，この法律を制定する。

第1章　教育の目的及び理念

（教育の目的）

第1条 教育は，人格の完成を目指し，平和で民

資　料　編

主的な国家及び社会の形成者として必要な資質を
備えた心身ともに健康な国民の育成を期して行わ
れなければならない。
（教育の目標）
第2条　教育は，その目的を実現するため，学問
の自由を尊重しつつ，次に掲げる目標を達成する
よう行われるものとする。
1　幅広い知識と教養を身に付け，真理を求める
　態度を養い，豊かな情操と道徳心を培うととも
　に，健やかな身体を養うこと。
2　個人の価値を尊重して，その能力を伸ばし，
　創造性を培い，自主及び自律の精神を養うとと
　もに，職業及び生活との関連を重視し，勤労を
　重んずる態度を養うこと。
3　正義と責任，男女の平等，自他の敬愛と協力
　を重んずるとともに，公共の精神に基づき，主
　体的に社会の形成に参画し，その発展に寄与す
　る態度を養うこと。
4　生命を尊び，自然を大切にし，環境の保全に
　寄与する態度を養うこと。
5　伝統と文化を尊重し，それらをはぐくんでき
　た我が国と郷土を愛するとともに，他国を尊重
　し，国際社会の平和と発展に寄与する態度を養
　うこと。
（生涯学習の理念）
第3条　国民一人一人が，自己の人格を磨き，豊
かな人生を送ることができるよう，その生涯にわ
たって，あらゆる機会に，あらゆる場所において
学習することができ，その成果を適切に生かすこ
とのできる社会の実現が図られなければならない。
（教育の機会均等）
第4条　すべて国民は，ひとしく，その能力に応
じた教育を受ける機会を与えられなければならず，
人種，信条，性別，社会的身分，経済的地位又は
門地によって，教育上差別されない。
②　国及び地方公共団体は，障害のある者が，そ
の障害の状態に応じ，十分な教育を受けられるよ
う，教育上必要な支援を講じなければならない。
③　国及び地方公共団体は，能力があるにもかか
わらず，経済的理由によって修学が困難な者に対
して，奨学の措置を講じなければならない。

第2章　教育の実施に関する基本
（義務教育）
第5条　国民は，その保護する子に，別に法律で
定めるところにより，普通教育を受けさせる義務
を負う。
②　義務教育として行われる普通教育は，各個人
の有する能力を伸ばしつつ社会において自立的に

生きる基礎を培い，また，国家及び社会の形成者
として必要とされる基本的な資質を養うことを目
的として行われるものとする。
③　国及び地方公共団体は，義務教育の機会を保
障し，その水準を確保するため，適切な役割分担
及び相互の協力の下，その実施に責任を負う。
④　国又は地方公共団体の設置する学校における
義務教育については，授業料を徴収しない。
（学校教育）
第6条　法律に定める学校は，公の性質を有する
ものであって，国，地方公共団体及び法律に定め
る法人のみが，これを設置することができる。
②　前項の学校においては，教育の目標が達成さ
れるよう，教育を受ける者の心身の発達に応じて，
体系的な教育が組織的に行われなければならない。
この場合において，教育を受ける者が，学校生活
を営む上で必要な規律を重んずるとともに，自ら
進んで学習に取り組む意欲を高めることを重視し
て行われなければならない。
（大学）
第7条　大学は，学術の中心として，高い教養と
専門的な能力を培うとともに，深く真理を探究し
て新たな知見を創造し，これらの成果を広く社会に
提供することにより，社会の発展に寄与するもの
とする。
②　大学については，自主性，自律性その他の大
学における教育及び研究の特性が尊重されなけれ
ばならない。
（私立学校）
第8条　私立学校の有する公の性質及び学校教育
において果たす重要な役割にかんがみ，国及び地
方公共団体は，その自主性を尊重しつつ，助成そ
の他の適当な方法によって私立学校教育の振興に
努めなければならない。
（教員）
第9条　法律に定める学校の教員は，自己の崇高
な使命を深く自覚し，絶えず研究と修養に励み，
その職責の遂行に努めなければならない。
②　前項の教員については，その使命と職責の重
要性にかんがみ，その身分は尊重され，待遇の適
正が期せられるとともに，養成と研修の充実が図
られなければならない。
（家庭教育）
第10条　父母その他の保護者は，子の教育につい
て第一義的責任を有するものであって，生活のた
めに必要な習慣を身に付けさせるとともに，自立
心を育成し，心身の調和のとれた発達を図るよう
努めるものとする。

217

② 国及び地方公共団体は，家庭教育の自主性を尊重しつつ，保護者に対する学習の機会及び情報の提供その他の家庭教育を支援するために必要な施策を講ずるよう努めなければならない。

（幼児期の教育）

第11条 幼児期の教育は，生涯にわたる人格形成の基礎を培う重要なものであることにかんがみ，国及び地方公共団体は，幼児の健やかな成長に資する良好な環境の整備その他適当な方法によって，その振興に努めなければならない。

（社会教育）

第12条 個人の要望や社会の要請にこたえ，社会において行われる教育は，国及び地方公共団体によって奨励されなければならない。

② 国及び地方公共団体は，図書館，博物館，公民館その他の社会教育施設の設置，学校の施設の利用，学習の機会及び情報の提供その他の適当な方法によって社会教育の振興に努めなければならない。

（学校，家庭及び地域住民等の相互の連携協力）

第13条 学校，家庭及び地域住民その他の関係者は，教育におけるそれぞれの役割と責任を自覚するとともに，相互の連携及び協力に努めるものとする。

（政治教育）

第14条 良識ある公民として必要な政治的教養は，教育上尊重されなければならない。

② 法律に定める学校は，特定の政党を支持し，又はこれに反対するための政治教育その他政治的活動をしてはならない。

（宗教教育）

第15条 宗教に関する寛容の態度，宗教に関する一般的な教養及び宗教の社会生活における地位は，教育上尊重されなければならない。

② 国及び地方公共団体が設置する学校は，特定の宗教のための宗教教育その他宗教的活動をしてはならない。

第3章　教育行政

（教育行政）

第16条 教育は，不当な支配に服することなく，この法律及び他の法律の定めるところにより行われるべきものであり，教育行政は，国と地方公共団体との適切な役割分担及び相互の協力の下，公正かつ適正に行われなければならない。

② 国は，全国的な教育の機会均等と教育水準の維持向上を図るため，教育に関する施策を総合的に策定し，実施しなければならない。

③ 地方公共団体は，その地域における教育の振興を図るため，その実情に応じた教育に関する施策を策定し，実施しなければならない。

④ 国及び地方公共団体は，教育が円滑かつ継続的に実施されるよう，必要な財政上の措置を講じなければならない。

（教育振興基本計画）

第17条 政府は，教育の振興に関する施策の総合的かつ計画的な推進を図るため，教育の振興に関する施策についての基本的な方針及び講ずべき施策その他必要な事項について，基本的な計画を定め，これを国会に報告するとともに，公表しなければならない。

② 地方公共団体は，前項の計画を参酌し，その地域の実情に応じ，当該地方公共団体における教育の振興のための施策に関する基本的な計画を定めるよう努めなければならない。

第4章　法令の制定

第18条 この法律に規定する諸条項を実施するため，必要な法令が制定されなければならない。

学校教育法（抄）
〔昭和23年3月31日法律第26号〕

第1章　総則

〔学校の範囲〕

第1条 この法律で，学校とは，幼稚園，小学校，中学校，義務教育学校，高等学校，中等教育学校，特別支援学校，大学及び高等専門学校とする。

〔学校の設置者〕

第2条 学校は，国（国立大学法人法（平成15年法律第112号）第2条第1項に規定する国立大学法人及び独立行政法人国立高等専門学校機構を含む。以下同じ。），地方公共団体（地方独立行政法人法（平成15年法律第118号）第68条第1項に規定する公立大学法人（以下「公立大学法人」という。）を含む。次項及び第127条において同じ。）及び私立学校法（昭和24年法律第270号）第三条に規定する学校法人（以下「学校法人」という。）のみが，これを設置することができる。

② この法律で，国立学校とは，国の設置する学校を，公立学校とは，地方公共団体の設置する学校を，私立学校とは，学校法人の設置する学校をいう。

〔設置基準〕

第3条 学校を設置しようとする者は，学校の種類に応じ，文部科学大臣の定める設備，編制その他に関する設置

基準に従い，これを設置しなければならない。

〔学校の管理，経費の負担〕

資　料　編

第5条　学校の設置者は，その設置する学校を管理し，法令に特別の定のある場合を除いては，その学校の経費を負担する。

〔授業料〕

第6条　学校においては，授業料を徴収することができる。ただし，国立又は公立の小学校及び中学校，義務教育学校，中等教育学校の前期課程又は特別支援学校の小学部及び中学部における義務教育については，これを徴収することができない。

〔校長，教員の欠格事由〕

第9条　次の各号のいずれかに該当する者は，校長又は教員となることができない。

1　成年被後見人又は被保佐人

2　禁錮（こ）以上の刑に処せられた者

3　教育職員免許法第10条第1項第2号又は第3号に該当することにより免許状がその効力を失い，当該失効の日から3年を経過しない者

4　教育職員免許法第11条第1項から第3項までの規定により免許状取上げの処分を受け，3年を経過しない者

5　日本国憲法施行の日〔昭和22年5月3日〕以後において，日本国憲法又はその下に成立した政府を暴力で破壊することを主張する政党その他の団体を結成し，又はこれに加入した者

〔児童，生徒等の懲戒〕

第11条　校長及び教員は，教育上必要があると認めるときは，文部科学大臣の定めるところにより，児童，生徒及び学生に懲戒を加えることができる。ただし，体罰を加えることはできない。

〔健康診断等〕

第12条　学校においては，別に法律で定めるところにより，幼児，児童，生徒及び学生並びに職員の健康の保持増進を図るため，健康診断を行い，その他その保健に必要な措置を講じなければならない。

第2章　義務教育

〔普通教育の義務〕

第16条　保護者（子に対して親権を行う者（親権を行う者のないときは，未成年後見人）をいう。以下同じ。）は，次条に定めるところにより，子に9年の普通教育を受けさせる義務を負う。

〔就学義務〕

第17条　保護者は，子の満六歳に達した日の翌日以後における最初の学年の初めから，満12歳に達した日の属する学年の終わりまで，これを小学校，義務教育学校の前期課程又は特別支援学校の小学部に就学させる義務を負う。ただし，子が，満12歳に達した日の属する学年の終わりまでに小学校

の課程，義務教育学校の前期課程又は特別支援学校の小学部の課程を修了しないときは，満15歳に達した日の属する学年の終わり（それまでの間においてこれらの課程を修了したときは，その修了した日の属する学年の終わり）までとする。

②　保護者は，子が小学校の課程，義務教育学校の前期課程又は特別支援学校の小学部の課程を修了した日の翌日以後における最初の学年の初めから，満15歳に達した日の属する学年の終わりまで，これを中学校，義務教育学校の後期課程，中等教育学校の前期課程又は特別支援学校の中学部に就学させる義務を負う。

③　（略）

〔病弱等による就学義務の猶予又は免除〕

第18条　前条第1項又は第2項の規定によつて，保護者が就学させなければならない子（以下それぞれ「学齢児童」又は「学齢生徒」という。）で，病弱，発育不完全その他やむを得ない事由のため，就学困難と認められる者の保護者に対しては，市町村の教育委員会は，文部科学大臣の定めるところにより，同条第1項又は第2項の義務を猶予又は免除することができる。

〔保護者に対する援助〕

第19条　経済的理由によつて，就学困難と認められる学齢児童又は学齢生徒の保護者に対しては，市町村は，必要な援助を与えなければならない。

〔普通教育の目標〕

第21条　義務教育として行われる普通教育は，教育基本法（平成18年法律第120号）第5条第2項に規定する目的を実現するため，次に掲げる目標を達成するよう行われるものとする。

1　学校内外における社会的活動を促進し，自主，自律及び協同の精神，規範意識，公正な判断力並びに公共の精神に基づき主体的に社会の形成に参画し，その発展に寄与する態度を養うこと。

2　学校内外における自然体験活動を促進し，生命及び自然を尊重する精神並びに環境の保全に寄与する態度を養うこと。

3　我が国と郷土の現状と歴史について，正しい理解に導き，伝統と文化を尊重し，それらをはぐくんできた我が国と郷土を愛する態度を養うとともに，進んで外国の文化の理解を通じて，他国を尊重し，国際社会の平和と発展に寄与する態度を養うこと。

4　家族と家庭の役割，生活に必要な衣，食，住，情報，産業その他の事項について基礎的な理解と技能を養うこと。

5　読書に親しませ，生活に必要な国語を正しく

219

理解し，使用する基礎的な能力を養うこと。
6　生活に必要な数量的な関係を正しく理解し，処理する基礎的な能力を養うこと。
7　生活にかかわる自然現象について，観察及び実験を通じて，科学的に理解し，処理する基礎的な能力を養うこと。
8　健康，安全で幸福な生活のために必要な習慣を養うとともに，運動を通じて体力を養い，心身の調和的発達を図ること。
9　生活を明るく豊かにする音楽，美術，文芸その他の芸術について基礎的な理解と技能を養うこと。
10　職業についての基礎的な知識と技能，勤労を重んずる態度及び個性に応じて将来の進路を選択する能力を養うこと。

第3章　幼稚園

〔目的〕
第22条　幼稚園は，義務教育及びその後の教育の基礎を培うものとして，幼児を保育し，幼児の健やかな成長のために適当な環境を与えて，その心身の発達を助長することを目的とする。
〔目標〕
第23条　幼稚園における教育は，前条に規定する目的を実現するため，次に掲げる目標を達成するよう行われるものとする。
1　健康，安全で幸福な生活のために必要な基本的な習慣を養い，身体諸機能の調和的発達を図ること。
2　集団生活を通じて，喜んでこれに参加する態度を養うとともに家族や身近な人への信頼感を深め，自主，自律及び協同の精神並びに規範意識の芽生えを養うこと。
3　身近な社会生活，生命及び自然に対する興味を養い，それらに対する正しい理解と態度及び思考力の芽生えを養うこと。
4　日常の会話や，絵本，童話等に親しむことを通じて，言葉の使い方を正しく導くとともに，相手の話を理解しようとする態度を養うこと。
5　音楽，身体による表現，造形等に親しむことを通じて，豊かな感性と表現力の芽生えを養うこと。
〔保育内容〕
第25条　幼稚園の教育課程その他の保育内容に関する事項は，第22条及び第23条の規定に従い，文部科学大臣が定める。
〔入園資格〕
第26条　幼稚園に入園することのできる者は，満3歳から，小学校就学の始期に達するまでの幼児

とする。

第4章　小学校

〔目的〕
第29条　小学校は，心身の発達に応じて，義務教育として行われる普通教育のうち基礎的なものを施すことを目的とする。
〔目標〕
第30条　小学校における教育は，前条に規定する目的を実現するために必要な程度において第21条各号に掲げる目標を達成するよう行われるものとする。
②　前項の場合においては，生涯にわたり学習する基盤が培われるよう，基礎的な知識及び技能を習得させるとともに，これらを活用して課題を解決するために必要な思考力，判断力，表現力その他の能力をはぐくみ，主体的に学習に取り組む態度を養うことに，特に意を用いなければならない。
〔体験活動の充実〕
第31条　小学校においては，前条第一項の規定による目標の達成に資するよう，教育指導を行うに当たり，児童の体験的な学習活動，特にボランティア活動など社会奉仕体験活動，自然体験活動その他の体験活動の充実に努めるものとする。この場合において，社会教育関係団体その他の関係団体及び関係機関との連携に十分配慮しなければならない。
〔修業年限〕
第32条　小学校の修業年限は，6年とする。
〔教育課程〕
第33条　小学校の教育課程に関する事項は，第29条及び第30条の規定に従い，文部科学大臣が定める。
〔教科用図書・教材〕
第34条　小学校においては，文部科学大臣の検定を経た教科用図書又は文部科学省が著作の名義を有する教科用図書を使用しなければならない。
②　前項の教科用図書以外の図書その他の教材で，有益適切なものは，これを使用することができる。
③　（略）
〔児童の出席停止〕
第35条　市町村の教育委員会は，次に掲げる行為の1又は2以上を繰り返し行う等性行不良であつて他の児童の教育に妨げがあると認める児童があるときは，その保護者に対して，児童の出席停止を命ずることができる。
1　他の児童に傷害，心身の苦痛又は財産上の損失を与える行為
2　職員に傷害又は心身の苦痛を与える行為

資　料　編

3　施設又は設備を損壊する行為

4　授業その他の教育活動の実施を妨げる行為

② 市町村の教育委員会は、前項の規定により出席停止を命ずる場合には、あらかじめ保護者の意見を聴取するとともに、理由及び期間を記載した文書を交付しなければならない。

③ 前項に規定するもののほか、出席停止の命令の手続に関し必要な事項は、教育委員会規則で定めるものとする。

④ 市町村の教育委員会は、出席停止の命令に係る児童の出席停止の期間における学習に対する支援その他の教育上必要な措置を講ずるものとする。

〔校長、教頭、教諭その他の職員〕

第37条　小学校には、校長、教頭、教諭、養護教諭及び事務職員を置かなければならない。

② 小学校には、前項に規定するもののほか、副校長、主幹教諭、指導教諭、栄養教諭その他必要な職員を置くことができる。

③ 第1項の規定にかかわらず、副校長を置くときその他特別の事情のあるときは教頭を、養護をつかさどる主幹教諭を置くときは養護教諭を、特別の事情のあるときは事務職員を、それぞれ置かないことができる。

④ 校長は、校務をつかさどり、所属職員を監督する。

⑤ 副校長は、校長を助け、命を受けて校務をつかさどる。

⑥ 副校長は、校長に事故があるときはその職務を代理し、校長が欠けたときはその職務を行う。この場合において、副校長が2人以上あるときは、あらかじめ校長が定めた順序で、その職務を代理し、又は行う。

⑦ 教頭は、校長（副校長を置く小学校にあつては、校長及び副校長）を助け、校務を整理し、及び必要に応じ児童の教育をつかさどる。

⑧ 教頭は、校長（副校長を置く小学校にあつては、校長及び副校長）に事故があるときは校長の職務を代理し、校長（副校長を置く小学校にあつては、校長及び副校長）が欠けたときは校長の職務を行う。この場合において、教頭が2人以上あるときは、あらかじめ校長が定めた順序で、校長の職務を代理し、又は行う。

⑨ 主幹教諭は、校長（副校長を置く小学校にあつては、校長及び副校長）及び教頭を助け、命を受けて校務の一部を整理し、並びに児童の教育をつかさどる。

⑩ 指導教諭は、児童の教育をつかさどり、並びに教諭その他の職員に対して、教育指導の改善及

び充実のために必要な指導及び助言を行う。

⑪ 教諭は、児童の教育をつかさどる。

⑫ 養護教諭は、児童の養護をつかさどる。

⑬ 栄養教諭は、児童の栄養の指導及び管理をつかさどる。

⑭ 事務職員は、事務をつかさどる。

⑮ 助教諭は、教諭の職務を助ける。

⑯ 講師は、教諭又は助教諭に準ずる職務に従事する。

⑰ 養護助教諭は、養護教諭の職務を助ける。

⑱ 特別の事情のあるときは、第一項の規定にかかわらず、教諭に代えて助教諭又は講師を、養護教諭に代えて養護助教諭を置くことができる。

⑲ 学校の実情に照らし必要があると認めるときは、第九項の規定にかかわらず、校長（副校長を置く小学校にあつては、校長及び副校長）及び教頭を助け、命を受けて校務の一部を整理し、並びに児童の養護又は栄養の指導及び管理をつかさどる主幹教諭を置くことができる。

〔小学校設置義務〕

第38条　市町村は、その区域内にある学齢児童を就学させるに必要な小学校を設置しなければならない。ただし、教育上有益かつ適切であると認めるときは、義務教育学校の設置をもつてこれに代えることができる。

〔学校の評価〕

第42条　小学校は、文部科学大臣の定めるところにより当該小学校の教育活動その他の学校運営の状況について評価を行い、その結果に基づき学校運営の改善を図るため必要な措置を講ずることにより、その教育水準の向上に努めなければならない。

〔情報提供〕

第43条　小学校は、当該小学校に関する保護者及び地域住民その他の関係者の理解を深めるとともに、これらの者との連携及び協力の推進に資するため、当該小学校の教育活動その他の学校運営の状況に関する情報を積極的に提供するものとする。

第5章　中学校

〔目的〕

第45条　中学校は、小学校における教育の基礎の上に、心身の発達に応じて、義務教育として行われる普通教育を施すことを目的とする。

〔目標〕

第46条　中学校における教育は、前条に規定する目的を実現するため、第21条各号に掲げる目標を達成するよう行われるものとする。

〔修業年限〕

第47条　中学校の修業年限は，3年とする。

〔教育課程〕

第48条　中学校の教育課程に関する事項は，第45条及び第46条の規定並びに次条において読み替えて準用する第30条第二項の規定に従い，文部科学大臣が定める。

〔準用規定〕

第49条　第30条第2項，第31条，第34条，第35条及び第37条から第44条までの規定は，中学校に準用する。この場合において，第30条第2項中「前項」とあるのは「第46条」と，第31条中「前条第1項」とあるのは「第46条」と読み替えるものとする。

第5章の2　義務教育学校

〔目的〕

第49条の2　義務教育学校は，心身の発達に応じて，義務教育として行われる普通教育を基礎的なものから一貫して施すことを目的とする。

〔目標〕

第49条の3　義務教育学校における教育は，前条に規定する目的を実現するため，第21条各号に掲げる目標を達成するよう行われるものとする。

〔修業年限〕

第49条の4　義務教育学校の修業年限は，九年とする。

〔前期課程及び後期課程の区分〕

第49条の5　義務教育学校の課程は，これを前期6年の前期課程及び後期3年の後期課程に区分する。

第6章　高等学校

〔目的〕

第50条　高等学校は，中学校における教育の基礎の上に，心身の発達及び進路に応じて，高度な普通教育及び専門教育を施すことを目的とする。

〔目標〕

第51条　高等学校における教育は，前条に規定する目的を実現するため，次に掲げる目標を達成するよう行われるものとする。

1　義務教育として行われる普通教育の成果を更に発展拡充させて，豊かな人間性，創造性及び健やかな身体を養い，国家及び社会の形成者として必要な資質を養うこと。

2　社会において果たさなければならない使命の自覚に基づき，個性に応じて将来の進路を決定させ，一般的な教養を高め，専門的な知識，技術及び技能を習得させること。

3　個性の確立に努めるとともに，社会について，広く深い理解と健全な批判力を養い，社会の発

展に寄与する態度を養うこと。

〔学科及び教育課程〕

第52条　高等学校の学科及び教育課程に関する事項は，前2条の規定及び第62条において読み替えて準用する第30条第2項の規定に従い，文部科学大臣が定める。

〔定時制の課程〕

第53条　高等学校には，全日制の課程のほか，定時制の課程を置くことができる。

②　　（略）

〔通信制の課程〕

第54条　高等学校には，全日制の課程又は定時制の課程のほか，通信制の課程を置くことができる。

②～④　　（略）

〔修業年限〕

第56条　高等学校の修業年限は，全日制の課程については，3年とし，定時制の課程及び通信制の課程については，3年以上とする。

〔入学資格〕

第57条　高等学校に入学することのできる者は，中学校若しくはこれに準ずる学校若しくは義務教育学校を卒業した者若しくは中等教育学校の前期課程を修了した者又は文部科学大臣の定めるところにより，これと同等以上の学力があると認められた者とする。

〔校長，教頭，教諭その他の職員〕

第60条　高等学校には，校長，教頭，教諭及び事務職員を置かなければならない。

②　高等学校には，前項に規定するもののほか，副校長，主幹教諭，指導教諭，養護教諭，栄養教諭，養護助教諭，実習助手，技術職員その他必要な職員を置くことができる。

③　第一項の規定にかかわらず，副校長を置くときは，教頭を置かないことができる。

④　実習助手は，実験又は実習について，教諭の職務を助ける。

⑤　特別の事情のあるときは，第一項の規定にかかわらず，教諭に代えて助教諭又は講師を置くことができる。

⑥　技術職員は，技術に従事する。

〔準用規定〕

第62条　第30条第二項，第31条，第34条，第37条第4項から第17項まで及び第19項並びに第42条から第44条までの規定は，高等学校に準用する。この場合において，第30条第2項中「前項」とあるのは「第51条」と，第31条中「前条第1項」とあるのは「第51条」と読み替えるものとする。

資 料 編

第7章　中等教育学校

〔目的〕

第63条　中等教育学校は、小学校における教育の基礎の上に、心身の発達及び進路に応じて、義務教育として行われる普通教育並びに高度な普通教育及び専門教育を一貫して施すことを目的とする。

〔目標〕

第64条　中等教育学校における教育は、前条に規定する目的を実現するため、次に掲げる目標を達成するよう行われるものとする。

1　豊かな人間性、創造性及び健やかな身体を養い、国家及び社会の形成者として必要な資質を養うこと。

2　社会において果たさなければならない使命の自覚に基づき、個性に応じて将来の進路を決定させ、一般的な教養を高め、専門的な知識、技術及び技能を習得させること。

3　個性の確立に努めるとともに、社会について、広く深い理解と健全な批判力を養い、社会の発展に寄与する態度を養うこと。

〔修業年限〕

第65条　中等教育学校の修業年限は、6年とする。

〔前期課程及び後期課程〕

第66条　中等教育学校の課程は、これを前期3年の前期課程及び後期3年の後期課程に区分する。

〔同一の設置者が設置する中学校及び高等学校における一貫教育〕

第71条　同一の設置者が設置する中学校及び高等学校においては、文部科学大臣の定めるところにより、中等教育学校に準じて、中学校における教育と高等学校における教育を一貫して施すことができる。

第8章　特別支援教育

〔目的〕

第72条　特別支援学校は、視覚障害者、聴覚障害者、知的障害者、肢体不自由者又は病弱者（身体虚弱者を含む。以下同じ。）に対して、幼稚園、小学校、中学校又は高等学校に準ずる教育を施すとともに、障害による学習上又は生活上の困難を克服し自立を図るために必要な知識技能を授けることを目的とする。

〔目的の明示〕

第73条　特別支援学校においては、文部科学大臣の定めるところにより、前条に規定する者に対する教育のうち当該学校が行うものを明らかにするものとする。

〔助言又は援助〕

第74条　特別支援学校においては、第72条に規定する目的を実現するための教育を行うほか、幼稚園、小学校、中学校、義務教育学校、高等学校又は中等教育学校の要請に応じて、第81条第1項に規定する幼児、児童又は生徒の教育に関し必要な助言又は援助を行うよう努めるものとする。

〔障害の程度〕

第75条　第72条に規定する視覚障害者、聴覚障害者、知的障害者、肢体不自由者又は病弱者の障害の程度は、政令で定める。

〔特別支援学校の部〕

第76条　特別支援学校には、小学部及び中学部を置かなければならない。ただし、特別の必要のある場合においては、そのいずれかのみを置くことができる。

②　特別支援学校には、小学部及び中学部のほか、幼稚部又は高等部を置くことができ、また、特別の必要のある場合においては、前項の規定にかかわらず、小学部及び中学部を置かないで幼稚部又は高等部のみを置くことができる。

〔教育課程に関する事項〕

第77条　特別支援学校の幼稚部の教育課程その他の保育内容、小学部及び中学部の教育課程又は高等部の学科及び教育課程に関する事項は、幼稚園、小学校、中学校又は高等学校に準じて、文部科学大臣が定める

〔寄宿舎の設置義務〕

第78条　特別支援学校には、寄宿舎を設けなければならない。ただし、特別の事情のあるときは、これを設けないことができる。

〔特別支援学校の設置義務〕

第80条　都道府県は、その区域内にある学齢児童及び学齢生徒のうち、視覚障害者、聴覚障害者、知的障害者、肢体不自由者又は病弱者で、その障害が第七十五条の政令で定める程度のものを就学させるに必要な特別支援学校を設置しなければならない。

〔特別支援学級〕

第81条　幼稚園、小学校、中学校、義務教育学校、高等学校及び中等教育学校においては、次項各号のいずれかに該当する幼児、児童及び生徒その他教育上特別の支援を必要とする幼児、児童及び生徒に対し、文部科学大臣の定めるところにより、障害による学習上又は生活上の困難を克服するための教育を行うものとする。

②　小学校、中学校、義務教育学校、高等学校及び中等教育学校には、次の各号のいずれかに該当する児童及び生徒のために、特別支援学級を置くことができる。

223

1　知的障害者

2　肢体不自由者

3　身体虚弱者

4　弱視者

5　難聴者

6　その他障害のある者で，特別支援学級におい
て教育を行うことが適当なもの

③　前項に規定する学校においては，疾病により
療養中の児童及び生徒に対して，特別支援学級を
設け，又は教員を派遣して，教育を行うことがで
きる。

〔準用規定〕

第82条　第26条，第27条，第31条（第49条及び第
62条において読み替えて準用する場合を含む。），
第32条，第34条（第49条及び第62条において準用
する場合を含む。），第36条，第37条（第28条，第
49条及び第62条において準用する場合を含む。），
第42条から第44条まで，第47条及び第56条から第
60条までの規定は特別支援学校に，第84条の規定
は特別支援学校の高等部に，それぞれ準用する。

第9章　大　学

〔目的〕

第83条　大学は，学術の中心として，広く知識を
授けるとともに，深く専門の学芸を教授研究し，
知的，道徳的及び応用的能力を展開させることを
目的とする。

②　大学は，その目的を実現するための教育研究
を行い，その成果を広く社会に提供することによ
り，社会の発展に寄与するものとする。

〔修業年限〕

第87条　大学の修業年限は，4年とする。ただし，
特別の専門事項を教授研究する学部及び前条の夜
間において授業を行う学部については，その修業
年限は，4年を超えるものとすることができる。

②　医学を履修する課程，歯学を履修する課程，
薬学を履修する課程のうち臨床に係る実践的な能
力を培うことを主たる目的とするもの又は獣医学
を履修する課程については，前項本文の規定にか
かわらず，その修業年限は，六年とする。

〔入学資格〕

第90条　大学に入学することのできる者は，高等
学校若しくは中等教育学校を卒業した者若しくは
通常の課程による12年の学校教育を修了した者
（通常の課程以外の課程によりこれに相当する学
校教育を修了した者を含む。）又は文部科学大臣
の定めるところにより，これと同等以上の学力が
あると認められた者とする。

②　前項の規定にかかわらず，次の各号に該当す

る大学は，文部科学大臣の定めるところにより，
高等学校に文部科学大臣の定める年数以上在学し
た者（これに準ずる者として文部科学大臣が定め
る者を含む。）であつて，当該大学の定める分野
において特に優れた資質を有すると認めるものを，
当該大学に入学させることができる。

1　当該分野に関する教育研究が行われている大
学院が置かれていること。

2　当該分野における特に優れた資質を有する者
の育成を図るのにふさわしい教育研究上の実績
及び指導体制を有すること。

第10章　高等専門学校

〔目的〕

第115条　高等専門学校は，深く専門の学芸を教
授し，職業に必要な能力を育成することを目的と
する。

②　高等専門学校は，その目的を実現するための
教育を行い，その成果を広く社会に提供すること
により，社会の発展に寄与するものとする。

〔修業年限〕

第117条　高等専門学校の修業年限は，5年とす
る。ただし，商船に関する学科については，5年
6月とする。

〔入学資格〕

第118条　高等専門学校に入学することのできる
者は，第五十七条に規定する者とする。

第11章　専修学校

〔専修学校〕

第124条　第1条に掲げるもの以外の教育施設で，
職業若しくは実際生活に必要な能力を育成し，又
は教養の向上を図ることを目的として次の各号に
該当する組織的な教育を行うもの（当該教育を行
うにつき他の法律に特別の規定があるもの及び我
が国に居住する外国人を専ら対象とするものを除
く。）は，専修学校とする。

1　修業年限が一年以上であること。

2　授業時数が文部科学大臣の定める授業時数以
上であること。

3　教育を受ける者が常時40人以上であること。

〔高等課程・専門課程・一般課程〕

第125条　専修学校には，高等課程，専門課程又
は一般課程を置く。

②　専修学校の高等課程においては，中学校若し
くはこれに準ずる学校若しくは義務教育学校を
卒業した者若しくは中等教育学校の前期課程を
修了した者又は文部科学大臣の定めるところに
よりこれと同等以上の学力があると認められた
者に対して，中学校における教育の基礎の上に，

資　料　編

心身の発達に応じて前条の教育を行うものとする。

③　専修学校の専門課程においては，高等学校若しくはこれに準ずる学校若しくは中等教育学校を卒業した者又は文部科学大臣の定めるところによりこれに準ずる学力があると認められた者に対して，高等学校における教育の基礎の上に，前条の教育を行うものとする。

④　専修学校の一般課程においては，高等学校又は専門課程の教育以外の前条の教育を行うものとする。

〔高等専修学校・専門学校〕

第126条　高等課程を置く専修学校は，高等専修学校と称することができる。

②　専門課程を置く専修学校は，専門学校と称することができる。

第12章　雑則

〔各種学校〕

第134条　第1条に掲げるもの以外のもので，学校教育に類する教育を行うもの（当該教育を行うにつき他の法律に特別の規定があるもの及び第124条に規定する専修学校の教育を行うものを除く。）は，各種学校とする。

②③　（略）

学校教育法施行令（抄）
〔昭和28年10月31日政令第340号〕

第1章　就学義務

（入学期日等の通知，学校の指定）

第5条　市町村の教育委員会は，就学予定者（法第17条第1項又は第2項の規定により，翌学年の初めから小学校，中学校，義務教育学校，中等教育学校又は特別支援学校に就学させるべき者をいう。以下同じ。）のうち，認定特別支援学校就学者（視覚障害者，聴覚障害者，知的障害者，肢体不自由者又は病弱者（身体虚弱者を含む。）で，その障害が，第22条の3の表に規定する程度のもの（以下「視覚障害者等」という。）のうち，当該市町村の教育委員会が，その者の障害の状態，その者の教育上必要な支援の内容，地域における教育の体制の整備の状況その他の事情を勘案して，その住所の存する都道府県の設置する特別支援学校に就学させることが適当であると認める者をいう。以下同じ。）以外の者について，その保護者に対し，翌学年の初めから2月前までに，小学校，中学校又は義務教育学校の入学期日を通知しなければならない。

②　市町村の教育委員会は，当該市町村の設置す

る小学校及び義務教育学校の数の合計数が二以上である場合又は当該市町村の設置する中学校（法第71条の規定により高等学校における教育と一貫した教育を施すもの（以下「併設型中学校」という。）を除く。以下この項，次条第7号，第6条の3第1項，第7条及び第8条において同じ。）及び義務教育学校の数の合計数が2以上である場合において，前項の通知において当該就学予定者の就学すべき小学校，中学校又は義務教育学校を指定しなければならない。

③　前2項の規定は，第9条第1項又は第17条の届出のあつた就学予定者については，適用しない。

（就学学校の変更の学校長等への通知）

第8条　市町村の教育委員会は，第5条第2項（第6条において準用する場合を含む。）の場合において，相当と認めるときは，保護者の申立てにより，その指定した小学校，中学校又は義務教育学校を変更することができる。この場合においては，速やかに，その保護者及び前条の通知をした小学校，中学校又は義務教育学校の校長に対し，その旨を通知するとともに，新たに指定した小学校，中学校又は義務教育学校の校長に対し，同条の通知をしなければならない。

第2章　視覚障害者等の障害の程度

第22条の3　法第75条の政令で定める視覚障害者，聴覚障害者，知的障害者，肢体不自由者又は病弱者の障害の程度は，次の表に掲げるとおりとする。

区分	障害の程度
視覚障害者	両眼の視力がおおむね0.3未満のもの又は視力以外の視機能障害が高度のもののうち，拡大鏡等の使用によつても通常の文字，・形等の視覚による認識が不可・狙へ著しく困難な程度のもの
聴覚障害者	両耳の聴力レベルがおおむね六〇デシベル以上のもののうち，補聴器等の使用によつても通常の話声を解することが不可媒又は著しく困難な程度のもの
知的障害者	一　知的発達の遅滞があり，他人との意思疎通が困難で日常生活を営むのに頻繁に援助を必要とする程度のもの 二　知的発達の遅滞の程度が前号に掲げる程度に達しないもののうち，社会生活への適応が著しく困難なもの
	一　肢体不自由の状態が補装具の使用によつても歩行，筆記等日常

225

肢体不自由者	生活における基・的な動作が不可・狙へ困難な程度のもの 二　肢体不自由の状態が前号に掲げる程度に達しないもののうち，常時の医学的観察指導を必要とする程度のもの
病弱者	一慢性の呼吸器疾患，腎臓疾患及び神経疾患，悪性新生物その他の疾患の状態が継続して医療又は生活規制を必要とする程度のもの 二　身体虚弱の状態が継続して生活規制を必要とする程度のもの

備考
一　視力の測定は，万国式試視力・ノによるものとし，屈折異常があるものについては，矯正視力によつて測定する。
二　聴力の測定は，日・工業規格によるオージオメータによる。

第2章　認可，届出等
（学期及び休業日）
第29条　公立の学校（大学を除く。以下この条において同じ。）の学期及び夏季，冬季，学年末，農繁期等における休業日は，市町村又は都道府県の設置する学校にあつては当該市町村又は都道府県の教育委員会が，公立大学法人の設置する学校にあつては当該公立大学法人の理事長が定める。

学校教育法施行規則（抄）
〔昭和22年5月23日文部省令第11号〕

第1章　総則
〔校長の資格〕
第20条　校長（学長及び高等専門学校の校長を除く。）の資格は，次の各号のいずれかに該当するものとする。
1　教育職員免許法（昭和24年法律第147号）による教諭の専修免許状又は一種免許状（高等学校及び中等教育学校の校長にあつては，専修免許状）を有し，かつ，次に掲げる職（以下「教育に関する職」という。）に5年以上あつたこと
　イ　学校教育法第1条に規定する学校及び同法第124条に規定する専修学校の校長（就学前の子どもに関する教育，保育等の総合的な提供の推進に関する法律（平成18年法律第77号）第2条第7項に規定する幼保連携型認定こども園（以下「幼保連携型認定こども園」という。）の園長を含む。）の職
　ロ　学校教育法第1条に規定する学校及び幼保連携型認定こども園の教授，准教授，助教，副

校長（幼保連携型認定こども園の副園長を含む。），教頭，主幹教諭（幼保連携型認定こども園の主幹養護教諭及び主幹栄養教諭を含む。），指導教諭，教諭，助教諭，養護教諭，養護助教諭，栄養教諭，主幹保育教諭，指導保育教諭，保育教諭，助保育教諭，講師（常時勤務の者に限る。）及び同法第124条に規定する専修学校の教員（以下本条中「教員」という。）の職
　ハ　学校教育法第1条に規定する学校及び幼保連携型認定こども園の事務職員（単純な労務に雇用される者を除く。本条中以下同じ。），実習助手，寄宿舎指導員及び学校栄養職員（学校給食法（昭和29年法律第160号）第7条に規定する職員のうち栄養教諭以外の者をいい，同法第六条に規定する施設の当該職員を含む。）の職
　ニ　学校教育法等の一部を改正する法律（平成19年法律第96号）第1条の規定による改正前の学校教育法第94条の規定により廃止された従前の法令の規定による学校及び旧教員養成諸学校官制（昭和21年勅令第208号）第1条の規定による教員養成諸学校の長の職
　ホ　ニに掲げる学校及び教員養成諸学校における教員及び事務職員に相当する者の職
　ヘ　海外に在留する邦人の子女のための在外教育施設（以下「在外教育施設」という。）で，文部科学大臣が小学校，中学校又は高等学校の課程と同等の課程を有するものとして認定したものにおけるイからハまでに掲げる者に準ずるものの職
　ト　ヘに規定する職のほか，外国の学校におけるイからハまでに掲げる者に準ずるものの職
　チ　少年院法（平成26年法律第58号）による少年院又は児童福祉法（昭和22年法律第164号）による児童自立支援施設（児童福祉法等の一部を改正する法律（平成9年法律第74号）附則第七条第一項の規定により証明書を発行することができるもので，同条第2項の規定によりその例によることとされた同法による改正前の児童福祉法第48条第4項ただし書の規定による指定を受けたものを除く。）において教育を担当する者の職
　リ　イからチまでに掲げるもののほか，国又は地方公共団体において教育事務又は教育を担当する国家公務員又は地方公務員（単純な労務に雇用される者を除く。）の職
　ヌ　外国の官公庁におけるリに準ずる者の職
2　教育に関する職に10年以上あつたこと
〔校長の資格の特例〕

資　料　編

第22条　国立若しくは公立の学校の校長の任命権者又は私立学校の設置者は，学校の運営上特に必要がある場合には，前2条に規定するもののほか，第20条各号に掲げる資格を有する者と同等の資質を有すると認める者を校長として任命し又は採用することができる。

〔副校長及び教頭の資格〕

第23条　前三条の規定は，副校長及び教頭の資格について準用する。

〔指導要録の作成〕

第24条　校長は，その学校に在学する児童等の指導要録（学校教育法施行令第31条に規定する児童等の学習及び健康の状況を記録した書類の原本をいう。以下同じ。）を作成しなければならない。

②　校長は，児童等が進学した場合においては，その作成に係る当該児童等の指導要録の抄本又は写しを作成し，これを進学先の校長に送付しなければならない。

③　校長は，児童等が転学した場合においては，その作成に係る当該児童等の指導要録の写しを作成し，その写し（転学してきた児童等については転学により送付を受けた指導要録（就学前の子どもに関する教育，保育等の総合的な提供の推進に関する法律施行令（平成26年政令第203号）第8条に規定する園児の学習及び健康の状況を記録した書類の原本を含む。）の写しを含む。）及び前項の抄本又は写しを転学先の校長，保育所の長又は認定こども園の長に送付しなければならない。

〔出席簿〕

第25条　校長（学長を除く。）は，当該学校に在学する児童等について出席簿を作成しなければならない。

〔懲戒〕

第26条　校長及び教員が児童等に懲戒を加えるに当つては，児童等の心身の発達に応ずる等教育上必要な配慮をしなければならない。

②　懲戒のうち，退学，停学及び訓告の処分は，校長（大学にあつては，学長の委任を受けた学部長を含む。）が行う。

③　前項の退学は，公立の小学校，中学校（学校教育法第71条の規定により高等学校における教育と一貫した教育を施すもの（以下「併設型中学校」という。）を除く。），義務教育学校又は特別支援学校に在学する学齢児童又は学齢生徒を除き，次の各号のいずれかに該当する児童等に対して行うことができる。

1　性行不良で改善の見込がないと認められる者

2　学力劣等で成業の見込がないと認められる者

3　正当の理由がなくて出席常でない者

4　学校の秩序を乱し，その他学生又は生徒としての本分に反した者

④　第二項の停学は，学齢児童又は学齢生徒に対しては，行うことができない。

⑤　学長は，学生に対する第2項の退学，停学及び訓告の処分の手続を定めなければならない。

〔表簿〕

第28条　学校において備えなければならない表簿は，概ね次のとおりとする。

1　学校に関係のある法令

2　学則，日課表，教科用図書配当表，学校医執務記録簿，学校歯科医執務記録簿，学校薬剤師執務記録簿及び学校日誌

3　職員の名簿，履歴書，出勤簿並びに担任学級，担任の教科又は科目及び時間表

4　指導要録，その写し及び抄本並びに出席簿及び健康診断に関する表簿

5　入学者の選抜及び成績考査に関する表簿

6　資産原簿，出納簿及び経費の予算決算についての帳簿並びに図書機械器具，標本，模型等の教具の目録

7　往復文書処理簿

②　前項の表簿（第24条第2項の抄本又は写しを除く。）は，別に定めるもののほか，5年間保存しなければならない。ただし，指導要録及びその写しのうち入学，卒業等の学籍に関する記録については，その保存期間は，20年間とする。

③　（略）

第3章　幼稚園

〔設備，編制〕

第36条　幼稚園の設備，編制その他設置に関する事項は，この章に定めるもののほか，幼稚園設置基準（昭和31年文部省令第32号）の定めるところによる。

〔教育週数〕

第37条　幼稚園の毎学年の教育週数は，特別の事情のある場合を除き，39週を下つてはならない。

〔教育課程その他の保育内容の基準〕

第38条　幼稚園の教育課程その他の保育内容については，この章に定めるもののほか，教育課程その他の保育内容の基準として文部科学大臣が別に公示する幼稚園教育要領によるものとする。

第4章　小学校

〔設備，編制〕

第40条　小学校の設備，編制その他設置に関する事項は，この節に定めるもののほか，小学校設置基準（平成14年文部科学省令第14号）の定めると

ころによる。

〔学級数〕

第41条 小学校の学級数は，12学級以上18学級以下を標準とする。ただし，地域の実態その他により特別の事情のあるときは，この限りでない。

〔分校の学級数〕

第42条 小学校の分校の学級数は，特別の事情のある場合を除き，5学級以下とし，前条の学級数に算入しないものとする。

〔校務分掌〕

第43条 小学校においては，調和のとれた学校運営が行われるためにふさわしい校務分掌の仕組みを整えるものとする。

〔教務主任及び学年主任〕

第44条 小学校には，教務主任及び学年主任を置くものとする。

② 前項の規定にかかわらず，第四項に規定する教務主任の担当する校務を整理する主幹教諭を置くときその他特別の事情のあるときは教務主任を，第5項に規定する学年主任の担当する校務を整理する主幹教諭を置くときその他特別の事情のあるときは学年主任を，それぞれ置かないことができる。

③ 教務主任及び学年主任は，指導教諭又は教諭をもつて，これに充てる。

④ 教務主任は，校長の監督を受け，教育計画の立案その他の教務に関する事項について連絡調整及び指導，助言に当たる。

⑤ 学年主任は，校長の監督を受け，当該学年の教育活動に関する事項について連絡調整及び指導，助言に当たる。〔保健主事〕

第45条 小学校においては，保健主事を置くものとする。

② 前項の規定にかかわらず，第四項に規定する保健主事の担当する校務を整理する主幹教諭を置くときその他特別の事情のあるときは，保健主事を置かないことができる。

③ 保健主事は，指導教諭，教諭又は養護教諭をもつて，これに充てる。

④ 保健主事は，校長の監督を受け，小学校における保健に関する事項の管理に当たる。

〔事務長又は事務主任〕

第46条 小学校には，事務長又は事務主任を置くことができる。

② 事務長及び事務主任は，事務職員をもつて，これに充てる。

③ 事務長は，校長の監督を受け，事務職員その他の職員が行う事務を総括する。

④ 事務主任は，校長の監督を受け，事務に関する事項について連絡調整及び指導，助言に当たる。

〔職員会議〕

第48条 小学校には，設置者の定めるところにより，校長の職務の円滑な執行に資するため，職員会議を置くことができる。

② 職員会議は，校長が主宰する。

〔学校評議員〕

第49条 小学校には，設置者の定めるところにより，学校評議員を置くことができる。

② 学校評議員は，校長の求めに応じ，学校運営に関し意見を述べることができる。

③ 学校評議員は，当該小学校の職員以外の者で教育に関する理解及び識見を有するもののうちから，校長の推薦により，当該小学校の設置者が委嘱する。

〔教育課程〕

第50条 小学校の教育課程は，国語，社会，算数，理科，生活，音楽，図画工作，家庭及び体育の各教科（以下この節において「各教科」という。），特別の教科である道徳，外国語活動，総合的な学習の時間並びに特別活動によつて編成するものとする。（平成32年3月まで）

第50条 小学校の教育課程は，国語，社会，算数，理科，生活，音楽，図画工作，家庭，体育及び外国語の各教科（以下この節において「各教科」という。），特別の教科である道徳，外国語活動，総合的な学習の時間並びに特別活動によつて編成するものとする。（平成32年4月以降）

② 私立の小学校の教育課程を編成する場合は，前項の規定にかかわらず，宗教を加えることができる。この場合においては，宗教をもつて前項の特別の教科である道徳に代えることができる。

〔授業時数〕

第51条 小学校（第52条の2第2項に規定する中学校連携型小学校及び第79条の9第2項に規定する中学校併設型小学校を除く。）の各学年における各教科，特別の教科である道徳，外国語活動，総合的な学習の時間及び特別活動のそれぞれの授業時数並びに各学年におけるこれらの総授業時数は，別表第1に定める授業時数を標準とする。

〔教育課程の基準〕

第52条 小学校の教育課程については，この節に定めるもののほか，教育課程の基準として文部科学大臣が別に公示する小学校学習指導要領によるものとする。

〔中学校連携型小学校の教育課程〕

第52条の2 小学校（第79条の9第2項に規定す

資　料　編

る中学校併設型小学校を除く。）においては，中学校における教育との一貫性に配慮した教育を施すため，当該小学校の設置者が当該中学校の設置者との協議に基づき定めるところにより，教育課程を編成することができる。

②　前項の規定により教育課程を編成する小学校（以下「中学校連携型小学校」という。）は，第74条の2第1項の規定により教育課程を編成する中学校と連携し，その教育課程を実施するものとする。

〔中学校連携型小学校の授業時数〕

第52条の3　中学校連携型小学校の各学年における各教科，特別の教科である道徳，外国語活動，総合的な学習の時間及び特別活動のそれぞれの授業時数並びに各学年におけるこれらの総授業時数は，別表第2の2に定める授業時数を標準とする。

〔教育課程の基準の特例〕

第52条の4　中学校連携型小学校の教育課程については，この章に定めるもののほか，教育課程の基準の特例として文部科学大臣が別に定めるところによるものとする。

〔学年の始期及び終期〕

第59条　小学校の学年は，4月1日に始まり，翌年3月31日に終わる。

〔授業終始の時期〕

第60条　授業終始の時刻は，校長が定める。

〔非常変災等の臨時休業〕

第63条　非常変災その他急迫の事情があるときは，校長は，臨時に授業を行わないことができる。この場合において，公立小学校についてはこの旨を当該学校を設置する地方公共団体の教育委員会（公立大学法人の設置する小学校にあつては，当該公立大学法人の理事長）に報告しなければならない。

〔自己評価〕

第66条　小学校は，当該小学校の教育活動その他の学校運営の状況について，自ら評価を行い，その結果を公表するものとする。

②　前項の評価を行うに当たつては，小学校は，その実情に応じ，適切な項目を設定して行うものとする。

〔学校関係者による評価〕

第167条　小学校は，前条第一項の規定による評価の結果を踏まえた当該小学校の児童の保護者その他の当該小学校の関係者（当該小学校の職員を除く。）による評価を行い，その結果を公表するよう努めるものとする。

第5章　中学校

〔設備，編制〕

第69条　中学校の設備，編制その他設置に関する事項は，この章に定めるもののほか，中学校設置基準（平成14年文部科学省令第15号）の定めるところによる。

〔生徒指導主事〕

第70条　中学校には，生徒指導主事を置くものとする。

②　前項の規定にかかわらず，第4項に規定する生徒指導主事の担当する校務を整理する主幹教諭を置くときその他特別の事情のあるときは，生徒指導主事を置かないことができる。

③　生徒指導主事は，指導教諭又は教諭をもつて，これに充てる。

④　生徒指導主事は，校長の監督を受け，生徒指導に関する事項をつかさどり，当該事項について連絡調整及び指導，助言に当たる。

〔進路指導主事〕

第71条　中学校には，進路指導主事を置くものとする。

②　前項の規定にかかわらず，第3項に規定する進路指導主事の担当する校務を整理する主幹教諭を置くときは，進路指導主事を置かないことができる。

③　進路指導主事は，指導教諭又は教諭をもつて，これに充てる。校長の監督を受け，生徒の職業選択の指導その他の進路の指導に関する事項をつかさどり，当該事項について連絡調整及び指導，助言に当たる。

〔教育課程〕

第72条　中学校の教育課程は，国語，社会，数学，理科，音楽，美術，保健体育，技術・家庭及び外国語の各教科（以下本章及び第七章中「各教科」という。），道徳，総合的な学習の時間並びに特別活動によつて編成するものとする。（平成31年3月まで）

第72条　中学校の教育課程は，国語，社会，数学，理科，音楽，美術，保健体育，技術・家庭及び外国語の各教科（以下本章及び第7章中「各教科」という。），特別の教科である道徳，総合的な学習の時間並びに特別活動によつて編成するものとする。（平成31年4月以降）

〔授業時数〕

第73条　中学校（併設型中学校，第74条の2第2項に規定する小学校連携型中学校，第75条第2項に規定する連携型中学校及び第79条の9第2項に規定する小学校併設型中学校を除く。）の各学年

における各教科，特別の教科である道徳，総合的
な学習の時間及び特別活動のそれぞれの授業時数
並びに各学年におけるこれらの総授業時数は，別
表第2に定める授業時数を標準とする。
〔教育課程の基準〕
第74条　中学校の教育課程については，この章に
定めるもののほか，教育課程の基準として文部科
学大臣が別に公示する中学校学習指導要領による
ものとする。
〔小学校連携型中学校の教育課程〕
第74条の2　中学校（併設型中学校，第75条第2
項に規定する連携型中学校及び第79条の9第2項
に規定する小学校併設型中学校を除く。）におい
ては，小学校における教育との一貫性に配慮した
教育を施すため，当該中学校の設置者が当該小学
校の設置者との協議に基づき定めるところにより，
教育課程を編成することができる。
②　前項の規定により教育課程を編成する中学校
（以下「小学校連携型中学校」という。）は，中学
校連携型小学校と連携し，その教育課程を実施す
るものとする。
〔小学校連携型中学校の授業時数〕
第74条の3　小学校連携型中学校の各学年におけ
る各教科，特別の教科である道徳，総合的な学習
の時間及び特別活動のそれぞれの授業時数並びに
各学年におけるこれらの総授業時数は，別表第2
の3に定める授業時数を標準とする。
〔教育課程の基準の特例〕
第74条の4　小学校連携型中学校の教育課程につ
いては，この章に定めるもののほか，教育課程の
基準の特例として文部科学大臣が別に定めるとこ
ろによるものとする。
〔連携型中学校の教育課程〕
第75条　中学校（併設型中学校，小学校連携型中
学校及び第79条の9第2項に規定する小学校併設
型中学校を除く。）においては，高等学校におけ
る教育との一貫性に配慮した教育を施すため，当
該中学校の設置者が当該高等学校の設置者との協
議に基づき定めるところにより，教育課程を編成
することができる。
②　前項の規定により教育課程を編成する中学校
（以下「連携型中学校」という。）は，第87条第1
項の規定により教育課程を編成する高等学校と連
携し，その教育課程を実施するものとする。
〔連携型中学校の授業時数〕
第76条　連携型中学校の各学年における各教科，
特別の教科である道徳，総合的な学習の時間及び
特別活動のそれぞれの授業時数並びに各学年にお

けるこれらの総授業時数は，別表第4に定める授
業時数を標準とする。〔教育課程の基準の特例〕
第77条　連携型中学校の教育課程については，こ
の章に定めるもののほか，教育課程の基準の特例
として文部科学大臣が別に定めるところによるも
のとする。
〔準用規定〕
第79条　第41条から第49条まで，第50条第2項，
第54条から第68条までの規定は，中学校に準用す
る。（以下，略）
第5章の2　義務教育学校並びに中学校併設型小
学校及び小学校併設型中学校
第1節　義務教育学校
〔設備，編制〕
第79条の2　義務教育学校の前期課程の設備，編
制その他設置に関する事項については，小学校設
置基準の規定を準用する。
②　義務教育学校の後期課程の設備，編制その他
設置に関する事項については，中学校設置基準の
規定を準用する。
〔授業時数〕
第79条の5　次条第1項において準用する第50条
第1項に規定する義務教育学校の前期課程の各学
年における各教科，特別の教科である道徳，外国
語活動，総合的な学習の時間及び特別活動のそれ
ぞれの授業時数並びに各学年におけるこれらの総
授業時数は，別表第2の2に定める授業時数を標
準とする。
②　次条第二項において準用する第72条に規定す
る義務教育学校の後期課程の各学年における各教
科，特別の教科である道徳，総合的な学習の時間
及び特別活動のそれぞれの授業時数並びに各学年
におけるこれらの総授業時数は，別表第2の3に
定める授業時数を標準とする。
〔教育課程〕
第79条の6　義務教育学校の前期課程の教育課程
については，第50条，第52条の規定に基づき文部
科学大臣が公示する小学校学習指導要領及び第55
条から第56条の4までの規定を準用する。（以下，
略）。
②　義務教育学校の後期課程の教育課程について
は，第50条第2項，第55条から第56条の4まで及
び第72条の規定並びに第74条の規定に基づき文部
科学大臣が公示する中学校学習指導要領の規定を
準用する。（以下，略）
〔教育課程の基準の特例〕
第79条の7　義務教育学校の教育課程については，
この章に定めるもののほか，教育課程の基準の特

例として文部科学大臣が別に定めるところによる
ものとする。

第2節　中学校併設型小学校及び小学校併設型中
学校

〔運営〕

第79条の9　同一の設置者が設置する小学校（中
学校連携型小学校を除く。）及び中学校（併設型
中学校，小学校連携型中学校及び連携型中学校を
除く。）においては，義務教育学校に準じて，小
学校における教育と中学校における教育を一貫し
て施すことができる。

②　前項の規定により中学校における教育と一貫
した教育を施す小学校（以下「中学校併設型小学
校」という。）及び同項の規定により小学校にお
ける教育と一貫した教育を施す中学校（以下「小
学校併設型中学校」という。）においては，小学
校における教育と中学校における教育を一貫して
施すためにふさわしい運営の仕組みを整えるもの
とする。

〔教育課程の基準の特例〕

第79条の10　中学校併設型小学校の教育課程につ
いては，第四章に定めるもののほか，教育課程の
基準の特例として文部科学大臣が別に定めるとこ
ろによるものとする。

②　小学校併設型中学校の教育課程については，
第五章に定めるもののほか，教育課程の基準の特
例として文部科学大臣が別に定めるところによる
ものとする。

〔教育課程の編成〕

第79条の11　中学校併設型小学校及び小学校併設
型中学校においては，小学校における教育と中学
校における教育を一貫して施すため，設置者の定
めるところにより，教育課程を編成するものとす
る。

第6章　高等学校

〔設備，編制，学科の種類〕

第80条　高等学校の設備，編制，学科の種類その
他設置に関する事項は，この節に定めるもののほ
か，高等学校設置基準（平成16年文部科学省令第
20号）の定めるところによる。

〔教育課程〕

第83条　高等学校の教育課程は，別表第3に定め
る各教科に属する科目，総合的な学習の時間及び
特別活動によつて編成するものとする。

第84条　高等学校の教育課程については，この章
に定めるもののほか，教育課程の基準として文部
科学大臣が別に公示する高等学校学習指導要領に
よるものとする。

〔連携型高等学校の教育課程〕

第87条　高等学校（学校教育法第71条の規定によ
り中学校における教育と一貫した教育を施すもの
（以下「併設型高等学校」という。）を除く。）に
おいては，中学校における教育との一貫性に配慮
した教育を施すため，当該高等学校の設置者が当
該中学校の設置者との協議に基づき定めるところ
により，教育課程を編成することができる。

②　前項の規定により教育課程を編成する高等学
校（以下「連携型高等学校」という。）は，連携
型中学校と連携し，その教育課程を実施するもの
とする。

〔入学者の選抜〕

第90条　高等学校の入学は，第78条の規定により
送付された調査書その他必要な書類，選抜のため
の学力検査（以下この条において「学力検査」と
いう。）の成績等を資料として行う入学者の選抜
に基づいて，校長が許可する。

②　学力検査は，特別の事情のあるときは，行わ
ないことができる。

③　調査書は，特別の事情のあるときは，入学者
の選抜のための資料としないことができる。

④　連携型高等学校における入学者の選抜は，第
75条第1項の規定により編成する教育課程に係る
連携型中学校の生徒については，調査書及び学力
検査の成績以外の資料により行うことができる。

⑤　公立の高等学校（公立大学法人の設置する高
等学校を除く。）に係る学力検査は，当該高等学
校を設置する都道府県又は市町村の教育委員会が
行う。

〔準用規定〕

第104条　第43条から第49条まで（第46条を除
く。），第54条，第57条から第71条まで（第69条を
除く。）及び第78条の2の規定は，高等学校に準
用する。

②③　（略）

第7章　中等教育学校並びに
併設型中学校及び併設型高等学校

第1節　中等教育学校

〔課程の設備，編制及び学科〕

第106条　中等教育学校の前期課程の設備，編制
その他設置に関する事項については，中学校設置
基準の規定を準用する。

②　中等教育学校の後期課程の設備，編制，学科
の種類その他設置に関する事項については，高等
学校設置基準の規定を準用する。

〔教育課程〕

第108条　中等教育学校の前期課程の教育課程に

ついては，第50条第2項，第55条から第56条の4
まで及び第72条の規定並びに第74条の規定に基づ
き文部科学大臣が公示する中学校学習指導要領の
規定を準用する。(以下，略)
② 中等教育学校の後期課程の教育課程について
は，第83条，第85条から第86条まで及び第88条の
2の規定並びに第84条の規定に基づき文部科学大
臣が公示する高等学校学習指導要領の規定を準用
する。(以下，略)
〔教育課程の基準の特例〕
第109条 中等教育学校の教育課程については，
この章に定めるもののほか，教育課程の基準の特
例として文部科学大臣が別に定めるところによる
ものとする。
〔入学〕
第110条 中等教育学校の入学は，設置者の定め
るところにより，校長が許可する。
② 前項の場合において，公立の中等教育学校に
ついては，学力検査を行わないものとする。
第2節 併設型中学校及び併設型高等学校
〔教育課程の編成〕
第115条 併設型中学校及び併設型高等学校にお
いては，中学校における教育と高等学校における
教育を一貫して施すため，設置者の定めるところ
により，教育課程を編成するものとする。
〔入学者選抜の不実施〕
第116条 第90条第1項の規定にかかわらず，併
設型高等学校においては，当該高等学校に係る併
設型中学校の生徒については入学者の選抜は行わ
ないものとする。

第8章 特別支援教育

〔教諭一人の保育する幼児数等〕
第120条 特別支援学校の幼稚部において，主幹
教諭，指導教諭又は教諭(以下「教諭等」とい
う。)一人の保育する幼児数は，8人以下を標準
とする。
② 特別支援学校の小学部又は中学部の一学級の
児童又は生徒の数は，法令に特別の定めのある場
合を除き，視覚障害者又は聴覚障害者である児童
又は生徒に対する教育を行う学級にあつては10人
以下を，知的障害者，肢体不自由者又は病弱者
(身体虚弱者を含む。以下同じ。)である児童又は
生徒に対する教育を行う学級にあつては15人以下
を標準とし，高等部の同時に授業を受ける1学級
の生徒数は，15人以下を標準とする。
〔教諭数〕
第122条 特別支援学校の幼稚部においては，同
時に保育される幼児数八人につき教諭等を一人置

くことを基準とする。
② 特別支援学校の小学部においては，校長のほ
か，1学級当たり教諭等を1人以上置かなければ
ならない。
③ 特別支援学校の中学部においては，1学級当
たり教諭等を2人置くことを基準とする。
④ 視覚障害者である生徒及び聴覚障害者である
生徒に対する教育を行う特別支援学校の高等部に
おいては，自立教科(理療，理学療法，理容その
他の職業についての知識技能の修得に関する教科
をいう。)を担任するため，必要な数の教員を置
かなければならない。
⑤ (略)
〔小学部の教育課程〕
第126条 特別支援学校の小学部の教育課程は，
国語，社会，算数，理科，生活，音楽，図画工作，
家庭及び体育の各教科，特別の教科である道徳，
外国語活動，総合的な学習の時間，特別活動並び
に自立活動によつて編成するものとする。(平成
32年3月まで)
第126条 特別支援学校の小学部の教育課程は，
国語，社会，算数，理科，生活，音楽，図画工作，
家庭，体育及び外国語の各教科，特別の教科であ
る道徳，外国語活動，総合的な学習の時間，特別
活動並びに自立活動によつて編成するものとする。
(平成32年4月以降)
② 前項の規定にかかわらず，知的障害者である
児童を教育する場合は，生活，国語，算数，音楽，
図画工作及び体育の各教科，特別の教科である道
徳，特別活動並びに自立活動によつて教育課程を
編成するものとする。ただし，必要がある場合に
は，外国語活動を加えて教育課程を編成すること
ができる。
〔中学部の教育課程〕
第127条 特別支援学校の中学部の教育課程は，
国語，社会，数学，理科，音楽，美術，保健体育，
技術・家庭及び外国語の各教科，道徳，総合的な
学習の時間，特別活動並びに自立活動によつて編
成するものとする。(平成31年3月まで)
第127条 特別支援学校の中学部の教育課程は，
国語，社会，数学，理科，音楽，美術，保健体育，
技術・家庭及び外国語の各教科，特別の教科であ
る道徳，総合的な学習の時間，特別活動並びに自
立活動によつて編成するものとする。(平成31年
4月以降)
② 前項の規定にかかわらず，知的障害者である
生徒を教育する場合は，国語，社会，数学，理科，
音楽，美術，保健体育及び職業・家庭の各教科，

資 料 編

特別の教科である道徳，総合的な学習の時間，特別活動並びに自立活動によつて教育課程を編成するものとする。ただし，必要がある場合には，外国語科を加えて教育課程を編成することができる。
〔高等部の教育課程〕
第128条 特別支援学校の高等部の教育課程は，別表第3及び別表第5に定める各教科に属する科目，総合的な学習の時間，特別活動並びに自立活動によつて編成するものとする。
② 前項の規定にかかわらず，知的障害者である生徒を教育する場合は，国語，社会，数学，理科，音楽，美術，保健体育，職業，家庭，外国語，情報，家政，農業，工業，流通・サービス及び福祉の各教科，第129条に規定する特別支援学校高等部学習指導要領で定めるこれら以外の教科及び道徳，総合的な学習の時間，特別活動並びに自立活動によつて教育課程を編成するものとする。
〔教育課程の基準等〕
第129条 特別支援学校の幼稚部の教育課程その他の保育内容並びに小学部，中学部及び高等部の教育課程については，この章に定めるもののほか，教育課程その他の保育内容又は教育課程の基準として文部科学大臣が別に公示する特別支援学校幼稚部教育要領，特別支援学校小学部・中学部学習指導要領及び特別支援学校高等部学習指導要領によるものとする。
〔各教科の特例〕
第130条 特別支援学校の小学部，中学部又は高等部においては，特に必要がある場合は，第126条から第128条までに規定する各教科（次項において「各教科」という。）又は別表第3及び別表第5に定める各教科に属する科目の全部又は一部について，合わせて授業を行うことができる。
② 特別支援学校の小学部，中学部又は高等部においては，知的障害者である児童若しくは生徒又は複数の種類の障害を併せ有する児童若しくは生徒を教育する場合において特に必要があるときは，各教科，特別の教科である道徳（特別支援学校の高等部にあつては，前条に規定する特別支援学校高等部学習指導要領で定める道徳），外国語活動，特別活動及び自立活動の全部又は一部について，合わせて授業を行うことができる。
〔教育課程等の特例〕
第131条 特別支援学校の小学部，中学部又は高等部において，複数の種類の障害を併せ有する児童若しくは生徒を教育する場合又は教員を派遣して教育を行う場合において，特に必要があるときは，第126条から第129条までの規定にかかわらず，

特別の教育課程によることができる。
② 前項の規定により特別の教育課程による場合において，文部科学大臣の検定を経た教科用図書又は文部科学省が著作の名義を有する教科用図書を使用することが適当でないときは，当該学校の設置者の定めるところにより，他の適切な教科用図書を使用することができる。

地方教育行政の組織及び運営に関する法律（抄）
〔昭和31年6月30日法律第162号〕

（この法律の趣旨）
第1条 この法律は，教育委員会の設置，学校その他の教育機関の職員の身分取扱その他地方公共団体における教育行政の組織及び運営の基本を定めることを目的とする。
（基本理念）
第1条の2 地方公共団体における教育行政は，教育基本法（平成18年法律第120号）の趣旨にのつとり，教育の機会均等，教育水準の維持向上及び地域の実情に応じた教育の振興が図られるよう，国との適切な役割分担及び相互の協力の下，公正かつ適正に行われなければならない。
（大綱の策定等）
第1条の3 地方公共団体の長は，教育基本法第17条第1項に規定する基本的な方針を参酌し，その地域の実情に応じ，当該地方公共団体の教育，学術及び文化の振興に関する総合的な施策の大綱（以下単に「大綱」という。）を定めるものとする。
② 地方公共団体の長は，大綱を定め，又はこれを変更しようとするときは，あらかじめ，次条第一項の総合教育会議において協議するものとする。
③ 地方公共団体の長は，大綱を定め，又はこれを変更したときは，遅滞なく，これを公表しなければならない。
④ 第一項の規定は，地方公共団体の長に対し，第21条に規定する事務を管理し，又は執行する権限を与えるものと解釈してはならない。
（総合教育会議）
第1条の4 地方公共団体の長は，大綱の策定に関する協議及び次に掲げる事項についての協議並びにこれらに関する次項各号に掲げる構成員の事務の調整を行うため，総合教育会議を設けるものとする。
1 教育を行うための諸条件の整備その他の地域の実情に応じた教育，学術及び文化の振興を図るため重点的に講ずべき施策
2 児童，生徒等の生命又は身体に現に被害が生じ，又はまさに被害が生ずるおそれがあると見

233

込まれる場合等の緊急の場合に講ずべき措置

② 総合教育会議は，次に掲げる者をもつて構成する。

1 地方公共団体の長

2 教育委員会

③ 総合教育会議は，地方公共団体の長が招集する。

④ 教育委員会は，その権限に属する事務に関して協議する必要があると思料するときは，地方公共団体の長に対し，協議すべき具体的事項を示して，総合教育会議の招集を求めることができる。

⑤ 総合教育会議は，第一項の協議を行うに当つて必要があると認めるときは，関係者又は学識経験を有する者から，当該協議すべき事項に関して意見を聴くことができる。

⑥ 総合教育会議は，公開する。ただし，個人の秘密を保つため必要があると認めるとき，又は会議の公正が害されるおそれがあると認めるときその他公益上必要があると認めるときは，この限りでない。

⑦ 地方公共団体の長は，総合教育会議の終了後，遅滞なく，総合教育会議の定めるところにより，その議事録を作成し，これを公表するよう努めなければならない。

⑧ 総合教育会議においてその構成員の事務の調整が行われた事項については，当該構成員は，その調整の結果を尊重しなければならない。

⑨ 前各項に定めるもののほか，総合教育会議の運営に関し必要な事項は，総合教育会議が定める。

第2章 教育委員会の設置及び組織

（設置）

第2条 都道府県，市（特別区を含む。以下同じ。）町村及び第21条に規定する事務の全部又は一部を処理する地方公共団体の組合に教育委員会を置く。

（組織）

第3条 教育委員会は，教育長及び4人の委員をもつて組織する。ただし，条例で定めるところにより，都道府県若しくは市又は地方公共団体の組合のうち都道府県若しくは市が加入するものの教育委員会にあつては教育長及び5人以上の委員，町村又は地方公共団体の組合のうち町村のみが加入するものの教育委員会にあつては教育長及び2人以上の委員をもつて組織することができる。

（任命）

第4条 教育長は，当該地方公共団体の長の被選挙権を有する者で，人格が高潔で，教育行政に関し識見を有するもののうちから，地方公共団体の長が，議会の同意を得て，任命する。

② 委員は，当該地方公共団体の長の被選挙権を有する者で，人格が高潔で，教育，学術及び文化（以下単に「教育」という。）に関し識見を有するもののうちから，地方公共団体の長が，議会の同意を得て，任命する。

③ 次の各号のいずれかに該当する者は，教育長又は委員となることができない。

1 破産手続開始の決定を受けて復権を得ない者

2 禁錮以上の刑に処せられた者

④ 教育長及び委員の任命については，そのうち委員の定数に1を加えた数の2分の1以上の者が同一の政党に所属することとなつてはならない。

⑤ 地方公共団体の長は，第2項の規定による委員の任命に当たつては，委員の年齢，性別，職業等に著しい偏りが生じないように配慮するとともに，委員のうちに保護者（親権を行う者及び未成年後見人をいう。第47条の5第2項第2号及び第5項において同じ。）である者が含まれるようにしなければならない。

（任期）

第5条 教育長の任期は3年とし，委員の任期は4年とする。ただし，補欠の教育長又は委員の任期は，前任者の残任期間とする。

② 教育長及び委員は，再任されることができる。

（罷免）

第7条 地方公共団体の長は，教育長若しくは委員が心身の故障のため職務の遂行に堪えないと認める場合又は職務上の義務違反その他教育長若しくは委員たるに適しない非行があると認める場合においては，当該地方公共団体の議会の同意を得て，その教育長又は委員を罷免することができる。

②～④ （略）

（解職請求）

第8条 地方公共団体の長の選挙権を有する者は，政令で定めるところにより，その総数の3分の1（その総数が40万を超え80万以下の場合にあつてはその40万を超える数に6分の1を乗じて得た数と40万に3分の1を乗じて得た数とを合算して得た数，その総数が80万を超える場合にあつてはその80万を超える数に8分の1を乗じて得た数と40万に6分の1を乗じて得た数と40万に3分の1を乗じて得た数とを合算して得た数）以上の者の連署をもつて，その代表者から，当該地方公共団体の長に対し，教育長又は委員の解職を請求することができる。

② （略）

（教育長）

第13条 教育長は，教育委員会の会務を総理し，教育委員会を代表する。

② （略）

（会議）

第14条 教育委員会の会議は，教育長が招集する。

② 教育長は，委員の定数の3分の1以上の委員から会議に付議すべき事件を示して会議の招集を請求された場合には，遅滞なく，これを招集しなければならない。

③～⑨（略）

（事務局）

第17条 教育委員会の権限に属する事務を処理させるため，教育委員会に事務局を置く。

② 教育委員会の事務局の内部組織は，教育委員会規則で定める。

（指導主事その他の職員）

第18条 都道府県に置かれる教育委員会（以下「都道府県委員会」という。）の事務局に，指導主事，事務職員及び技術職員を置くほか，所要の職員を置く。

② 市町村に置かれる教育委員会（以下「市町村委員会」という。）の事務局に，前項の規定に準じて指導主事その他の職員を置く。

③ 指導主事は，上司の命を受け，学校（学校教育法（昭和22年法律第26号）第1条に規定する学校及び就学前の子どもに関する教育，保育等の総合的な提供の推進に関する法律（平成18年法律第77号）第2条第7項に規定する幼保連携型認定こども園（以下「幼保連携型認定こども園」という。）をいう。以下同じ。）における教育課程，学習指導その他学校教育に関する専門的事項の指導に関する事務に従事する。

④ 指導主事は，教育に関し識見を有し，かつ，学校における教育課程，学習指導その他学校教育に関する専門的事項について教養と経験がある者でなければならない。指導主事は，大学以外の公立学校（地方公共団体が設置する学校をいう。以下同じ。）の教員（教育公務員特例法（昭和24年法律第1号）第2条第2項に規定する教員をいう。以下同じ。）をもつて充てることができる。

⑤～⑨（略）

第3章 教育委員会及び地方公共団体の長の職務権限

（教育委員会の職務権限）

第21条 教育委員会は，当該地方公共団体が処理する教育に関する事務で，次に掲げるものを管理し，及び執行する。

1 教育委員会の所管に属する第30条に規定する学校その他の教育機関（以下「学校その他の教育機関」という。）の設置，管理及び廃止に関すること。

2 教育委員会の所管に属する学校その他の教育機関の用に供する財産（以下「教育財産」という。）の管理に関すること。

3 教育委員会及び教育委員会の所管に属する学校その他の教育機関の職員の任免その他の人事に関すること。

4 学齢生徒及び学齢児童の就学並びに生徒，児童及び幼児の入学，転学及び退学に関すること。

5 教育委員会の所管に属する学校の組織編制，教育課程，学習指導，生徒指導及び職業指導に関すること。

6 教科書その他の教材の取扱いに関すること。

7 校舎その他の施設及び教具その他の設備の整備に関すること。

8 校長，教員その他の教育関係職員の研修に関すること。

9 校長，教員その他の教育関係職員並びに生徒，児童及び幼児の保健，安全，厚生及び福利に関すること。

10 教育委員会の所管に属する学校その他の教育機関の環境衛生に関すること。

11 学校給食に関すること。

12 青少年教育，女性教育及び公民館の事業その他社会教育に関すること。

13 スポーツに関すること。

14 文化財の保護に関すること。

15 ユネスコ活動に関すること。

16 教育に関する法人に関すること。

17 教育に係る調査及び基幹統計その他の統計に関すること。

18 所掌事務に係る広報及び所掌事務に係る教育行政に関する相談に関すること。

19 前各号に掲げるもののほか，当該地方公共団体の区域内における教育に関する事務に関すること。

（長の職務権限）

第22条 地方公共団体の長は，大綱の策定に関する事務のほか，次に掲げる教育に関する事務を管理し，及び執行する。

1 大学に関すること。

2 幼保連携型認定こども園に関すること。

3 私立学校に関すること。

4 教育財産を取得し，及び処分すること。

5 教育委員会の所掌に係る事項に関する契約を結ぶこと。

6 前号に掲げるもののほか，教育委員会の所掌に係る事項に関する予算を執行すること。

（事務の委任等）

第25条 教育委員会は，教育委員会規則で定めるところにより，その権限に属する事務の一部を教育長に委任し，又は教育長をして臨時に代理させることができる。

② 前項の規定にかかわらず，次に掲げる事務は，教育長に委任することができない。

1 教育に関する事務の管理及び執行の基本的な方針に関すること。

2 教育委員会規則その他教育委員会の定める規程の制定又は改廃に関すること。

3 教育委員会の所管に属する学校その他の教育機関の設置及び廃止に関すること。

4 教育委員会及び教育委員会の所管に属する学校その他の教育機関の職員の任免その他の人事に関すること。

5 次条の規定による点検及び評価に関すること。

6 第27条及び第29条に規定する意見の申出に関すること。

③④（略）

（幼保連携型認定こども園に関する意見聴取）

第27条 地方公共団体の長は，当該地方公共団体が設置する幼保連携型認定こども園に関する事務のうち，幼保連携型認定こども園における教育課程に関する基本的事項の策定その他の当該地方公共団体の教育委員会の権限に属する事務と密接な関連を有するものとして当該地方公共団体の規則で定めるものの実施に当たつては，当該教育委員会の意見を聴かなければならない。

② 地方公共団体の長は，前項の規則を制定し，又は改廃しようとするときは，あらかじめ，当該地方公共団体の教育委員会の意見を聴かなければならない。

（幼保連携型認定こども園に関する意見の陳述）

第27条の2 教育委員会は，当該地方公共団体が設置する幼保連携型認定こども園に関する事務の管理及び執行について，その職務に関して必要と認めるときは，当該地方公共団体の長に対し，意見を述べることができる。

（教育委員会の意見聴取）

第29条 地方公共団体の長は，歳入歳出予算のうち教育に関する事務に係る部分その他特に教育に関する事務について定める議会の議決を経るべき事件の議案を作成する場合においては，教育委員会の意見をきかなければならない。

第4章 教育機関

（教育機関の設置）

第30条 地方公共団体は，法律で定めるところにより，学校，図書館，博物館，公民館その他の教育機関を設置するほか，条例で，教育に関する専門的，技術的事項の研究又は教育関係職員の研修，保健若しくは福祉厚生に関する施設その他の必要な教育機関を設置することができる。

（教育機関の所管）

第32条 学校その他の教育機関のうち，大学及び幼保連携型認定こども園は地方公共団体の長が，その他のものは教育委員会が所管する。ただし，第23条第1項の条例の定めるところにより地方公共団体の長が管理し，及び執行することとされた事務のみに係る教育機関は，地方公共団体の長が所管する。

（学校等の管理）

第33条 教育委員会は，法令又は条例に違反しない限度において，その所管に属する学校その他の教育機関の施設，設備，組織編制，教育課程，教材の取扱その他学校その他の教育機関の管理運営の基本的事項について，必要な教育委員会規則を定めるものとする。この場合において，当該教育委員会規則で定めようとする事項のうち，その実施のためには新たに予算を伴うこととなるものについては，教育委員会は，あらかじめ当該地方公共団体の長に協議しなければならない。

② 前項の場合において，教育委員会は，学校における教科書以外の教材の使用について，あらかじめ，教育委員会に届け出させ，又は教育委員会の承認を受けさせることとする定を設けるものとする。

（教育機関の職員の任命）

第34条 教育委員会の所管に属する学校その他の教育機関の校長，園長，教員，事務職員，技術職員その他の職員は，この法律に特別の定めがある場合を除き，教育委員会が任命する。

（職員の身分取扱い）

第35条 第31条第1項又は第2項に規定する職員の任免，人事評価，給与，懲戒，服務，退職管理その他の身分取扱いに関する事項は，この法律及び他の法律に特別の定めがある場合を除き，地方公務員法の定めるところによる。

（任命権者）

第37条 市町村立学校職員給与負担法（昭和23年法律第135号）第1条及び第2条に規定する職員（以下「県費負担教職員」という。）の任命権は，都道府県委員会に属する。

② （略）

（市町村委員会の内申）

第38条 都道府県委員会は，市町村委員会の内申をまって，県費負担教職員の任免その他の進退を行うものとする。

②③ （略）

（校長の所属教職員の進退に関する意見の申出）

第39条 市町村立学校職員給与負担法第１条及び第２条に規定する学校の校長は，所属の県費負担教職員の任免その他の進退に関する意見を市町村委員会に申し出ることができる。

（服務の監督）

第43条 市町村委員会は，県費負担教職員の服務を監督する。

②～④ （略）

（人事評価）

第44条 県費負担教職員の人事評価は，地方公務員法第23条の２第１項の規定にかかわらず，都道府県委員会の計画の下に，市町村委員会が行うものとする。

（研修）

第45条 県費負担教職員の研修は，地方公務員法第39条第２項の規定にかかわらず，市町村委員会も行うことができる。

② （略）

（県費負担教職員の免職及び都道府県の職への採用）

第47条の２ 都道府県委員会は，地方公務員法第27条第２項及び第28条第１項の規定にかかわらず，その任命に係る市町村の県費負担教職員（教諭，養護教諭，栄養教諭，助教諭及び養護助教諭（同法第28条の４第１項又は第28条の５第１項の規定により採用された者（以下この項において「再任用職員」という。）を除く。）並びに講師（再任用職員及び同法第22条の２第１項各号に掲げる者を除く。）に限る。）で次の各号のいずれにも該当するもの（同法第28条第１項各号又は第２項各号のいずれかに該当する者を除く。）を免職し，引き続いて当該都道府県の常時勤務を要する職（指導主事並びに校長，園長及び教員の職を除く。）に採用することができる。

1 児童又は生徒に対する指導が不適切であること。

2 研修等必要な措置が講じられたとしてもなお児童又は生徒に対する指導を適切に行うことができないと認められること。

②～④ （略）

（学校運営協議会）

第47条の５ 教育委員会は，教育委員会規則で定めるところにより，その所管に属する学校ごとに，当該学校の運営及び当該運営への必要な支援に関して協議する機関として，学校運営協議会を置くように努めなければならない。ただし，２以上の学校の運営に関し相互に密接な連携を図る必要がある場合として文部科学省令で定める場合には，２以上の学校について一の学校運営協議会を置くことができる。

② 学校運営協議会の委員は，次に掲げる者について，教育委員会が任命する。

1 対象学校（当該学校運営協議会が，その運営及び当該運営への必要な支援に関して協議する学校をいう。以下この条において同じ。）の所在する地域の住民

2 対象学校に在籍する生徒，児童又は幼児の保護者

3 社会教育法（昭和24年法律第207号）第９条の７第１項に規定する地域学校協働活動推進員その他の対象学校の運営に資する活動を行う者

4 その他当該教育委員会が必要と認める者

③ 対象学校の校長は，前項の委員の任命に関する意見を教育委員会に申し出ることができる。

④ 対象学校の校長は，当該対象学校の運営に関して，教育課程の編成その他教育委員会規則で定める事項について基本的な方針を作成し，当該対象学校の学校運営協議会の承認を得なければならない。

⑤ 学校運営協議会は，前項に規定する基本的な方針に基づく対象学校の運営及び当該運営への必要な支援に関し，対象学校の所在する地域の住民，対象学校に在籍する生徒，児童又は幼児の保護者その他の関係者の理解を深めるとともに，対象学校とこれらの者との連携及び協力の推進に資するため，対象学校の運営及び当該運営への必要な支援に関する協議の結果に関する情報を積極的に提供するよう努めるものとする。

⑥ 学校運営協議会は，対象学校の運営に関する事項（次項に規定する事項を除く。）について，教育委員会又は校長に対して，意見を述べることができる。

⑦ 学校運営協議会は，対象学校の職員の採用その他の任用に関して教育委員会規則で定める事項について，当該職員の任命権者に対して意見を述べることができる。この場合において，当該職員が県費負担教職員（第55条第１項又は第61条第１項の規定により市町村委員会がその任用に関する事務を行う職員を除く。）であるときは，市町村

委員会を経由するものとする。

⑧　対象学校の職員の任命権者は，当該職員の任用に当たつては，前項の規定により述べられた意見を尊重するものとする。

⑨　教育委員会は，学校運営協議会の運営が適正を欠くことにより，対象学校の運営に現に支障が生じ，又は生ずるおそれがあると認められる場合においては，当該学校運営協議会の適正な運営を確保するために必要な措置を講じなければならない。

⑩　学校運営協議会の委員の任免の手続及び任期，学校運営協議会の議事の手続その他学校運営協議会の運営に関し必要な事項については，教育委員会規則で定める。

第5章　文部科学大臣及び教育委員会相互間の関係等

（文部科学大臣又は都道府県委員会の指導，助言及び援助）

第48条　地方自治法第245条の4第1項の規定によるほか，文部科学大臣は都道府県又は市町村に対し，都道府県委員会は市町村に対し，都道府県又は市町村の教育に関する事務の適正な処理を図るため，必要な指導，助言又は援助を行うことができる。

②～④　（略）

（是正の要求の方式）

第49条　文部科学大臣は，都道府県委員会又は市町村委員会の教育に関する事務の管理及び執行が法令の規定に違反するものがある場合又は当該事務の管理及び執行を怠るものがある場合において，児童，生徒等の教育を受ける機会が妨げられていることその他の教育を受ける権利が侵害されていることが明らかであるとして地方自治法第245条の五第一項若しくは第四項の規定による求め又は同条第2項の指示を行うときは，当該教育委員会が講ずべき措置の内容を示して行うものとする。

（文部科学大臣の指示）

第50条　文部科学大臣は，都道府県委員会又は市町村委員会の教育に関する事務の管理及び執行が法令の規定に違反するものがある場合又は当該事務の管理及び執行を怠るものがある場合において，児童，生徒等の生命又は身体に現に被害が生じ，又はまさに被害が生ずるおそれがあると見込まれ，その被害の拡大又は発生を防止するため，緊急の必要があるときは，当該教育委員会に対し，当該違反を是正し，又は当該怠る事務の管理及び執行を改めるべきことを指示することができる。ただし，他の措置によつては，その是正を図ることが

困難である場合に限る。

（文部科学大臣及び教育委員会相互間の関係）

第51条　文部科学大臣は都道府県委員会又は市町村委員会相互の間の，都道府県委員会は市町村委員会相互の間の連絡調整を図り，並びに教育委員会は，相互の間の連絡を密にし，及び文部科学大臣又は他の教育委員会と協力し，教職員の適正な配置と円滑な交流及び教職員の勤務能率の増進を図り，もつてそれぞれその所掌する教育に関する事務の適正な執行と管理に努めなければならない。

（調査）

第53条　文部科学大臣又は都道府県委員会は，第48条第1項及び第51条の規定による権限を行うため必要があるときは，地方公共団体の長又は教育委員会が管理し，及び執行する教育に関する事務について，必要な調査を行うことができる。

②　（略）

（資料及び報告）

第54条　教育行政機関は，的確な調査，統計その他の資料に基いて，その所掌する事務の適切かつ合理的な処理に努めなければならない。

②　文部科学大臣は地方公共団体の長又は教育委員会に対し，都道府県委員会は市町村長又は市町村委員会に対し，それぞれ都道府県又は市町村の区域内の教育に関する事務に関し，必要な調査，統計その他の資料又は報告の提出を求めることができる。

（市町村の教育行政の体制の整備及び充実）

第55条の2　市町村は，近隣の市町村と協力して地域における教育の振興を図るため，地方自治法第252条の7第1項の規定による教育委員会の共同設置その他の連携を進め，地域における教育行政の体制の整備及び充実に努めるものとする。

②　（略）

市町村立学校職員給与負担法（抄）
〔昭和23年7月10日法律第135号〕

〔市町村立小中学校等職員の給与の都道府県負担〕

第1条　市（地方自治法（昭和22年法律第67号）第252条の19第1項の指定都市（次条において「指定都市」という。）を除き，特別区を含む。）町村立の小学校，中学校，義務教育学校，中等教育学校の前期課程及び特別支援学校の校長（中等教育学校の前期課程にあつては，当該課程の属する中等教育学校の校長とする。），副校長，教頭，主幹教諭，指導教諭，教諭，養護教諭，栄養教諭，助教諭，養護助教諭，寄宿舎指導員，講師（常勤

資 料 編

の者及び地方公務員法（昭和25年法律第261号）
第28条の５第１項に規定する短時間勤務の職を占
める者に限る。），学校栄養職員（学校給食法（昭
和29年法律第160号）第７条に規定する職員のう
ち栄養の指導及び管理をつかさどる主幹教諭並び
に栄養教諭以外の者をいい，同法第６条に規定す
る施設の当該職員を含む。以下同じ。）及び事務
職員のうち次に掲げる職員であるものの給料，扶
養手当，地域手当，住居手当，初任給調整手当，
通勤手当，単身赴任手当，特殊勤務手当，特地勤
務手当（これに準ずる手当を含む。），へき地手当
（これに準ずる手当を含む。），時間外勤務手当
（学校栄養職員及び事務職員に係るものとする。），
宿日直手当，管理職員特別勤務手当，管理職手当，
期末手当，勤勉手当，義務教育等教員特別手当，
寒冷地手当，特定任期付職員業績手当，退職手当，
退職年金及び退職一時金並びに旅費（都道府県が
定める支給に関する基準に適合するものに限る。）
（以下「給料その他の給与」という。）並びに定時
制通信教育手当（中等教育学校の校長に係るもの
とする。）並びに講師（公立義務教育諸学校の学
級編制及び教職員定数の標準に関する法律（昭和
33年法律第116号。以下「義務教育諸学校標準法」
という。）第17条第２項に規定する非常勤の講師
に限る。）の報酬，職務を行うために要する費用
の弁償及び期末手当（次条において「報酬等」と
いう。）は，都道府県の負担とする。
1　義務教育諸学校標準法第６条第１項の規定に
　基づき都道府県が定める都道府県小中学校等教
　職員定数及び義務教育諸学校標準法第十条第一
　項の規定に基づき都道府県が定める都道府県特
　別支援学校教職員定数に基づき配置される職員
　（義務教育諸学校標準法第十八条各号に掲げる
　者を含む。）
2　公立高等学校の適正配置及び教職員定数の標
　準等に関する法律（昭和36年法律第188号。以
　下「高等学校標準法」という。）第15条の規定
　に基づき都道府県が定める特別支援学校高等部
　教職員定数に基づき配置される職員（特別支援
　学校の高等部に係る高等学校標準法第24条各号
　に掲げる者を含む。）
3　特別支援学校の幼稚部に置くべき職員の数と
　して都道府県が定める数に基づき配置される職
　員
〔市町村立定時制高等学校職員の給与の都道府県
負担〕
第2条　市（指定都市を除く。）町村立の高等学
校（中等教育学校の後期課程を含む。）で学校教

育法（昭和22年法律第26号）第４条第１項に規定
する定時制の課程（以下この条において「定時制
の課程」という。）を置くものの校長（定時制の
課程のほかに同項に規定する全日制の課程を置く
高等学校の校長及び中等教育学校の校長を除く。），
定時制の課程に関する校務をつかさどる副校長，
定時制の課程に関する校務を整理する教頭，主幹
教諭（定時制の課程に関する校務の一部を整理す
る者又は定時制の課程の授業を担任する者に限る。）
並びに定時制の課程の授業を担任する指導
教諭，教諭，助教諭及び講師（常勤の者及び地方
公務員法第28条の５第１項に規定する短時間勤務
の職を占める者に限る。）のうち高等学校標準法
第７条の規定に基づき都道府県が定める高等学校
等教職員定数に基づき配置される職員（高等学校
標準法第24条各号に掲げる者を含む。）であるも
のの給料その他の給与，定時制通信教育手当及び
産業教育手当並びに講師（高等学校標準法第23条
第２項に規定する非常勤の講師に限る。）の報酬
等は，都道府県の負担とする。

義務教育費国庫負担法（抄）
〔昭和27年８月８日法律第303号〕

（この法律の目的）
第１条　この法律は，義務教育について，義務教
育無償の原則に則り，国民のすべてに対しその妥
当な規模と内容とを保障するため，国が必要な経
費を負担することにより，教育の機会均等とその
水準の維持向上とを図ることを目的とする。
（教職員の給与及び報酬等に要する経費の国庫負
担）
第２条　国は，毎年度，各都道府県ごとに，公立
の小学校，中学校，義務教育学校，中等教育学校
の前期課程並びに特別支援学校の小学部及び中学
部（学校給食法（昭和29年法律第160号）第六条
に規定する施設を含むものとし，以下「義務教育
諸学校」という。）に要する経費のうち，次に掲
げるものについて，その実支出額の３分の１を負
担する。ただし，特別の事情があるときは，各都
道府県ごとの国庫負担額の最高限度を政令で定め
ることができる。
1　市（地方自治法（昭和22年法律第67号）第
　252条の19第１項の指定都市（以下「指定都市」
　という。）を除き，特別区を含む。）町村立の義
　務教育諸学校に係る市町村立学校職員給与負担
　法（昭和23年法律第135号）第１条に掲げる職
　員の給料その他の給与（退職手当，退職年金及
　び退職一時金並びに旅費を除く。）及び報酬等

239

に要する経費（以下「教職員の給与及び報酬等
に要する経費」という。）

2　都道府県立の中学校（学校教育法（昭和22年
法律第26号）第71条の規定により高等学校にお
ける教育と一貫した教育を施すものに限る。），
中等教育学校及び特別支援学校に係る教職員の
給与及び報酬等に要する経費

3　都道府県立の義務教育諸学校（前号に規定す
るものを除く。）に係る教職員の給与及び報酬
等に要する経費（学校生活への適応が困難であ
るため相当の期間学校を欠席していると認めら
れる児童又は生徒に対して特別の指導を行うた
めの教育課程及び夜間その他特別の時間におい
て主として学齢を経過した者に対して指導を行
うための教育課程の実施を目的として配置され
る教職員に係るものに限る。）

教育公務員特例法（抄）
〔昭和24年1月12日法律第1号〕

第1章　総　則

（この法律の趣旨）

第1条　この法律は，教育を通じて国民全体に奉
仕する教育公務員の職務とその責任の特殊性に基
づき，教育公
務員の任免，人事評価，給与，分限，懲戒，服務
及び研修等について規定する。

（定義）

第2条　この法律において「教育公務員」とは，
地方公務員のうち，学校（学校教育法（昭和22年
法律第26号）第一条に規定する学校及び就学前の
子どもに関する教育，保育等の総合的な提供の推
進に関する法律（平成18年法律第77号）第2条第
7項に規定する幼保連携型認定こども園（以下
「幼保連携型認定こども園」という。）をいう。以
下同じ。）であつて地方公共団体が設置するもの
（以下「公立学校」という。）の学長，校長（園長
を含む。以下同じ。），教員及び部局長並びに教育
委員会の専門的教育職員をいう。

②〜⑤　（略）

第2章　任免，人事評価，給与，
分限及び懲戒

（採用及び昇任の方法）

第11条　公立学校の校長の採用（現に校長の職以
外の職に任命されている者を校長の職に任命する
場合を含む。）並びに教員の採用（現に教員の職
以外の職に任命されている者を教員の職に任命す
る場合を含む。以下この条において同じ。）及び
昇任（採用に該当するものを除く。）は，選考に
よるものとし，その選考は，大学附置の学校にあ
つては当該大学の学長が，大学附置の学校以外の
公立学校（幼保連携型認定こども園を除く。）に
あつてはその校長及び教員の任命権者である教育
委員会の教育長が，大学附置の学校以外の公立学
校（幼保連携型認定こども園に限る。）にあつて
はその校長及び教員の任命権者である地方公共団
体の長が行う。

（条件附任用）

第12条　公立の小学校，中学校，義務教育学校，
高等学校，中等教育学校，特別支援学校，幼稚園
及び幼保連携型認定こども園（以下「小学校等」
という。）の教諭，助教諭，保育教諭，助保育教
諭及び講師（以下「教諭等」という。）に係る地
方公務員法第22条に規定する採用については，同
条中「6月」とあるのは「1年」として同条の規
定を適用する。

②　（略）

第3章　服　務

（兼職及び他の事業等の従事）

第17条　教育公務員は，教育に関する他の職を兼
ね，又は教育に関する他の事業若しくは事務に従
事することが本務の遂行に支障がないと任命権者
（地方教育行政の組織及び運営に関する法律第37
条第1項に規定する県費負担教職員については，
市町村（特別区を含む。以下同じ。）の教育委員
会。第23条第2項及び第24条第2項において同
じ。）において認める場合には，給与を受け，又
は受けないで，その職を兼ね，又はその事業若し
くは事務に従事することができる。

②③　（略）

（公立学校の教育公務員の政治的行為の制限）

第18条　公立学校の教育公務員の政治的行為の制
限については，当分の間，地方公務員法第36条の
規定にかかわらず，国家公務員の例による。

②　（略）

第4章　研　修

（研修）

第21条　教育公務員は，その職責を遂行するため
に，絶えず研究と修養に努めなければならない。

②　教育公務員の任命権者は，教育公務員（公立
の小学校等の校長及び教員（臨時的に任用された
者その他の政令で定める者を除く。以下この章に
おいて同じ。）を除く。）の研修について，それに
要する施設，研修を奨励するための方途その他研
修に関する計画を樹立し，その実施に努めなけれ
ばならない。

（研修の機会）

資　料　編

第22条　教育公務員には，研修を受ける機会が与えられなければならない。

②　教員は，授業に支障のない限り，本属長の承認を受けて，勤務場所を離れて研修を行うことができる。

③　教育公務員は，任命権者の定めるところにより，現職のままで，長期にわたる研修を受けることができる。

（初任者研修）

第23条　公立の小学校等の教諭等の任命権者は，当該教諭等（臨時的に任用された者その他の政令で定める者を除く。）に対して，その採用（現に教諭等の職以外の職に任命されている者を教諭等の職に任命する場合を含む。附則第5条第1項において同じ。）の日から1年間の教諭又は保育教諭の職務の遂行に必要な事項に関する実践的な研修（以下「初任者研修」という。）を実施しなければならない。

②　任命権者は，初任者研修を受ける者（次項において「初任者」という。）の所属する学校の副校長，教頭，主幹教諭（養護又は栄養の指導及び管理をつかさどる主幹教諭を除く。），指導教諭，教諭，主幹保育教諭，指導保育教諭，保育教諭又は講師のうちから，指導教員を命じるものとする。

③　指導教員は，初任者に対して教諭又は保育教諭の職務の遂行に必要な事項について指導及び助言を行うものとする。

（中堅教諭等資質向上研修）

第24条　公立の小学校等の教諭等（臨時的に任用された者その他の政令で定める者を除く。以下この項において同じ。）の任命権者は，当該教諭等に対して，個々の能力，適性等に応じて，公立の小学校等における教育に関し相当の経験を有し，その教育活動その他の学校運営の円滑かつ効果的な実施において中核的な役割を果たすことが期待される中堅教諭等としての職務を遂行する上で必要とされる資質の向上を図るために必要な事項に関する研修（以下「中堅教諭等資質向上研修」という。）を実施しなければならない。

②　（略）

（指導改善研修）

第25条　公立の小学校等の教諭等の任命権者は，児童，生徒又は幼児（以下「児童等」という。）に対する指導が不適切であると認定した教諭等に対して，その能力，適性等に応じて，当該指導の改善を図るために必要な事項に関する研修（以下「指導改善研修」という。）を実施しなければならない。

②　指導改善研修の期間は，1年を超えてはならない。ただし，特に必要があると認めるときは，任命権者は，指導改善研修を開始した日から引き続き二年を超えない範囲内で，これを延長することができる。

③　任命権者は，指導改善研修を実施するに当たり，指導改善研修を受ける者の能力，適性等に応じて，その者ごとに指導改善研修に関する計画書を作成しなければならない。

④　任命権者は，指導改善研修の終了時において，指導改善研修を受けた者の児童等に対する指導の改善の程度に関する認定を行わなければならない。

⑤　任命権者は，第1項及び前項の認定に当たつては，教育委員会規則（幼保連携型認定こども園にあつては，地方公共団体の規則。次項において同じ。）で定めるところにより，教育学，医学，心理学その他の児童等に対する指導に関する専門的知識を有する者及び当該任命権者の属する都道府県又は市町村の区域内に居住する保護者（親権を行う者及び未成年後見人をいう。）である者の意見を聴かなければならない。

⑥⑦　（略）

（指導改善研修後の措置）

第25条の2　任命権者は，前条第四項の認定において指導の改善が不十分でなお児童等に対する指導を適切に行うことができないと認める教諭等に対して，免職その他の必要な措置を講ずるものとする。

第5章　大学院修学休業

（大学院修学休業の許可及びその要件等）

第26条　公立の小学校等の主幹教諭，指導教諭，教諭，養護教諭，栄養教諭，主幹保育教諭，指導保育教諭，保育教諭又は講師（以下「主幹教諭等」という。）で次の各号のいずれにも該当するものは，任命権者の許可を受けて，3年を超えない範囲内で年を単位として定める期間，大学（短期大学を除く。）の大学院の課程若しくは専攻科の課程又はこれらの課程に相当する外国の大学の課程（次項及び第28条第2項において「大学院の課程等」という。）に在学してその課程を履修するための休業（以下「大学院修学休業」という。）をすることができる。（以下，略）

②　（略）

地方公務員法（抄）
〔昭和25年12月13日法律第261号〕

第1章　総　則

（この法律の目的）

241

第1条　この法律は，地方公共団体の人事機関並びに地方公務員の任用，人事評価，給与，勤務時間その他の勤務条件，休業，分限及び懲戒，服務，退職管理，研修，福祉及び利益の保護並びに団体等人事行政に関する根本基準を確立することにより，地方公共団体の行政の民主的かつ能率的な運営並びに特定地方独立行政法人の事務及び事業の確実な実施を保障して，もつて地方自治の本旨の実現に資することを目的とする。

（この法律の適用を受ける地方公務員）

第4条　この法律の規定は，一般職に属するすべての地方公務員（以下「職員」という。）に適用する。

②　この法律の規定は，法律に特別の定がある場合を除く外，特別職に属する地方公務員には適用しない。

第3章　職員に適用される基準

（平等取扱の原則）

第13条　すべて国民は，この法律の適用について，平等に取り扱われなければならず，人種，信条，性別，社会的身分若しくは門地によつて，又は第16条第5号に規定する場合を除く外，政治的意見若しくは政治的所属関係によつて差別されてはならない。

（任用の根本基準）

第15条　職員の任用は，この法律の定めるところにより，受験成績，人事評価その他の能力の実証に基づいて行わなければならない。

（分限及び懲戒の基準）

第27条　すべて職員の分限及び懲戒については，公正でなければならない。

②　職員は，この法律で定める事由による場合でなければ，その意に反して，降任され，若しくは免職されず，この法律又は条例で定める事由による場合でなければ，その意に反して，休職されず，又，条例で定める事由による場合でなければ，その意に反して降給されることがない。

③　職員は，この法律で定める事由による場合でなければ，懲戒処分を受けることがない。

（降任，免職，休職等）

第28条　職員が，次の各号に掲げる場合のいずれかに該当するときは，その意に反して，これを降任し，又は免職することができる。

1　人事評価又は勤務の状況を示す事実に照らして，勤務実績がよくない場合

2　心身の故障のため，職務の遂行に支障があり，又はこれに堪えない場合

3　前二号に規定する場合のほか，その職に必要

な適格性を欠く場合

4　職制若しくは定数の改廃又は予算の減少により廃職又は過員を生じた場合

②　職員が，左の各号の1に該当する場合においては，その意に反してこれを休職することができる。

1　心身の故障のため，長期の休養を要する場合

2　刑事事件に関し起訴された場合

③　職員の意に反する降任，免職，休職及び降給の手続及び効果は，法律に特別の定がある場合を除く外，条例で定めなければならない。

④　職員は，第16条各号（第3号を除く。）の1に該当するに至つたときは，条例に特別の定がある場合を除く外，その職を失う。

（懲戒）

第29条　職員が次の各号の1に該当する場合においては，これに対し懲戒処分として戒告，減給，停職又は免職の処分をすることができる。

1　この法律若しくは第57条に規定する特例を定めた法律又はこれに基く条例，地方公共団体の規則若しくは地方公共団体の機関の定める規程に違反した場合

2　職務上の義務に違反し，又は職務を怠つた場合

3　全体の奉仕者たるにふさわしくない非行のあつた場合

②～④　（略）

（服務の根本基準）

第30条　すべて職員は，全体の奉仕者として公共の利益のために勤務し，且つ，職務の遂行に当つては，全力を挙げてこれに専念しなければならない。

（服務の宣誓）

第31条　職員は，条例の定めるところにより，服務の宣誓をしなければならない。

（法令等及び上司の職務上の命令に従う義務）

第32条　職員は，その職務を遂行するに当つて，法令，条例，地方公共団体の規則及び地方公共団体の機関の定める規程に従い，且つ，上司の職務上の命令に忠実に従わなければならない。

（信用失墜行為の禁止）

第33条　職員は，その職の信用を傷つけ，又は職員の職全体の不名誉となるような行為をしてはならない。

（秘密を守る義務）

第34条　職員は，職務上知り得た秘密を漏らしてはならない。その職を退いた後も，また，同様とする。

資　料　編

②　法令による証人，鑑定人等となり，職務上の秘密に属する事項を発表する場合においては，任命権者（退職者については，その退職した職又はこれに相当する職に係る任命権者）の許可を受けなければならない。

③　前項の許可は，法律に特別の定がある場合を除く外，拒むことができない。

（職務に専念する義務）

第35条　職員は，法律又は条例に特別の定がある場合を除く外，その勤務時間及び職務上の注意力のすべてをその職責遂行のために用い，当該地方公共団体がなすべき責を有する職務にのみ従事しなければならない。

（政治的行為の制限）

第36条　職員は，政党その他の政治的団体の結成に関与し，若しくはこれらの団体の役員となつてはならず，又はこれらの団体の構成員となるように，若しくはならないように勧誘運動をしてはならない。

②　職員は，特定の政党その他の政治的団体又は特定の内閣若しくは地方公共団体の執行機関を支持し，又はこれに反対する目的をもつて，あるいは公の選挙又は投票において特定の人又は事件を支持し，又はこれに反対する目的をもつて，次に掲げる政治的行為をしてはならない。ただし，当該職員の属する地方公共団体の区域（当該職員が都道府県の支庁若しくは地方事務所又は地方自治法第252条の19第1項の指定都市の区若しくは総合区に勤務する者であるときは，当該支庁若しくは地方事務所又は区若しくは総合区の所管区域）外において，第1号から第3号まで及び第5号に掲げる政治的行為をすることができる。

1　公の選挙又は投票において投票をするように，又はしないように勧誘運動をすること。

2　署名運動を企画し，又は主宰する等これに積極的に関与すること。

3　寄附金その他の金品の募集に関与すること。

4　文書又は図画を地方公共団体又は特定地方独立行政法人の庁舎（特定地方独立行政法人にあつては，事務所。以下この号において同じ。）施設等に掲示し，又は掲示させ，その他地方公共団体又は特定地方独立行政法人の庁舎，施設，資材又は資金を利用し，又は利用させること。

5　前各号に定めるものを除く外，条例で定める政治的行為

③〜⑤　（略）

（争議行為等の禁止）

第37条　職員は，地方公共団体の機関が代表する

使用者としての住民に対して同盟罷業，怠業その他の争議行為をし，又は地方公共団体の機関の活動能率を低下させる怠業的行為をしてはならない。又，何人も，このような違法な行為を企て，又はその遂行を共謀し，そそのかし，若しくはあおつてはならない。

②　（略）

（営利企業への従事等の制限）

第38条　職員は，任命権者の許可を受けなければ，商業，工業又は金融業その他営利を目的とする私企業（以下この項及び次条第1項において「営利企業」という。）を営むことを目的とする会社その他の団体の役員その他人事委員会規則（人事委員会を置かない地方公共団体においては，地方公共団体の規則）で定める地位を兼ね，若しくは自ら営利企業を営み，又は報酬を得ていかなる事業若しくは事務にも従事してはならない。ただし，非常勤職員（短時間勤務の職を占める職員及び第22条の2第1項第2号に掲げる職員を除く。）については，この限りでない。

②　（略）

（研修）

第39条　職員には，その勤務能率の発揮及び増進のために，研修を受ける機会が与えられなければならない。

②　前項の研修は，任命権者が行うものとする。

③④　（略）

（職員団体）

第52条　この法律において「職員団体」とは，職員がその勤務条件の維持改善を図ることを目的として組織する団体又はその連合体をいう。

②　前項の「職員」とは，第五項に規定する職員以外の職員をいう。

③　職員は，職員団体を結成し，若しくは結成せず，又はこれに加入し，若しくは加入しないことができる。ただし，重要な行政上の決定を行う職員，重要な行政上の決定に参画する管理的地位にある職員，職員の任免に関して直接の権限を持つ監督的地位にある職員，職員の任免，分限，懲戒若しくは服務，職員の給与その他の勤務条件又は職員団体との関係についての当局の計画及び方針に関する機密の事項に接し，そのためにその職務上の義務と責任とが職員団体の構成員としての誠意と責任とに直接に抵触すると認められる監督的地位にある職員その他職員団体との関係において当局の立場に立つて遂行すべき職務を担当する職員（以下「管理職員等」という。）と管理職員等以外の職員とは，同一の職員団体を組織すること

243

ができず，管理職員等と管理職員等以外の職員とが組織する団体は，この法律にいう「職員団体」ではない。

④　前項ただし書に規定する管理職員等の範囲は，人事委員会規則又は公平委員会規則で定める。

⑤　警察職員及び消防職員は，職員の勤務条件の維持改善を図ることを目的とし，かつ，地方公共団体の当局と交渉する団体を結成し，又はこれに加入してはならない。

（交渉）

第55条　地方公共団体の当局は，登録を受けた職員団体から，職員の給与，勤務時間その他の勤務条件に関し，及びこれに附帯して，社交的又は厚生的活動を含む適法な活動に係る事項に関し，適法な交渉の申入れがあつた場合においては，その申入れに応ずべき地位に立つものとする。

②　職員団体と地方公共団体の当局との交渉は，団体協約を締結する権利を含まないものとする。

③　地方公共団体の事務の管理及び運営に関する事項は，交渉の対象とすることができない。

④〜⑪　（略）

教育職員免許法（抄）
〔昭和24年5月31日法律第147号〕

第1章　総　則

（この法律の目的）

第1条　この法律は，教育職員の免許に関する基準を定め，教育職員の資質の保持と向上を図ることを目的とする。

（定義）

第2条　この法律において「教育職員」とは，学校（学校教育法（昭和22年法律第26号）第1条に規定する幼稚園，小学校，中学校，義務教育学校，高等学校，中等教育学校及び特別支援学校（第3項において「第一条学校」という。）並びに就学前の子どもに関する教育，保育等の総合的な提供の推進に関する法律（平成18年法律第77号）第2条第7項に規定する幼保連携型認定こども園（以下「幼保連携型認定こども園」という。）をいう。以下同じ。）の主幹教諭（幼保連携型認定こども園の主幹養護教諭及び主幹栄養教諭を含む。以下同じ。），指導教諭，教諭，助教諭，養護教諭，養護助教諭，栄養教諭，主幹保育教諭，指導保育教諭，保育教諭，助保育教諭及び講師（以下「教員」という。）をいう。

②　この法律で「免許管理者」とは，免許状を有する者が教育職員及び文部科学省令で定める教育の職にある者である場合にあつてはその者の勤務

地の都道府県の教育委員会，これらの者以外の者である場合にあつてはその者の住所地の都道府県の教育委員会をいう。

③　この法律において「所轄庁」とは，大学附置の国立学校（国（国立大学法人法（平成15年法律第112号）第2条第1項に規定する国立大学法人を含む。以下この項において同じ。）が設置する学校をいう。以下同じ。）又は公立学校（地方公共団体（地方独立行政法人法（平成15年法律第118号）第68条第1項に規定する公立大学法人（以下単に「公立大学法人」という。）を含む。）が設置する学校をいう。以下同じ。）の教員にあつてはその大学の学長，大学附置の学校以外の公立学校（第一条学校に限る。）の教員にあつてはその学校を所管する教育委員会，大学附置の学校以外の公立学校（幼保連携型認定こども園に限る。）の教員にあつてはその学校を所管する地方公共団体の長，私立学校（国及び地方公共団体（公立大学法人を含む。）以外の者が設置する学校をいう。以下同じ。）の教員にあつては都道府県知事（地方自治法（昭和22年法律第67号）第252条の19第1項の指定都市又は同法第252条の22第1項の中核市（以下この項において「指定都市等」という。）の区域内の幼保連携型認定こども園の教員にあつては，当該指定都市等の長）をいう。

④⑤　（略）

（免許）

第3条　教育職員は，この法律により授与する各相当の免許状を有する者でなければならない。

②　前項の規定にかかわらず，主幹教諭（養護又は栄養の指導及び管理をつかさどる主幹教諭を除く。）及び指導教諭については各相当学校の教諭の免許状を有する者を，養護をつかさどる主幹教諭については養護教諭の免許状を有する者を，栄養の指導及び管理をつかさどる主幹教諭については栄養教諭の免許状を有する者を，講師については各相当学校の教員の相当免許状を有する者を，それぞれ充てるものとする。

③　特別支援学校の教員（養護又は栄養の指導及び管理をつかさどる主幹教諭，養護教諭，養護助教諭，栄養教諭並びに特別支援学校において自立教科等の教授を担任する教員を除く。）については，第1項の規定にかかわらず，特別支援学校の教員の免許状のほか，特別支援学校の各部に相当する学校の教員の免許状を有する者でなければならない。

④　義務教育学校の教員（養護又は栄養の指導及

び管理をつかさどる主幹教諭，養護教諭，養護助
教諭並びに栄養教諭を除く。）については，第1
項の規定にかかわらず，小学校の教員の免許状及
び中学校の教員の免許状を有する者でなければな
らない。

⑤　中等教育学校の教員（養護又は栄養の指導及
び管理をつかさどる主幹教諭，養護教諭，養護助
教諭並びに栄養教諭を除く。）については，第1
項の規定にかかわらず，中学校の教員の免許状及
び高等学校の教員の免許状を有する者でなければ
ならない。

⑥　幼保連携型認定こども園の教員の免許につい
ては，第1項の規定にかかわらず，就学前の子ど
もに関する教育，保育等の総合的な提供の推進に
関する法律の定めるところによる。

第2章　免許状

（種類）

第4条　免許状は，普通免許状，特別免許状及び
臨時免許状とする。

②　普通免許状は，学校（義務教育学校，中等教
育学校及び幼保連携型認定こども園を除く。）の
種類ごとの教諭の免許状，養護教諭の免許状及び
栄養教諭の免許状とし，それぞれ専修免許状，一
種免許状及び二種免許状（高等学校教諭の免許状
にあつては，専修免許状及び一種免許状）に区分
する。

③　特別免許状は，学校（幼稚園，義務教育学校，
中等教育学校及び幼保連携型認定こども園を除
く。）の種類ごとの教諭の免許状とする。

④　臨時免許状は，学校（義務教育学校，中等教
育学校及び幼保連携型認定こども園を除く。）の
種類ごとの助教諭の免許状及び養護助教諭の免許
状とする。

⑤　中学校及び高等学校の教員の普通免許状及び
臨時免許状は，次に掲げる各教科について授与す
るものとする。

1　中学校の教員にあつては，国語，社会，数学，
　理科，音楽，美術，保健体育，保健，技術，家
　庭，職業（職業指導及び職業実習（農業，工業，
　商業，水産及び商船のうちいずれか一以上の実
　習とする。以下同じ。）を含む。），職業指導，
　職業実習，外国語（英語，ドイツ語，フランス
　語その他の各外国語に分ける。）及び宗教

2　高等学校の教員にあつては，国語，地理歴史，
　公民，数学，理科，音楽，美術，工芸，書道，
　保健体育，保健，看護，看護実習，家庭，家庭
　実習，情報，情報実習，農業，農業実習，工業，
　工業実習，商業，商業実習，水産，水産実習，

福祉，福祉実習，商船，商船実習，職業指導，
外国語（英語，ドイツ語，フランス語その他の
各外国語に分ける。）及び宗教

⑥　小学校教諭，中学校教諭及び高等学校教諭の
特別免許状は，次に掲げる教科又は事項について
授与するものとする。

1　小学校教諭にあつては，国語，社会，算数，
　理科，生活，音楽，図画工作，家庭，体育及び
　外国語（英語，ドイツ語，フランス語その他の
　各外国語に分ける。）

2　中学校教諭にあつては，前項第一号に掲げる
　各教科及び第16条の3第1項の文部科学省令で
　定める教科

3　高等学校教諭にあつては，前項第2号に掲げ
　る各教科及びこれらの教科の領域の一部に係る
　事項で第16条の4第1項の文部科学省令で定め
　るもの並びに第16条の3第1項の文部科学省令
　で定める教科

（効力）

第9条　普通免許状は，その授与の日の翌日から
起算して10年を経過する日の属する年度の末日ま
で，すべての都道府県（中学校及び高等学校の教
員の宗教の教科についての免許状にあつては，国
立学校又は公立学校の場合を除く。次項及び第3
項において同じ。）において効力を有する。

②　特別免許状は，その授与の日の翌日から起算
して10年を経過する日の属する年度の末日まで，
その免許状を授与した授与権者の置かれる都道府
県においてのみ効力を有する。

③　臨時免許状は，その免許状を授与したときか
ら3年間，その免許状を授与した授与権者の置か
れる都道府県においてのみ効力を有する。

④⑤　（略）

（有効期間の更新及び延長）

第9条の2　免許管理者は，普通免許状又は特別
免許状の有効期間を，その満了の際，その免許状
を有する者の申請により更新することができる。

②　前項の申請は，申請書に免許管理者が定める
書類を添えて，これを免許管理者に提出しなけれ
ばならない。

③　第一項の規定による更新は，その申請をした
者が当該普通免許状又は特別免許状の有効期間の
満了する日までの文部科学省令で定める2年以上
の期間内において免許状更新講習の課程を修了し
た者である場合又は知識技能その他の事項を勘案
して免許状更新講習を受ける必要がないものとし
て文部科学省令で定めるところにより免許管理者
が認めた者である場合に限り，行うものとする。

④〜⑥ （略）

（免許状更新講習）

第9条の3 免許状更新講習は，大学その他文部科学省令で定める者が，次に掲げる基準に適合することについての文部科学大臣の認定を受けて行う。

1 講習の内容が，教員の職務の遂行に必要なものとして文部科学省令で定める事項に関する最新の知識技能を修得させるための課程（その一部として行われるものを含む。）であること。

2 講習の講師が，次のいずれかに該当する者であること。

イ 文部科学大臣が第16条の3第4項の政令で定める審議会等に諮問して免許状の授与の所要資格を得させるために適当と認める課程を有する大学において，当該課程を担当する教授，准教授又は講師の職にある者

ロ イに掲げる者に準ずるものとして文部科学省令で定める者

3 講習の課程の修了の認定（課程の一部の履修の認定を含む。）が適切に実施されるものであること。

4 その他文部科学省令で定める要件に適合するものであること。

② 前項に規定する免許状更新講習（以下単に「免許状更新講習」という。）の時間は，30時間以上とする。

③ 免許状更新講習は，次に掲げる者に限り，受けることができる。

1 教育職員及び文部科学省令で定める教育の職にある者

2 教育職員に任命され，又は雇用されることとなつている者及びこれに準ずるものとして文部科学省令で定める者

④〜⑦ （略）

学校保健安全法 （抄）
〔昭和33年4月10日法律第56号〕

第1章 総則

（目的）

第1条 この法律は，学校における児童生徒等及び職員の健康の保持増進を図るため，学校における保健管理に関し必要な事項を定めるとともに，学校における教育活動が安全な環境において実施され，児童生徒等の安全の確保が図られるよう，学校における安全管理に関し必要な事項を定め，もつて学校教育の円滑な実施とその成果の確保に資することを目的とする。

第2章 学校保健

（学校保健計画の策定等）

第5条 学校においては，児童生徒等及び職員の心身の健康の保持増進を図るため，児童生徒等及び職員の健康診断，環境衛生検査，児童生徒等に対する指導その他保健に関する事項について計画を策定し，これを実施しなければならない。

（保健室）

第7条 学校には，健康診断，健康相談，保健指導，救急処置その他の保健に関する措置を行うため，保健室を設けるものとする。

（就学時の健康診断）

第11条 市（特別区を含む。以下同じ。）町村の教育委員会は，学校教育法第17条第1項の規定により翌学年の初めから同項に規定する学校に就学させるべき者で，当該市町村の区域内に住所を有するものの就学に当たつて，その健康診断を行わなければならない。

第12条 市町村の教育委員会は，前条の健康診断の結果に基づき，治療を勧告し，保健上必要な助言を行い，及び学校教育法第17条第1項に規定する義務の猶予若しくは免除又は特別支援学校への就学に関し指導を行う等適切な措置をとらなければならない。

（児童生徒等の健康診断）

第13条 学校においては，毎学年定期に，児童生徒等（通信による教育を受ける学生を除く。）の健康診断を行わなければならない。

② 学校においては，必要があるときは，臨時に，児童生徒等の健康診断を行うものとする。

（出席停止）

第19条 校長は，感染症にかかつており，かかつている疑いがあり，又はかかるおそれのある児童生徒等があるときは，政令で定めるところにより，出席を停止させることができる。

（臨時休業）

第20条 学校の設置者は，感染症の予防上必要があるときは，臨時に，学校の全部又は一部の休業を行うことができる。

第3章 学校安全

（学校安全計画の策定等）

第27条 学校においては，児童生徒等の安全の確保を図るため，当該学校の施設及び設備の安全点検，児童生徒等に対する通学を含めた学校生活その他の日常生活における安全に関する指導，職員の研修その他学校における安全に関する事項について計画を策定し，これを実施しなければならない。

資　料　編

（危険等発生時対処要領の作成等）
第29条　学校においては，児童生徒等の安全の確保を図るため，当該学校の実情に応じて，危険等発生時において当該学校の職員がとるべき措置の具体的内容及び手順を定めた対処要領（次項において「危険等発生時対処要領」という。）を作成するものとする。
②　校長は，危険等発生時対処要領の職員に対する周知，訓練の実施その他の危険等発生時において職員が適切に対処するために必要な措置を講ずるものとする。
③　学校においては，事故等により児童生徒等に危害が生じた場合において，当該児童生徒等及び当該事故等により心理的外傷その他の心身の健康に対する影響を受けた児童生徒等その他の関係者の心身の健康を回復させるため，これらの者に対して必要な支援を行うものとする。この場合においては，第十条の規定を準用する。

社会教育法（抄）
〔昭和24年6月10日法律第207号〕

第1章　総　則

（この法律の目的）
第1条　この法律は，教育基本法（平成18年法律第120号）の精神に則り，社会教育に関する国及び地方公共団体の任務を明らかにすることを目的とする。
（社会教育の定義）
第2条　この法律において「社会教育」とは，学校教育法（昭和22年法律第26号）又は就学前の子どもに関する教育，保育等の総合的な提供の推進に関する法律（平成18年法律第77号）に基づき，学校の教育課程として行われる教育活動を除き，主として青少年及び成人に対して行われる組織的な教育活動（体育及びレクリエーションの活動を含む。）をいう。
（国及び地方公共団体の任務）
第3条　国及び地方公共団体は，この法律及び他の法令の定めるところにより，社会教育の奨励に必要な施設の設置及び運営，集会の開催，資料の作製，頒布その他の方法により，すべての国民があらゆる機会，あらゆる場所を利用して，自ら実際生活に即する文化的教養を高め得るような環境を醸成するように努めなければならない。
②　国及び地方公共団体は，前項の任務を行うに当たつては，国民の学習に対する多様な需要を踏まえ，これに適切に対応するために必要な学習の機会の提供及びその奨励を行うことにより，生涯

学習の振興に寄与することとなるよう努めるものとする。
③　国及び地方公共団体は，第一項の任務を行うに当たつては，社会教育が学校教育及び家庭教育との密接な関連性を有することにかんがみ，学校教育との連携の確保に努め，及び家庭教育の向上に資することとなるよう必要な配慮をするとともに，学校，家庭及び地域住民その他の関係者相互間の連携及び協力の促進に資することとなるよう努めるものとする。

（市町村の教育委員会の事務）
第5条　市（特別区を含む。以下同じ。）町村の教育委員会は，社会教育に関し，当該地方の必要に応じ，予算の範囲内において，次の事務を行う。
1　社会教育に必要な援助を行うこと。
2　社会教育委員の委嘱に関すること。
3　公民館の設置及び管理に関すること。
4　所管に属する図書館，博物館，青年の家その他の社会教育施設の設置及び管理に関すること。
5　所管に属する学校の行う社会教育のための講座の開設及びその奨励に関すること。
6　講座の開設及び討論会，講習会，講演会，展示会その他の集会の開催並びにこれらの奨励に関すること。
7　家庭教育に関する学習の機会を提供するための講座の開設及び集会の開催並びに家庭教育に関する情報の提供並びにこれらの奨励に関すること。
8　職業教育及び産業に関する科学技術指導のための集会の開催並びにその奨励に関すること。
9　生活の科学化の指導のための集会の開催及びその奨励に関すること。
10　情報化の進展に対応して情報の収集及び利用を円滑かつ適正に行うために必要な知識又は技能に関する学習の機会を提供するための講座の開設及び集会の開催並びにこれらの奨励に関すること。
11　運動会，競技会その他体育指導のための集会の開催及びその奨励に関すること。
12　音楽，演劇，美術その他芸術の発表会等の開催及びその奨励に関すること。
13　主として学齢児童及び学齢生徒（それぞれ学校教育法第18条に規定する学齢児童及び学齢生徒をいう。）に対し，学校の授業の終了後又は休業日において学校，社会教育施設その他適切な施設を利用して行う学習その他の活動の機会を提供する事業の実施並びにその奨励に関すること。

247

14 青少年に対しボランティア活動など社会奉仕体験活動，自然体験活動その他の体験活動の機会を提供する事業の実施及びその奨励に関すること。

15 社会教育における学習の機会を利用して行つた学習の成果を活用して学校，社会教育施設その他地域において行う教育活動その他の活動の機会を提供する事業の実施及びその奨励に関すること。

16 社会教育に関する情報の収集，整理及び提供に関すること。

17 視聴覚教育，体育及びレクリエーションに必要な設備，器材及び資料の提供に関すること。

18 情報の交換及び調査研究に関すること。

19 その他第3条第1項の任務を達成するために必要な事務

② （略）

（都道府県の教育委員会の事務）

第6条 都道府県の教育委員会は，社会教育に関し，当該地方の必要に応じ，予算の範囲内において，前条第1項各号の事務（同項第3号の事務を除く。）を行うほか，次の事務を行う。

1 公民館及び図書館の設置及び管理に関し，必要な指導及び調査を行うこと。

2 社会教育を行う者の研修に必要な施設の設置及び運営，講習会の開催，資料の配布等に関すること。

3 社会教育施設の設置及び運営に必要な物資の提供及びそのあつせんに関すること。

4 市町村の教育委員会との連絡に関すること。

5 その他法令によりその職務権限に属する事項

（図書館及び博物館）

第9条 図書館及び博物館は，社会教育のための機関とする。

② 図書館及び博物館に関し必要な事項は，別に法律をもつて定める。

第2章 社会教育主事等

（社会教育主事及び社会教育主事補の設置）

第9条の2 都道府県及び市町村の教育委員会の事務局に，社会教育主事を置く。

② 都道府県及び市町村の教育委員会の事務局に，社会教育主事補を置くことができる。

（社会教育主事及び社会教育主事補の職務）

第9条の3 社会教育主事は，社会教育を行う者に専門的技術的な助言と指導を与える。ただし，命令及び監督をしてはならない。

② 社会教育主事は，学校が社会教育関係団体，地域住民その他の関係者の協力を得て教育活動を行う場合には，その求めに応じて，必要な助言を行うことができる。

③ 社会教育主事補は，社会教育主事の職務を助ける。

第3章 社会教育関係団体

（社会教育関係団体の定義）

第10条 この法律で「社会教育関係団体」とは，法人であると否とを問わず，公の支配に属しない団体で社会教育に関する事業を行うことを主たる目的とするものをいう。

（文部科学大臣及び教育委員会との関係）

第11条 文部科学大臣及び教育委員会は，社会教育関係団体の求めに応じ，これに対し，専門的技術的指導又は助言を与えることができる。

② 文部科学大臣及び教育委員会は，社会教育関係団体の求めに応じ，これに対し，社会教育に関する事業に必要な物資の確保につき援助を行う。

（国及び地方公共団体との関係）

第12条 国及び地方公共団体は，社会教育関係団体に対し，いかなる方法によつても，不当に統制的支配を及ぼし，又はその事業に干渉を加えてはならない。

第5章 公民館

（目的）

第20条 公民館は，市町村その他一定区域内の住民のために，実際生活に即する教育，学術及び文化に関する各種の事業を行い，もつて住民の教養の向上，健康の増進，情操の純化を図り，生活文化の振興，社会福祉の増進に寄与することを目的とする。

（公民館の設置者）

第21条 公民館は，市町村が設置する。

② 前項の場合を除くほか，公民館は，公民館の設置を目的とする一般社団法人又は一般財団法人（以下この章において「法人」という。）でなければ設置することができない。

③ 公民館の事業の運営上必要があるときは，公民館に分館を設けることができる。

第6章 学校施設の利用

（学校施設の利用）

第44条 学校（国立学校又は公立学校をいう。以下この章において同じ。）の管理機関は，学校教育上支障がないと認める限り，その管理する学校の施設を社会教育のために利用に供するように努めなければならない。

② （略）

（学校施設利用の許可）

第45条 社会教育のために学校の施設を利用しよ

資 料 編

うとする者は，当該学校の管理機関の許可を受けなければならない。

② 前項の規定により，学校の管理機関が学校施設の利用を許可しようとするときは，あらかじめ，学校の長の意見を聞かなければならない。

（社会教育の講座）

第48条 文部科学大臣は国立学校に対し，地方公共団体の長は当該地方公共団体が設置する大学若しくは幼保連携型認定こども園又は当該地方公共団体が設立する公立大学法人が設置する公立学校に対し，地方公共団体に設置されている教育委員会は当該地方公共団体が設置する大学及び幼保連携型認定こども園以外の公立学校に対し，その教育組織及び学校の施設の状況に応じ，文化講座，専門講座，夏期講座，社会学級講座等学校施設の利用による社会教育のための講座の開設を求めることができる。

②～④（略）

児童福祉法
（昭和22年法律第164号）

第1章 総 則

第1条 全て児童は，児童の権利に関する条約の精神にのっとり，適切に養育されること，その生活を保障されること，愛され，保護されること，その心身の健やかな成長及び発達並びにその自立が図られることその他の福祉を等しく保障される権利を有する。

第2条 全て国民は，児童が良好な環境において生まれ，かつ，社会のあらゆる分野において，児童の年齢及び発達の程度に応じて，その意見が尊重され，その最善の利益が優先して考慮され，心身ともに健やかに育成されるよう努めなければならない。

② 児童の保護者は，児童を心身ともに健やかに育成することについて第一義的責任を負う。

③ 国及び地方公共団体は，児童の保護者とともに，児童を心身ともに健やかに育成する責任を負う。

第2節 定義

第4条 この法律で，児童とは，満18歳に満たない者をいい，児童を左のように分ける。

1 乳児 満一歳に満たない者
2 幼児 満一歳から，小学校就学の始期に達するまでの者
3 少年 小学校就学の始期から，満18歳に達するまでの者

② この法律で，障害児とは，身体に障害のある

児童，知的障害のある児童，精神に障害のある児童（発達障害者支援法（平成16年法律第167号）第2条第2項に規定する発達障害児を含む。）又は治療方法が確立していない疾病その他の特殊の疾病であつて障害者の日常生活及び社会生活を総合的に支援するための法律（平成17年法律第123号）第4条第一項の政令で定めるものによる障害の程度が同項の厚生労働大臣が定める程度である児童をいう。

第6条の2 この法律で，小児慢性特定疾病とは，児童又は児童以外の満20歳に満たない者（以下「児童等」という。）が当該疾病にかかつていることにより，長期にわたり療養を必要とし，及びその生命に危険が及ぶおそれがあるものであつて，療養のために多額の費用を要するものとして厚生労働大臣が社会保障審議会の意見を聴いて定める疾病をいう。

② この法律で，小児慢性特定疾病医療支援とは，都道府県知事が指定する医療機関（以下「指定小児慢性特定疾病医療機関」という。）に通い，又は入院する小児慢性特定疾病にかかつている児童等（政令で定めるものに限る。以下「小児慢性特定疾病児童等」という。）であつて，当該疾病の状態が当該小児慢性特定疾病ごとに厚生労働大臣が社会保障審議会の意見を聴いて定める程度であるものに対し行われる医療（当該小児慢性特定疾病に係るものに限る。）をいう。

第6条の2の2 この法律で，障害児通所支援とは，児童発達支援，医療型児童発達支援，放課後等デイサービス及び保育所等訪問支援をいい，障害児通所支援事業とは，障害児通所支援を行う事業をいう。

② この法律で，児童発達支援とは，障害児につき，児童発達支援センターその他の厚生労働省令で定める施設に通わせ，日常生活における基本的な動作の指導，知識技能の付与，集団生活への適応訓練その他の厚生労働省令で定める便宜を供与することをいう。

③ この法律で，医療型児童発達支援とは，上肢，下肢又は体幹の機能の障害（以下「肢体不自由」という。）のある児童につき，医療型児童発達支援センター又は独立行政法人国立病院機構若しくは国立研究開発法人国立精神・神経医療研究センターの設置する医療機関であつて厚生労働大臣が指定するもの（以下「指定発達支援医療機関」という。）に通わせ，児童発達支援及び治療を行うことをいう。

④ この法律で，放課後等デイサービスとは，学

249

校教育法（昭和22年法律第26号）第1条に規定する学校（幼稚園及び大学を除く。）に就学している障害児につき，授業の終了後又は休業日に児童発達支援センターその他の厚生労働省令で定める施設に通わせ，生活能力の向上のために必要な訓練，社会との交流の促進その他の便宜を供与することをいう。

⑤　この法律で，保育所等訪問支援とは，保育所その他の児童が集団生活を営む施設として厚生労働省令で定めるものに通う障害児につき，当該施設を訪問し，当該施設における障害児以外の児童との集団生活への適応のための専門的な支援その他の便宜を供与することをいう。

⑥　この法律で，障害児相談支援とは，障害児支援利用援助及び継続障害児支援利用援助を行うことをいい，障害児相談支援事業とは，障害児相談支援を行う事業をいう。

⑦　この法律で，障害児支援利用援助とは，第21条の5の6第1項又は第21条の5の8第1項の申請に係る障害児の心身の状況，その置かれている環境，当該障害児又はその保護者の障害児通所支援の利用に関する意向その他の事情を勘案し，利用する障害児通所支援の種類及び内容その他の厚生労働省令で定める事項を定めた計画（以下「障害児支援利用計画案」という。）を作成し，第21条の5の5第1項に規定する通所給付決定（次項において「通所給付決定」という。）又は第21条の5の8第2項に規定する通所給付決定の変更の決定（次項において「通所給付決定の変更の決定」という。）（以下この条及び第24条の26第1項第1号において「給付決定等」と総称する。）が行われた後に，第21条の5の3第1項に規定する指定障害児通所支援事業者等その他の者（次項において「関係者」という。）との連絡調整その他の便宜を供与するとともに，当該給付決定等に係る障害児通所支援の種類及び内容，これを担当する者その他の厚生労働省令で定める事項を記載した計画（次項において「障害児支援利用計画」という。）を作成することをいう。

⑧　この法律で，継続障害児支援利用援助とは，通所給付決定に係る障害児の保護者（以下「通所給付決定保護者」という。）が，第21条の5の7第8項に規定する通所給付決定の有効期間内において，継続して障害児通所支援を適切に利用することができるよう，当該通所給付決定に係る障害児支援利用計画（この項の規定により変更されたものを含む。以下この項において同じ。）が適切であるかどうかにつき，厚生労働省令で定める期

間ごとに，当該通所給付決定保護者の障害児通所支援の利用状況を検証し，その結果及び当該通所給付決定に係る障害児の心身の状況，その置かれている環境，当該障害児又はその保護者の障害児通所支援の利用に関する意向その他の事情を勘案し，障害児支援利用計画の見直しを行い，その結果に基づき，次のいずれかの便宜の供与を行うことをいう。

1　障害児支援利用計画を変更するとともに，関係者との連絡調整その他の便宜の供与を行うこと。

2　新たな通所給付決定又は通所給付決定の変更の決定が必要であると認められる場合において，当該給付決定等に係る障害児の保護者に対し，給付決定等に係る申請の勧奨を行うこと。

第6条の3　この法律で，児童自立生活援助事業とは，次に掲げる者に対しこれらの者が共同生活を営むべき住居における相談その他の日常生活上の援助及び生活指導並びに就業の支援（以下「児童自立生活援助」という。）を行い，あわせて児童自立生活援助の実施を解除された者に対し相談その他の援助を行う事業をいう。

1　義務教育を終了した児童又は児童以外の満20歳に満たない者であつて，措置解除者等（第27条第1項第3号に規定する措置（政令で定めるものに限る。）を解除された者その他政令で定める者をいう。次号において同じ。）であるもの（以下「満20歳未満義務教育終了児童等」という。）

2　学校教育法第50条に規定する高等学校の生徒，同法第83条に規定する大学の学生その他の厚生労働省令で定める者であつて，満20歳に達した日から満22歳に達する日の属する年度の末日までの間にあるもの（満20歳に達する日の前日において児童自立生活援助が行われていた満20歳未満義務教育終了児童等であつたものに限る。）のうち，措置解除者等であるもの（以下「満20歳以上義務教育終了児童等」という。）

②　この法律で，放課後児童健全育成事業とは，小学校に就学している児童であつて，その保護者が労働等により昼間家庭にいないものに，授業の終了後に児童厚生施設等の施設を利用して適切な遊び及び生活の場を与えて，その健全な育成を図る事業をいう。

③　この法律で，子育て短期支援事業とは，保護者の疾病その他の理由により家庭において養育を受けることが一時的に困難となつた児童について，厚生労働省令で定めるところにより，児童養護施

250

設その他の厚生労働省令で定める施設に入所させ，その者につき必要な保護を行う事業をいう。

④　この法律で，乳児家庭全戸訪問事業とは，一の市町村の区域内における原則として全ての乳児のいる家庭を訪問することにより，厚生労働省令で定めるところにより，子育てに関する情報の提供並びに乳児及びその保護者の心身の状況及び養育環境の把握を行うほか，養育についての相談に応じ，助言その他の援助を行う事業をいう。

⑤　この法律で，養育支援訪問事業とは，厚生労働省令で定めるところにより，乳児家庭全戸訪問事業の実施その他により把握した保護者の養育を支援することが特に必要と認められる児童（第8項に規定する要保護児童に該当するものを除く。以下「要支援児童」という。）若しくは保護者に監護させることが不適当であると認められる児童及びその保護者又は出産後の養育について出産前において支援を行うことが特に必要と認められる妊婦（以下「特定妊婦」という。）（以下「要支援児童等」という。）に対し，その養育が適切に行われるよう，当該要支援児童等の居宅において，養育に関する相談，指導，助言その他必要な支援を行う事業をいう。

⑥　この法律で，地域子育て支援拠点事業とは，厚生労働省令で定めるところにより，乳児又は幼児及びその保護者が相互の交流を行う場所を開設し，子育てについての相談，情報の提供，助言その他の援助を行う事業をいう。

⑦　この法律で，一時預かり事業とは，家庭において保育（養護及び教育（第39条の2第1項に規定する満3歳以上の幼児に対する教育を除く。）を行うことをいう。以下同じ。）を受けることが一時的に困難となつた乳児又は幼児について，厚生労働省令で定めるところにより，主として昼間において，保育所，認定こども園（就学前の子どもに関する教育，保育等の総合的な提供の推進に関する法律（平成18年法律第77号。以下「認定こども園法」という。）第2条第6項に規定する認定こども園をいい，保育所であるものを除く。第24条第2項を除き，以下同じ。）その他の場所において，一時的に預かり，必要な保護を行う事業をいう。

⑧　この法律で，小規模住居型児童養育事業とは，第27条第1項第3号の措置に係る児童について，厚生労働省令で定めるところにより，保護者のない児童又は保護者に監護させることが不適当であると認められる児童（以下「要保護児童」という。）の養育に関し相当の経験を有する者その他

の厚生労働省令で定める者（次条に規定する里親を除く。）の住居において養育を行う事業をいう。

⑨　この法律で，家庭的保育事業とは，次に掲げる事業をいう。

1　子ども・子育て支援法（平成24年法律第65号）第19条第1項第2号の内閣府令で定める事由により家庭において必要な保育を受けることが困難である乳児又は幼児（以下「保育を必要とする乳児・幼児」という。）であつて満3歳未満のものについて，家庭的保育者（市町村長（特別区の区長を含む。以下同じ。）が行う研修を修了した保育士その他の厚生労働省令で定める者であつて，当該保育を必要とする乳児・幼児の保育を行う者として市町村長が適当と認めるものをいう。以下同じ。）の居宅その他の場所（当該保育を必要とする乳児・幼児の居宅を除く。）において，家庭的保育者による保育を行う事業（利用定員が5人以下であるものに限る。次号において同じ。）

2　満3歳以上の幼児に係る保育の体制の整備の状況その他の地域の事情を勘案して，保育が必要と認められる児童であつて満3歳以上のものについて，家庭的保育者の居宅その他の場所（当該保育が必要と認められる児童の居宅を除く。）において，家庭的保育者による保育を行う事業

⑩　この法律で，小規模保育事業とは，次に掲げる事業をいう。

1　保育を必要とする乳児・幼児であつて満3歳未満のものについて，当該保育を必要とする乳児・幼児を保育することを目的とする施設（利用定員が6人以上19人以下であるものに限る。）において，保育を行う事業

2　満3歳以上の幼児に係る保育の体制の整備の状況その他の地域の事情を勘案して，保育が必要と認められる児童であつて満3歳以上のものについて，前号に規定する施設において，保育を行う事業

⑪　この法律で，居宅訪問型保育事業とは，次に掲げる事業をいう。

1　保育を必要とする乳児・幼児であつて満3歳未満のものについて，当該保育を必要とする乳児・幼児の居宅において家庭的保育者による保育を行う事業

2　満3歳以上の幼児に係る保育の体制の整備の状況その他の地域の事情を勘案して，保育が必要と認められる児童であつて満3歳以上のものについて，当該保育が必要と認められる児童の

居宅において家庭的保育者による保育を行う事業
⑫　この法律で，事業所内保育事業とは，次に掲げる事業をいう。
1　保育を必要とする乳児・幼児であつて満3歳未満のものについて，次に掲げる施設において，保育を行う事業
イ　事業主がその雇用する労働者の監護する乳児若しくは幼児及びその他の乳児若しくは幼児を保育するために自ら設置する施設又は事業主から委託を受けて当該事業主が雇用する労働者の監護する乳児若しくは幼児及びその他の乳児若しくは幼児の保育を実施する施設
ロ　事業主団体がその構成員である事業主の雇用する労働者の監護する乳児若しくは幼児及びその他の乳児若しくは幼児を保育するために自ら設置する施設又は事業主団体から委託を受けてその構成員である事業主の雇用する労働者の監護する乳児若しくは幼児及びその他の乳児若しくは幼児の保育を実施する施設
ハ　地方公務員等共済組合法（昭和37年法律第152号）の規定に基づく共済組合その他の厚生労働省令で定める組合（以下ハにおいて「共済組合等」という。）が当該共済組合等の構成員として厚生労働省令で定める者（以下ハにおいて「共済組合等の構成員」という。）の監護する乳児若しくは幼児及びその他の乳児若しくは幼児を保育するために自ら設置する施設又は共済組合等から委託を受けて当該共済組合等の構成員の監護する乳児若しくは幼児及びその他の乳児若しくは幼児の保育を実施する施設
2　満三歳以上の幼児に係る保育の体制の整備の状況その他の地域の事情を勘案して，保育が必要と認められる児童であつて満3歳以上のものについて，前号に規定する施設において，保育を行う事業
⑬　この法律で，病児保育事業とは，保育を必要とする乳児・幼児又は保護者の労働若しくは疾病その他の事由により家庭において保育を受けることが困難となつた小学校に就学している児童であつて，疾病にかかつているものについて，保育所，認定こども園，病院，診療所その他厚生労働省令で定める施設において，保育を行う事業をいう。
⑭　この法律で，子育て援助活動支援事業とは，厚生労働省令で定めるところにより，次に掲げる援助のいずれか又は全てを受けることを希望する者と当該援助を行うことを希望する者（個人に限る。以下この項において「援助希望者」という。）

との連絡及び調整並びに援助希望者への講習の実施その他の必要な支援を行う事業をいう。
1　児童を一時的に預かり，必要な保護（宿泊を伴つて行うものを含む。）を行うこと。
2　児童が円滑に外出することができるよう，その移動を支援すること。
第6条の4　この法律で，里親とは，次に掲げる者をいう。
1　厚生労働省令で定める人数以下の要保護児童を養育することを希望する者（都道府県知事が厚生労働省令で定めるところにより行う研修を修了したことその他の厚生労働省令で定める要件を満たす者に限る。）のうち，第34条の19に規定する養育里親名簿に登録されたもの（以下「養育里親」という。）
2　前号に規定する厚生労働省令で定める人数以下の要保護児童を養育すること及び養子縁組によつて養親となることを希望する者（都道府県知事が厚生労働省令で定めるところにより行う研修を修了した者に限る。）のうち，第34条の19に規定する養子縁組里親名簿に登録されたもの（以下「養子縁組里親」という。）
3　第1号に規定する厚生労働省令で定める人数以下の要保護児童を養育することを希望する者（当該要保護児童の父母以外の親族であつて，厚生労働省令で定めるものに限る。）のうち，都道府県知事が第27条第1項第3号の規定により児童を委託する者として適当と認めるもの
第7条　この法律で，児童福祉施設とは，助産施設，乳児院，母子生活支援施設，保育所，幼保連携型認定こども園，児童厚生施設，児童養護施設，障害児入所施設，児童発達支援センター，児童心理治療施設，児童自立支援施設及び児童家庭支援センターとする。
②　この法律で，障害児入所支援とは，障害児入所施設に入所し，又は指定発達支援医療機関に入院する障害児に対して行われる保護，日常生活の指導及び知識技能の付与並びに障害児入所施設に入所し，又は指定発達支援医療機関に入院する障害児のうち知的障害のある児童，肢体不自由のある児童又は重度の知的障害及び重度の肢体不自由が重複している児童（以下「重症心身障害児」という。）に対し行われる治療をいう。
第7節　保育士
第18条の4　この法律で，保育士とは，第18条の18第1項の登録を受け，保育士の名称を用いて，専門的知識及び技術をもつて，児童の保育及び

児童の保護者に対する保育に関する指導を行うことを業とする者をいう。

第18条の6　次の各号のいずれかに該当する者は，保育士となる資格を有する。

1　都道府県知事の指定する保育士を養成する学校その他の施設（以下「指定保育士養成施設」という。）を卒業した者

2　保育士試験に合格した者

第3章　事業，養育里親及び養子縁組里親並びに施設

第36条　助産施設は，保健上必要があるにもかかわらず，経済的理由により，入院助産を受けることができない妊産婦を入所させて，助産を受けさせることを目的とする施設とする。

第37条　乳児院は，乳児（保健上，安定した生活環境の確保その他の理由により特に必要のある場合には，幼児を含む。）を入院させて，これを養育し，あわせて退院した者について相談その他の援助を行うことを目的とする施設とする。

第38条　母子生活支援施設は，配偶者のない女子又はこれに準ずる事情にある女子及びその者の監護すべき児童を入所させて，これらの者を保護するとともに，これらの者の自立の促進のためにその生活を支援し，あわせて退所した者について相談その他の援助を行うことを目的とする施設とする。

第39条　保育所は，保育を必要とする乳児・幼児を日々保護者の下から通わせて保育を行うことを目的とする施設（利用定員が20人以上であるものに限り，幼保連携型認定こども園を除く。）とする。

②　保育所は，前項の規定にかかわらず，特に必要があるときは，保育を必要とするその他の児童を日々保護者の下から通わせて保育することができる。

第39条の2　幼保連携型認定こども園は，義務教育及びその後の教育の基礎を培うものとしての満3歳以上の幼児に対する教育（教育基本法（平成18年法律第120号）第6条第1項に規定する法律に定める学校において行われる教育をいう。）及び保育を必要とする乳児・幼児に対する保育を一体的に行い，これらの乳児又は幼児の健やかな成長が図られるよう適当な環境を与えて，その心身の発達を助長することを目的とする施設とする。

②　幼保連携型認定こども園に関しては，この法律に定めるもののほか，認定こども園法の定めるところによる。

第40条　児童厚生施設は，児童遊園，児童館等児童に健全な遊びを与えて，その健康を増進し，又は情操をゆたかにすることを目的とする施設とする。

第41条　児童養護施設は，保護者のない児童（乳児を除く。ただし，安定した生活環境の確保その他の理由により特に必要のある場合には，乳児を含む。以下この条において同じ。），虐待されている児童その他環境上養護を要する児童を入所させて，これを養護し，あわせて退所した者に対する相談その他の自立のための援助を行うことを目的とする施設とする。

第42条　障害児入所施設は，次の各号に掲げる区分に応じ，障害児を入所させて，当該各号に定める支援を行うことを目的とする施設とする。

1　福祉型障害児入所施設　保護，日常生活の指導及び独立自活に必要な知識技能の付与

2　医療型障害児入所施設　保護，日常生活の指導，独立自活に必要な知識技能の付与及び治療

第43条　児童発達支援センターは，次の各号に掲げる区分に応じ，障害児を日々保護者の下から通わせて，当該各号に定める支援を提供することを目的とする施設とする。

1　福祉型児童発達支援センター　日常生活における基本的動作の指導，独立自活に必要な知識技能の付与又は集団生活への適応のための訓練

2　医療型児童発達支援センター　日常生活における基本的動作の指導，独立自活に必要な知識技能の付与又は集団生活への適応のための訓練及び治療

第43条の2　児童心理治療施設は，家庭環境，学校における交友関係その他の環境上の理由により社会生活への適応が困難となった児童を，短期間，入所させ，又は保護者の下から通わせて，社会生活に適応するために必要な心理に関する治療及び生活指導を主として行い，あわせて退所した者について相談その他の援助を行うことを目的とする施設とする。

第44条　児童自立支援施設は，不良行為をなし，又はなすおそれのある児童及び家庭環境その他の環境上の理由により生活指導等を要する児童を入所させ，又は保護者の下から通わせて，個々の児童の状況に応じて必要な指導を行い，その自立を支援し，あわせて退所した者について相談その他の援助を行うことを目的とする施設とする。

第44条の2　児童家庭支援センターは，地域の児童の福祉に関する各般の問題につき，児童に関する家庭その他からの相談のうち，専門的な知

識及び技術を必要とするものに応じ，必要な助言を行うとともに，市町村の求めに応じ，技術的助言その他必要な援助を行うほか，第26条第1項第2号及び第27条第1項第2号の規定による指導を行い，あわせて児童相談所，児童福祉施設等との連絡調整その他厚生労働省令の定める援助を総合的に行うことを目的とする施設とする。

② 児童家庭支援センターの職員は，その職務を遂行するに当たつては，個人の身上に関する秘密を守らなければならない。

子ども・若者育成支援推進法
（平成21年法律第71号）

第1章 総 則

（目的）

第1条 この法律は，子ども・若者が次代の社会を担い，その健やかな成長が我が国社会の発展の基礎をなすものであることにかんがみ，日本国憲法及び児童の権利に関する条約の理念にのっとり，子ども・若者をめぐる環境が悪化し，社会生活を円滑に営む上での困難を有する子ども・若者の問題が深刻な状況にあることを踏まえ，子ども・若者の健やかな育成，子ども・若者が社会生活を円滑に営むことができるようにするための支援その他の取組（以下「子ども・若者育成支援」という。）について，その基本理念，国及び地方公共団体の責務並びに施策の基本となる事項を定めるとともに，子ども・若者育成支援推進本部を設置すること等により，他の関係法律による施策と相まって，総合的な子ども・若者育成支援のための施策（以下「子ども・若者育成支援施策」という。）を推進することを目的とする。

（基本理念）

第2条 子ども・若者育成支援は，次に掲げる事項を基本理念として行われなければならない。

1 一人一人の子ども・若者が，健やかに成長し，社会とのかかわりを自覚しつつ，自立した個人としての自己を確立し，他者とともに次代の社会を担うことができるようになることを目指すこと。

2 子ども・若者について，個人としての尊厳が重んぜられ，不当な差別的取扱いを受けることがないようにするとともに，その意見を十分に尊重しつつ，その最善の利益を考慮すること。

3 子ども・若者が成長する過程においては，様々な社会的要因が影響を及ぼすものであるとともに，とりわけ良好な家庭的環境で生活する

ことが重要であることを旨とすること。

4 子ども・若者育成支援において，家庭，学校，職域，地域その他の社会のあらゆる分野における，すべての構成員が，各々の役割を果たすとともに，相互に協力しながら一体的に取り組むこと。

5 子ども・若者の発達段階，生活環境，特性その他の状況に応じてその健やかな成長が図られるよう，良好な社会環境（教育，医療及び雇用に係る環境を含む。以下同じ。）の整備その他必要な配慮を行うこと。

6 教育，福祉，保健，医療，矯正，更生保護，雇用その他の各関連分野における知見を総合して行うこと。

7 修学及び就業のいずれもしていない子ども・若者その他の子ども・若者であって，社会生活を円滑に営む上での困難を有するものに対しては，その困難の内容及び程度に応じ，当該子ども・若者の意思を十分に尊重しつつ，必要な支援を行うこと。

（国の責務）

第3条 国は，前条に定める基本理念（以下「基本理念」という。）にのっとり，子ども・若者育成支援施策を策定し，及び実施する責務を有する。

（地方公共団体の責務）

第4条 地方公共団体は，基本理念にのっとり，子ども・若者育成支援に関し，国及び他の地方公共団体との連携を図りつつ，その区域内における子ども・若者の状況に応じた施策を策定し，及び実施する責務を有する。

（法制上の措置等）

第5条 政府は，子ども・若者育成支援施策を実施するため必要な法制上又は財政上の措置その他の措置を講じなければならない。

（年次報告）

第6条 政府は，毎年，国会に，我が国における子ども・若者の状況及び政府が講じた子ども・若者育成支援施策の実施の状況に関する報告を提出するとともに，これを公表しなければならない。

第2章 子ども・若者育成支援施策

（子ども・若者育成支援施策の基本）

第7条 子ども・若者育成支援施策は，基本理念にのっとり，国及び地方公共団体の関係機関相互の密接な連携並びに民間の団体及び国民一般の理解と協力の下に，関連分野における総合的な取組として行われなければならない。

資 料 編

（子ども・若者育成支援推進大綱）

第8条 子ども・若者育成支援推進本部は，子ど
も・若者育成支援施策の推進を図るための大綱
（以下「子ども・若者育成支援推進大綱」とい
う。）を作成しなければならない。

② 子ども・若者育成支援推進大綱は，次に掲げ
る事項について定めるものとする。

1　子ども・若者育成支援施策に関する基本的な
　方針

2　子ども・若者育成支援施策に関する次に掲げ
　る事項

　イ　教育，福祉，保健，医療，矯正，更生保護，
　雇用その他の各関連分野における施策に関する
　事項

　ロ　子ども・若者の健やかな成長に資する良好
　な社会環境の整備に関する事項

　ハ　第二条第七号に規定する支援に関する事項

　ニ　イからハまでに掲げるもののほか，子ど
　も・若者育成支援施策に関する重要事項

3　子ども・若者育成支援施策を総合的に実施す
　るために必要な国の関係行政機関，地方公共団
　体及び民間の団体の連携及び協力に関する事項

4　子ども・若者育成支援に関する国民の理解の
　増進に関する事項

5　子ども・若者育成支援施策を推進するために
　必要な調査研究に関する事項

6　子ども・若者育成支援に関する人材の養成及
　び資質の向上に関する事項

7　子ども・若者育成支援に関する国際的な協力
　に関する事項

8　前各号に掲げるもののほか，子ども・若者育
　成支援施策を推進するために必要な事項

③ 子ども・若者育成支援推進本部は，第1項の
規定により子ども・若者育成支援推進大綱を作成
したときは，遅滞なく，これを公表しなければな
らない。これを変更したときも，同様とする。

（都道府県子ども・若者計画等）

第9条 都道府県は，子ども・若者育成支援推進
大綱を勘案して，当該都道府県の区域内における
子ども・若者育成支援についての計画（以下この
条において「都道府県子ども・若者計画」とい
う。）を作成するよう努めるものとする。

② 市町村は，子ども・若者育成支援推進大綱
（都道府県子ども・若者計画が作成されていると
きは，子ども・若者育成支援推進大綱及び都道府
県子ども・若者計画）を勘案して，当該市町村の
区域内における子ども・若者育成支援についての
計画（次項において「市町村子ども・若者計画」

という。）を作成するよう努めるものとする。

③ 都道府県又は市町村は，都道府県子ども・若
者計画又は市町村子ども・若者計画を作成したと
きは，遅滞なく，これを公表しなければならない。
これを変更したときも，同様とする。

（国民の理解の増進等）

第10条 国及び地方公共団体は，子ども・若者育
成支援に関し，広く国民一般の関心を高め，その
理解と協力を得るとともに，社会を構成する多様
な主体の参加による自主的な活動に資するよう，
必要な啓発活動を積極的に行うものとする。

（社会環境の整備）

第11条 国及び地方公共団体は，子ども・若者の
健やかな成長を阻害する行為の防止その他の子ど
も・若者の健やかな成長に資する良好な社会環境
の整備について，必要な措置を講ずるよう努める
ものとする。

（意見の反映）

第12条 国は，子ども・若者育成支援施策の策定
及び実施に関して，子ども・若者を含めた国民の
意見をその施策に反映させるために必要な措置を
講ずるものとする。

（子ども・若者総合相談センター）

第13条 地方公共団体は，子ども・若者育成支援
に関する相談に応じ，関係機関の紹介その他の必
要な情報の提供及び助言を行う拠点（第20条第3
項において「子ども・若者総合相談センター」
という。）としての機能を担う体制を，単独で又は
共同して，確保するよう努めるものとする。

（地方公共団体及び民間の団体に対する支援）

第14条 国は，子ども・若者育成支援施策に関し，
地方公共団体が実施する施策及び民間の団体が行
う子ども・若者の社会参加の促進その他の活動を
支援するため，情報の提供その他の必要な措置を
講ずるよう努めるものとする。

第3章　子ども・若者が社会生活を円滑に
営むことができるようにするための支援

（関係機関等による支援）

第15条 国及び地方公共団体の機関，公益社団法
人及び公益財団法人，特定非営利活動促進法（平
成10年法律第7号）第2条第2項に規定する特定
非営利活動法人その他の団体並びに学識経験者そ
の他の者であって，教育，福祉，保健，医療，矯
正，更生保護，雇用その他の子ども・若者育成支
援に関連する分野の事務に従事するもの（以下
「関係機関等」という。）は，修学及び就業のいず
れもしていない子ども・若者その他の子ども・若

255

者であって，社会生活を円滑に営む上での困難を有するものに対する次に掲げる支援（以下この章において単に「支援」という。）を行うよう努めるものとする。

1　社会生活を円滑に営むことができるようにするために，関係機関等の施設，子ども・若者の住居その他の適切な場所において，必要な相談，助言又は指導を行うこと。

2　医療及び療養を受けることを助けること。

3　生活環境を改善すること。

4　修学又は就業を助けること。

5　前号に掲げるもののほか，社会生活を営むために必要な知識技能の習得を助けること。

6　前各号に掲げるもののほか，社会生活を円滑に営むことができるようにするための援助を行うこと。

② 関係機関等は，前項に規定する子ども・若者に対する支援に寄与するため，当該子ども・若者の家族その他子ども・若者が円滑な社会生活を営むことに関係する者に対し，相談及び助言その他の援助を行うよう努めるものとする。

（関係機関等の責務）

第16条　関係機関等は，必要な支援が早期かつ円滑に行われるよう，次に掲げる措置をとるとともに，必要な支援を継続的に行うよう努めるものとする。

1　前条第1項に規定する子ども・若者の状況を把握すること。

2　相互に連携を図るとともに，前条第1項に規定する子ども・若者又は当該子ども・若者の家族その他子ども・若者が円滑な社会生活を営むことに関係する者を必要に応じて速やかに適切な関係機関等に誘導すること。

3　関係機関等が行う支援について，地域住民に周知すること。

（調査研究の推進）

第17条　国及び地方公共団体は，第15条第1項に規定する子ども・若者が社会生活を円滑に営む上での困難を有することとなった原因の究明，支援の方法等に関する必要な調査研究を行うよう努めるものとする。

（人材の養成等）

第18条　国及び地方公共団体は，支援が適切に行われるよう，必要な知見を有する人材の養成及び資質の向上並びに第15条第1項各号に掲げる支援を実施するための体制の整備に必要な施策を講ずるよう努めるものとする。

（子ども・若者支援地域協議会）

第19条　地方公共団体は，関係機関等が行う支援を適切に組み合わせることによりその効果的かつ円滑な実施を図るため，単独で又は共同して，関係機関等により構成される子ども・若者支援地域協議会（以下「協議会」という。）を置くよう努めるものとする。

② 地方公共団体の長は，協議会を設置したときは，内閣府令で定めるところにより，その旨を公示しなければならない。

（協議会の事務等）

第20条　協議会は，前条第1項の目的を達するため，必要な情報の交換を行うとともに，支援の内容に関する協議を行うものとする。

② 協議会を構成する関係機関等（以下「構成機関等」という。）は，前項の協議の結果に基づき，支援を行うものとする。

③ 協議会は，第1項に規定する情報の交換及び協議を行うため必要があると認めるとき，又は構成機関等による支援の実施に関し他の構成機関等から要請があった場合において必要があると認めるときは，構成機関等（構成機関等に該当しない子ども・若者総合相談センターとしての機能を担う者を含む。）に対し，支援の対象となる子ども・若者に関する情報の提供，意見の開陳その他の必要な協力を求めることができる。

（子ども・若者支援調整機関）

第21条　協議会を設置した地方公共団体の長は，構成機関等のうちから1の機関又は団体を限り子ども・若者支援調整機関（以下「調整機関」という。）として指定することができる。

② 調整機関は，協議会に関する事務を総括するとともに，必要な支援が適切に行われるよう，協議会の定めるところにより，構成機関等が行う支援の状況を把握しつつ，必要に応じて他の構成機関等が行う支援を組み合わせるなど構成機関等相互の連絡調整を行うものとする。

（子ども・若者指定支援機関）

第22条　協議会を設置した地方公共団体の長は，当該協議会において行われる支援の全般について主導的な役割を果たす者を定めることにより必要な支援が適切に行われることを確保するため，構成機関等（調整機関を含む。）のうちから1の団体を限り子ども・若者指定支援機関（以下「指定支援機関」という。）として指定することができる。

② 指定支援機関は，協議会の定めるところにより，調整機関と連携し，構成機関等が行う支援の状況を把握しつつ，必要に応じ，第15条第1項第

資 料 編

1号に掲げる支援その他の支援を実施するものと
する。
（指定支援機関への援助等）
第23条 国及び地方公共団体は，指定支援機関が
前条第2項の業務を適切に行うことができるよう
にするため，情報の提供，助言その他必要な援助
を行うよう努めるものとする。
② 国は，必要な支援があまねく全国において効
果的かつ円滑に行われるよう，前項に掲げるもの
のほか，指定支援機関の指定を行っていない地方
公共団体（協議会を設置していない地方公共団体
を含む。）に対し，情報の提供，助言その他必要
な援助を行うものとする。
③ 協議会及び構成機関等は，指定支援機関に対
し，支援の対象となる子ども・若者に関する情報
の提供その他必要な協力を行うよう努めるものと
する。
（秘密保持義務）
第24条 協議会の事務（調整機関及び指定支援機
関としての事務を含む。以下この条において同
じ。）に従事する者又は協議会の事務に従事して
いた者は，正当な理由なく，協議会の事務に関し
て知り得た秘密を漏らしてはならない。
（協議会の定める事項）
第25条 第19条から前条までに定めるもののほか，
協議会の組織及び運営に関し必要な事項は，協議
会が定める。

第4章 子ども・若者育成支援推進本部
（設置）
第26条 内閣府に，特別の機関として，子ども・
若者育成支援推進本部（以下「本部」という。）
を置く。
（所掌事務等）
第27条 本部は，次に掲げる事務をつかさどる。
1 子ども・若者育成支援推進大綱を作成し，及
びその実施を推進すること。
2 前号に掲げるもののほか，子ども・若者育成
支援に関する重要な事項について審議すること。
3 前2号に掲げるもののほか，他の法令の規定
により本部に属させられた事務
② 本部は，前項第1号に掲げる事務を遂行する
ため，必要に応じ，地方公共団体又は協議会の
意見を聴くものとする。
（組織）
第28条 本部は，子ども・若者育成支援推進本部
長，子ども・若者育成支援推進副本部長及び子
ども・若者育成支援推進本部員をもって組織す
る。

（子ども・若者育成支援推進本部長）
第29条 本部の長は，子ども・若者育成支援推進
本部長（以下「本部長」という。）とし，内閣
総理大臣をもって充てる。
② 本部長は，本部の事務を総括し，所部の職員
を指揮監督する。
（子ども・若者育成支援推進副本部長）
第30条 本部に，子ども・若者育成支援推進副本
部長（以下「副本部長」という。）を置き，内
閣官房長官並びに内閣府設置法（平成11年法律
第89号）第9条第1項に規定する特命担当大臣
であって同項の規定により命を受けて同法第4
条第1項第25号に掲げる事項に関する事務及び
これに関連する同条第3項に規定する事務を掌
理するものをもって充てる。
② 副本部長は，本部長の職務を助ける。
（子ども・若者育成支援推進本部員）
第31条 本部に，子ども・若者育成支援推進本部
員（次項において「本部員」という。）を置く。
② 本部員は，次に掲げる者をもって充てる。
1 国家公安委員会委員長
2 総務大臣
3 法務大臣
4 文部科学大臣
5 厚生労働大臣
6 経済産業大臣
7 前各号に掲げるもののほか，本部長及び副本
部長以外の国務大臣のうちから，内閣総理大臣
が指定する者
（資料提出の要求等）
第32条 本部は，その所掌事務を遂行するために
必要があると認めるときは，関係行政機関の長に
対し，資料の提出，意見の開陳，説明その他必要
な協力を求めることができる。
② 本部は，その所掌事務を遂行するために特に
必要があると認めるときは，前項に規定する者以
外の者に対しても，必要な協力を依頼することが
できる。
（政令への委任）
第33条 第26条から前条までに定めるもののほか，
本部の組織及び運営に関し必要な事項は，政令で
定める。

第5章 罰則
第34条 第24条の規定に違反した者は，1年以下
の懲役又は50万円以下の罰金に処する。
附 則 抄
（施行期日）
第1条 この法律は，公布の日から起算して1年

257

を超えない範囲内において政令で定める日から施行する。

（検討）

第2条 政府は，この法律の施行後5年を経過した場合において，我が国における子ども・若者をめぐる状況及びこの法律の施行の状況を踏まえ，子ども・若者育成支援施策の在り方について検討を加え，必要があると認めるときは，その結果に基づいて所要の措置を講ずるものとする。

附 則 （平成27年9月11日法律第66号）

（施行期日）

第1条 この法律は，平成28年4月1日から施行する。

子どもの貧困対策の推進に関する法律
平成25年法律第64号

第1章 総 則

（目的）

第1条 この法律は，子どもの将来がその生まれ育った環境によって左右されることのないよう，貧困の状況にある子どもが健やかに育成される環境を整備するとともに，教育の機会均等を図るため，子どもの貧困対策に関し，基本理念を定め，国等の責務を明らかにし，及び子どもの貧困対策の基本となる事項を定めることにより，子どもの貧困対策を総合的に推進することを目的とする。

（基本理念）

第1条 子どもの貧困対策は，子ども等に対する教育の支援，生活の支援，就労の支援，経済的支援等の施策を，子どもの将来がその生まれ育った環境によって左右されることのない社会を実現することを旨として講ずることにより，推進されなければならない。

② 子どもの貧困対策は，国及び地方公共団体の関係機関相互の密接な連携の下に，関連分野における総合的な取組として行われなければならない。

（国の責務）

第3条 国は，前条の基本理念（次条において「基本理念」という。）にのっとり，子どもの貧困対策を総合的に策定し，及び実施する責務を有する。

（地方公共団体の責務）

第4条 地方公共団体は，基本理念にのっとり，子どもの貧困対策に関し，国と協力しつつ，当該地域の状況に応じた施策を策定し，及び実施する責務を有する。

（国民の責務）

第5条 国民は，国又は地方公共団体が実施する子どもの貧困対策に協力するよう努めなければならない。

（法制上の措置等）

第6条 政府は，この法律の目的を達成するため，必要な法制上又は財政上の措置その他の措置を講じなければならない。

（子どもの貧困の状況及び子どもの貧困対策の実施の状況の公表）

第7条 政府は，毎年1回，子どもの貧困の状況及び子どもの貧困対策の実施の状況を公表しなければならない。

第2章 基本的施策

（子どもの貧困対策に関する大綱）

第8条 政府は，子どもの貧困対策を総合的に推進するため，子どもの貧困対策に関する大綱（以下「大綱」という。）を定めなければならない。

② 大綱は，次に掲げる事項について定めるものとする。

1 子どもの貧困対策に関する基本的な方針

2 子どもの貧困率，生活保護世帯に属する子どもの高等学校等進学率等子どもの貧困に関する指標及び当該指標の改善に向けた施策

3 教育の支援，生活の支援，保護者に対する就労の支援，経済的支援その他の子どもの貧困対策に関する事項

4 子どもの貧困に関する調査及び研究に関する事項

③ 内閣総理大臣は，大綱の案につき閣議の決定を求めなければならない。

④ 内閣総理大臣は，前項の規定による閣議の決定があったときは，遅滞なく，大綱を公表しなければならない。

⑤ 前2項の規定は，大綱の変更について準用する。

⑥ 第2項第2号の「子どもの貧困率」及び「生活保護世帯に属する子どもの高等学校等進学率」の定義は，政令で定める。

（都道府県子どもの貧困対策計画）

第9条 都道府県は，大綱を勘案して，当該都道府県における子どもの貧困対策についての計画（次項において「計画」という。）を定めるよう努めるものとする。

② 都道府県は，計画を定め，又は変更したときは，遅滞なく，これを公表しなければならない。

（教育の支援）

第10条 国及び地方公共団体は，就学の援助，学資の援助，学習の支援その他の貧困の状況にある子どもの教育に関する支援のために必要な施策を

資 料 編

講ずるものとする。

（生活の支援）

第11条 国及び地方公共団体は，貧困の状況にある子ども及びその保護者に対する生活に関する相談，貧困の状況にある子どもに対する社会との交流の機会の提供その他の貧困の状況にある子どもの生活に関する支援のために必要な施策を講ずるものとする。

（保護者に対する就労の支援）

第12条 国及び地方公共団体は，貧困の状況にある子どもの保護者に対する職業訓練の実施及び就職のあっせんその他の貧困の状況にある子どもの保護者の自立を図るための就労の支援に関し必要な施策を講ずるものとする。

（経済的支援）

第13条 国及び地方公共団体は，各種の手当等の支給，貸付金の貸付けその他の貧困の状況にある子どもに対する経済的支援のために必要な施策を講ずるものとする。

（調査研究）

第14条 国及び地方公共団体は，子どもの貧困対策を適正に策定し，及び実施するため，子どもの貧困に関する調査及び研究その他の必要な施策を講ずるものとする。

第3章 子どもの貧困対策会議

（設置及び所掌事務等）

第15条 内閣府に，特別の機関として，子どもの貧困対策会議（以下「会議」という。）を置く。

② 会議は，次に掲げる事務をつかさどる。

1 大綱の案を作成すること。

2 前号に掲げるもののほか，子どもの貧困対策に関する重要事項について審議し，及び子どもの貧困対策の実施を推進すること。

③ 文部科学大臣は，会議が前項の規定により大綱の案を作成するに当たり，第8条第2項各号に掲げる事項のうち文部科学省の所掌に属するものに関する部分の素案を作成し，会議に提出しなければならない。

④ 厚生労働大臣は，会議が第2項の規定により大綱の案を作成するに当たり，第8条第2項各号に掲げる事項のうち厚生労働省の所掌に属するものに関する部分の素案を作成し，会議に提出しなければならない。

⑤ 内閣総理大臣は，会議が第2項の規定により大綱の案を作成するに当たり，関係行政機関の長の協力を得て，第8条第2項各号に掲げる事項のうち前2項に規定するもの以外のものに関する部分の素案を作成し，会議に提出しなければならな

い。

（組織等）

第16条 会議は，会長及び委員をもって組織する。

② 会長は，内閣総理大臣をもって充てる。

③ 委員は，会長以外の国務大臣のうちから，内閣総理大臣が指定する者をもって充てる。

④ 会議の庶務は，内閣府において文部科学省，厚生労働省その他の関係行政機関の協力を得て処理する。

⑤ 前各項に定めるもののほか，会議の組織及び運営に関し必要な事項は，政令で定める。

附 則 抄

（施行期日）

第1条 この法律は，公布の日から起算して一年を超えない範囲内において政令で定める日から施行する。

（検討）

第2条 政府は，この法律の施行後五年を経過した場合において，この法律の施行の状況を勘案し，必要があると認めるときは，この法律の規定について検討を加え，その結果に基づいて必要な措置を講ずるものとする。

いじめ防止対策推進法
（平成25年法律第71号）

第1章 総 則

（目的）

第1条 この法律は，いじめが，いじめを受けた児童等の教育を受ける権利を著しく侵害し，その心身の健全な成長及び人格の形成に重大な影響を与えるのみならず，その生命又は身体に重大な危険を生じさせるおそれがあるものであることに鑑み，児童等の尊厳を保持するため，いじめの防止等（いじめの防止，いじめの早期発見及びいじめへの対処をいう。以下同じ。）のための対策に関し，基本理念を定め，国及び地方公共団体等の責務を明らかにし，並びにいじめの防止等のための対策に関する基本的な方針の策定について定めるとともに，いじめの防止等のための対策の基本となる事項を定めることにより，いじめの防止等のための対策を総合的かつ効果的に推進することを目的とする。

（定義）

第2条 この法律において「いじめ」とは，児童等に対して，当該児童等が在籍する学校に在籍している等当該児童等と一定の人的関係にある他の児童等が行う心理的又は物理的な影響を与える行為（インターネットを通じて行われるものを含

259

む。）であって，当該行為の対象となった児童等
が心身の苦痛を感じているものをいう。

② この法律において「学校」とは，学校教育法
（昭和22年法律第26号）第1条に規定する小学校，
中学校，高等学校，中等教育学校及び特別支援学
校（幼稚部を除く。）をいう。

③ この法律において「児童等」とは，学校に在
籍する児童又は生徒をいう。

④ この法律において「保護者」とは，親権を行
う者（親権を行う者のないときは，未成年後見
人）をいう。

（基本理念）

第3条 いじめの防止等のための対策は，いじめ
が全ての児童等に関係する問題であることに鑑み，
児童等が安心して学習その他の活動に取り組むこ
とができるよう，学校の内外を問わずいじめが行
われなくなるようにすることを旨として行われな
ければならない。

② いじめの防止等のための対策は，全ての児童
等がいじめを行わず，及び他の児童等に対して行
われるいじめを認識しながらこれを放置すること
がないようにするため，いじめが児童等の心身に
及ぼす影響その他のいじめの問題に関する児童等
の理解を深めることを旨として行われなければな
らない。

③ いじめの防止等のための対策は，いじめを受
けた児童等の生命及び心身を保護することが特に
重要であることを認識しつつ，国，地方公共団体，
学校，地域住民，家庭その他の関係者の連携の下，
いじめの問題を克服することを目指して行われな
ければならない。

（いじめの禁止）

第4条 児童等は，いじめを行ってはならない。

（国の責務）

第5条 国は，第3条の基本理念（以下「基本理
念」という。）にのっとり，いじめの防止等のた
めの対策を総合的に策定し，及び実施する責務を
有する。

（地方公共団体の責務）

第6条 地方公共団体は，基本理念にのっとり，
いじめの防止等のための対策について，国と協力
しつつ，当該地域の状況に応じた施策を策定し，
及び実施する責務を有する。

（学校の設置者の責務）

第7条 学校の設置者は，基本理念にのっとり，
その設置する学校におけるいじめの防止等のため
に必要な措置を講ずる責務を有する。

（学校及び学校の教職員の責務）

第8条 学校及び学校の教職員は，基本理念に
のっとり，当該学校に在籍する児童等の保護者，
地域住民，児童相談所その他の関係者との連携を
図りつつ，学校全体でいじめの防止及び早期発見
に取り組むとともに，当該学校に在籍する児童等
がいじめを受けていると思われるときは，適切か
つ迅速にこれに対処する責務を有する。

（保護者の責務等）

第9条 保護者は，子の教育について第一義的責
任を有するものであって，その保護する児童等が
いじめを行うことのないよう，当該児童等に対し，
規範意識を養うための指導その他の必要な指導を
行うよう努めるものとする。

② 保護者は，その保護する児童等がいじめを受
けた場合には，適切に当該児童等をいじめから保
護するものとする。

③ 保護者は，国，地方公共団体，学校の設置者
及びその設置する学校が講ずるいじめの防止等の
ための措置に協力するよう努めるものとする。

④ 第一項の規定は，家庭教育の自主性が尊重さ
れるべきことに変更を加えるものと解してはなら
ず，また，前3項の規定は，いじめの防止等に関
する学校の設置者及びその設置する学校の責任を
軽減するものと解してはならない。

（財政上の措置等）

第10条 国及び地方公共団体は，いじめの防止等
のための対策を推進するために必要な財政上の措
置その他の必要な措置を講ずるよう努めるものと
する。

第2章 いじめ防止基本方針等

（いじめ防止基本方針）

第11条 文部科学大臣は，関係行政機関の長と連
携協力して，いじめの防止等のための対策を総合
的かつ効果的に推進するための基本的な方針（以
下「いじめ防止基本方針」という。）を定めるも
のとする。

② いじめ防止基本方針においては，次に掲げる
事項を定めるものとする。

1 いじめの防止等のための対策の基本的な方向
に関する事項

2 いじめの防止等のための対策の内容に関する
事項

3 その他いじめの防止等のための対策に関する
重要事項

（地方いじめ防止基本方針）

第12条 地方公共団体は，いじめ防止基本方針を
参酌し，その地域の実情に応じ，当該地方公共団
体におけるいじめの防止等のための対策を総合的

資 料 編

かつ効果的に推進するための基本的な方針（以下
「地方いじめ防止基本方針」という。）を定めるよ
う努めるものとする。
（学校いじめ防止基本方針）
第13条 学校は，いじめ防止基本方針又は地方い
じめ防止基本方針を参酌し，その学校の実情に応
じ，当該学校におけるいじめの防止等のための対
策に関する基本的な方針を定めるものとする。
（いじめ問題対策連絡協議会）
第14条 地方公共団体は，いじめの防止等に関係
する機関及び団体の連携を図るため，条例の定め
るところにより，学校，教育委員会，児童相談所，
法務局又は地方法務局，都道府県警察その他の関
係者により構成されるいじめ問題対策連絡協議会
を置くことができる。
② 都道府県は，前項のいじめ問題対策連絡協議
会を置いた場合には，当該いじめ問題対策連絡協
議会におけるいじめの防止等に関係する機関及び
団体の連携が当該都道府県の区域内の市町村が設
置する学校におけるいじめの防止等に活用される
よう，当該いじめ問題対策連絡協議会と当該市町
村の教育委員会との連携を図るために必要な措置
を講ずるものとする。
③ 前2項の規定を踏まえ，教育委員会といじめ
問題対策連絡協議会との円滑な連携の下に，地方
いじめ防止基本方針に基づく地域におけるいじめ
の防止等のための対策を実効的に行うようにする
ため必要があるときは，教育委員会に附属機関と
して必要な組織を置くことができるものとする。
　　　　　第3章　基本的施策
（学校におけるいじめの防止）
第15条 学校の設置者及びその設置する学校は，
児童等の豊かな情操と道徳心を培い，心の通う対
人交流の能力の素地を養うことがいじめの防止に
資することを踏まえ，全ての教育活動を通じた道
徳教育及び体験活動等の充実を図らなければなら
ない。
② 学校の設置者及びその設置する学校は，当該
学校におけるいじめを防止するため，当該学校に
在籍する児童等の保護者，地域住民その他の関係
者との連携を図りつつ，いじめの防止に資する活
動であって当該学校に在籍する児童等が自主的に
行うものに対する支援，当該学校に在籍する児童
等及びその保護者並びに当該学校の教職員に対す
るいじめを防止することの重要性に関する理解を
深めるための啓発その他必要な措置を講ずるもの
とする。
（いじめの早期発見のための措置）

第16条 学校の設置者及びその設置する学校は，
当該学校におけるいじめを早期に発見するため，
当該学校に在籍する児童等に対する定期的な調査
その他の必要な措置を講ずるものとする。
② 国及び地方公共団体は，いじめに関する通報
及び相談を受け付けるための体制の整備に必要な
施策を講ずるものとする。
③ 学校の設置者及びその設置する学校は，当該
学校に在籍する児童等及びその保護者並びに当該
学校の教職員がいじめに係る相談を行うことがで
きる体制（次項において「相談体制」という。）
を整備するものとする。
④ 学校の設置者及びその設置する学校は，相談
体制を整備するに当たっては，家庭，地域社会等
との連携の下，いじめを受けた児童等の教育を受
ける権利その他の権利利益が擁護されるよう配慮
するものとする。
（関係機関等との連携等）
第17条 国及び地方公共団体は，いじめを受けた
児童等又はその保護者に対する支援，いじめを
行った児童等に対する指導又はその保護者に対す
る助言その他のいじめの防止等のための対策が関
係者の連携の下に適切に行われるよう，関係省庁
相互間その他関係機関，学校，家庭，地域社会及
び民間団体の間の連携の強化，民間団体の支援そ
の他必要な体制の整備に努めるものとする。
（いじめの防止等のための対策に従事する人材の
確保及び資質の向上）
第18条 国及び地方公共団体は，いじめを受けた
児童等又はその保護者に対する支援，いじめを
行った児童等に対する指導又はその保護者に対す
る助言その他のいじめの防止等のための対策が専
門的知識に基づき適切に行われるよう，教員の養
成及び研修の充実を通じた教員の資質の向上，生
徒指導に係る体制等の充実のための教諭，養護教
諭その他の教員の配置，心理，福祉等に関する専
門的知識を有する者であっていじめの防止を含む
教育相談に応じるものの確保，いじめへの対処に
関し助言を行うために学校の求めに応じて派遣さ
れる者の確保等必要な措置を講ずるものとする。
② 学校の設置者及びその設置する学校は，当該
学校の教職員に対し，いじめの防止等のための対
策に関する研修の実施その他のいじめの防止等の
ための対策に関する資質の向上に必要な措置を計
画的に行わなければならない。
（インターネットを通じて行われるいじめに対す
る対策の推進）
第19条 学校の設置者及びその設置する学校は，

261

当該学校に在籍する児童等及びその保護者が，発信された情報の高度の流通性，発信者の匿名性その他のインターネットを通じて送信される情報の特性を踏まえて，インターネットを通じて行われるいじめを防止し，及び効果的に対処することができるよう，これらの者に対し，必要な啓発活動を行うものとする。

② 国及び地方公共団体は，児童等がインターネットを通じて行われるいじめに巻き込まれていないかどうかを監視する関係機関又は関係団体の取組を支援するとともに，インターネットを通じて行われるいじめに関する事案に対処する体制の整備に努めるものとする。

③ インターネットを通じていじめが行われた場合において，当該いじめを受けた児童等又はその保護者は，当該いじめに係る情報の削除を求め，又は発信者情報（特定電気通信役務提供者の損害賠償責任の制限及び発信者情報の開示に関する法律（平成13年法律第137号）第四条第一項に規定する発信者情報をいう。）の開示を請求しようとするときは，必要に応じ，法務局又は地方法務局の協力を求めることができる。

（いじめの防止等のための対策の調査研究の推進等）

第20条　国及び地方公共団体は，いじめの防止及び早期発見のための方策等，いじめを受けた児童等又はその保護者に対する支援及びいじめを行った児童等に対する指導又はその保護者に対する助言の在り方，インターネットを通じて行われるいじめへの対応の在り方その他のいじめの防止等のために必要な事項やいじめの防止等のための対策の実施の状況についての調査研究及び検証を行うとともに，その成果を普及するものとする。

（啓発活動）

第21条　国及び地方公共団体は，いじめが児童等の心身に及ぼす影響，いじめを防止することの重要性，いじめに係る相談制度又は救済制度等について必要な広報その他の啓発活動を行うものとする。

第４章　いじめの防止等に関する措置

（学校におけるいじめの防止等の対策のための組織）

第22条　学校は，当該学校におけるいじめの防止等に関する措置を実効的に行うため，当該学校の複数の教職員，心理，福祉等に関する専門的な知識を有する者その他の関係者により構成されるいじめの防止等の対策のための組織を置くものとする。

（いじめに対する措置）

第23条　学校の教職員，地方公共団体の職員その他の児童等からの相談に応じる者及び児童等の保護者は，児童等からいじめに係る相談を受けた場合において，いじめの事実があると思われるときは，いじめを受けたと思われる児童等が在籍する学校への通報その他の適切な措置をとるものとする。

② 学校は，前項の規定による通報を受けたときその他当該学校に在籍する児童等がいじめを受けていると思われるときは，速やかに，当該児童等に係るいじめの事実の有無の確認を行うための措置を講ずるとともに，その結果を当該学校の設置者に報告するものとする。

③ 学校は，前項の規定による事実の確認によりいじめがあったことが確認された場合には，いじめをやめさせ，及びその再発を防止するため，当該学校の複数の教職員によって，心理，福祉等に関する専門的な知識を有する者の協力を得つつ，いじめを受けた児童等又はその保護者に対する支援及びいじめを行った児童等に対する指導又はその保護者に対する助言を継続的に行うものとする。

④ 学校は，前項の場合において必要があると認めるときは，いじめを行った児童等についていじめを受けた児童等が使用する教室以外の場所において学習を行わせる等いじめを受けた児童等その他の児童等が安心して教育を受けられるようにするために必要な措置を講ずるものとする。

⑤ 学校は，当該学校の教職員が第３項の規定による支援又は指導若しくは助言を行うに当たっては，いじめを受けた児童等の保護者といじめを行った児童等の保護者との間で争いが起きることのないよう，いじめの事案に係る情報をこれらの保護者と共有するための措置その他の必要な措置を講ずるものとする。

⑥ 学校は，いじめが犯罪行為として取り扱われるべきものであると認めるときは所轄警察署と連携してこれに対処するものとし，当該学校に在籍する児童等の生命，身体又は財産に重大な被害が生じるおそれがあるときは直ちに所轄警察署に通報し，適切に，援助を求めなければならない。

（学校の設置者による措置）

第24条　学校の設置者は，前条第２項の規定による報告を受けたときは，必要に応じ，その設置する学校に対し必要な支援を行い，若しくは必要な措置を講ずることを指示し，又は当該報告に係る事案について自ら必要な調査を行うものとする。

（校長及び教員による懲戒）

資 料 編

第25条 校長及び教員は，当該学校に在籍する児童等がいじめを行っている場合であって教育上必要があると認めるときは，学校教育法第11条の規定に基づき，適切に，当該児童等に対して懲戒を加えるものとする。
（出席停止制度の適切な運用等）
第26条 市町村の教育委員会は，いじめを行った児童等の保護者に対して学校教育法第35条第1項（同法第49条において準用する場合を含む。）の規定に基づき当該児童等の出席停止を命ずる等，いじめを受けた児童等その他の児童等が安心して教育を受けられるようにするために必要な措置を速やかに講ずるものとする。
（学校相互間の連携協力体制の整備）
第27条 地方公共団体は，いじめを受けた児童等といじめを行った児童等が同じ学校に在籍していない場合であっても，学校がいじめを受けた児童等又はその保護者に対する支援及びいじめを行った児童等に対する指導又はその保護者に対する助言を適切に行うことができるようにするため，学校相互間の連携協力体制を整備するものとする。
第5章 重大事態への対処
（学校の設置者又はその設置する学校による対処）
第28条 学校の設置者又はその設置する学校は，次に掲げる場合には，その事態（以下「重大事態」という。）に対処し，及び当該重大事態と同種の事態の発生の防止に資するため，速やかに，当該学校の設置者又はその設置する学校の下に組織を設け，質問票の使用その他の適切な方法により当該重大事態に係る事実関係を明確にするための調査を行うものとする。
1 いじめにより当該学校に在籍する児童等の生命，心身又は財産に重大な被害が生じた疑いがあると認めるとき。
2 いじめにより当該学校に在籍する児童等が相当の期間学校を欠席することを余儀なくされている疑いがあると認めるとき。
② 学校の設置者又はその設置する学校は，前項の規定による調査を行ったときは，当該調査に係るいじめを受けた児童等及びその保護者に対し，当該調査に係る重大事態の事実関係等その他の必要な情報を適切に提供するものとする。
③ 第1項の規定により学校が調査を行う場合においては，当該学校の設置者は，同項の規定による調査及び前項の規定による情報の提供について必要な指導及び支援を行うものとする。
（国立大学に附属して設置される学校に係る対処）
第29条 国立大学法人（国立大学法人法（平成15年法律第112号）第2条第1項に規定する国立大学法人をいう。以下この条において同じ。）が設置する国立大学に附属して設置される学校は，前条第1項各号に掲げる場合には，当該国立大学法人の学長を通じて，重大事態が発生した旨を，文部科学大臣に報告しなければならない。
② 前項の規定による報告を受けた文部科学大臣は，当該報告に係る重大事態への対処又は当該重大事態と同種の事態の発生の防止のため必要があると認めるときは，前条第一項の規定による調査の結果について調査を行うことができる。
③ 文部科学大臣は，前項の規定による調査の結果を踏まえ，当該調査に係る国立大学法人又はその設置する国立大学に附属して設置される学校が当該調査に係る重大事態への対処又は当該重大事態と同種の事態の発生の防止のために必要な措置を講ずることができるよう，国立大学法人法第35条において準用する独立行政法人通則法（平成11年法律第103号）第64条第1項に規定する権限の適切な行使その他の必要な措置を講ずるものとする。
（公立の学校に係る対処）
第30条 地方公共団体が設置する学校は，第28条第1項各号に掲げる場合には，当該地方公共団体の教育委員会を通じて，重大事態が発生した旨を，当該地方公共団体の長に報告しなければならない。
② 前項の規定による報告を受けた地方公共団体の長は，当該報告に係る重大事態への対処又は当該重大事態と同種の事態の発生の防止のため必要があると認めるときは，附属機関を設けて調査を行う等の方法により，第28条第1項の規定による調査の結果について調査を行うことができる。
③ 地方公共団体の長は，前項の規定による調査を行ったときは，その結果を議会に報告しなければならない。
④ 第2項の規定は，地方公共団体の長に対し，地方教育行政の組織及び運営に関する法律（昭和31年法律第162号）第21条に規定する事務を管理し，又は執行する権限を与えるものと解釈してはならない。
5 地方公共団体の長及び教育委員会は，第2項の規定による調査の結果を踏まえ，自らの権限及び責任において，当該調査に係る重大事態への対処又は当該重大事態と同種の事態の発生の防止のために必要な措置を講ずるものとする。
（私立の学校に係る対処）

第31条 学校法人（私立学校法（昭和24年法律第270号）第3条に規定する学校法人をいう。以下この条において同じ。）が設置する学校は、第28条第1項各号に掲げる場合には、重大事態が発生した旨を、当該学校を所轄する都道府県知事（以下この条において単に「都道府県知事」という。）に報告しなければならない。

② 前項の規定による報告を受けた都道府県知事は、当該報告に係る重大事態への対処又は当該重大事態と同種の事態の発生の防止のため必要があると認めるときは、附属機関を設けて調査を行う等の方法により、第28条第1項の規定による調査の結果について調査を行うことができる。

③ 都道府県知事は、前項の規定による調査の結果を踏まえ、当該調査に係る学校法人又はその設置する学校が当該調査に係る重大事態への対処又は当該重大事態と同種の事態の発生の防止のために必要な措置を講ずることができるよう、私立学校法第6条に規定する権限の適切な行使その他の必要な措置を講ずるものとする。

④ 前2項の規定は、都道府県知事に対し、学校法人が設置する学校に対して行使することができる権限を新たに与えるものと解釈してはならない。

第32条 学校設置会社（構造改革特別区域法（平成14年法律第189号）第12条第2項に規定する学校設置会社をいう。以下この条において同じ。）が設置する学校は、第28条第一項各号に掲げる場合には、当該学校設置会社の代表取締役又は代表執行役を通じて、重大事態が発生した旨を、同法第12条第1項の規定による認定を受けた地方公共団体の長（以下「認定地方公共団体の長」という。）に報告しなければならない。

② 前項の規定による報告を受けた認定地方公共団体の長は、当該報告に係る重大事態への対処又は当該重大事態と同種の事態の発生の防止のため必要があると認めるときは、附属機関を設けて調査を行う等の方法により、第28条第1項の規定による調査の結果について調査を行うことができる。

③ 認定地方公共団体の長は、前項の規定による調査の結果を踏まえ、当該調査に係る学校設置会社又はその設置する学校が当該調査に係る重大事態への対処又は当該重大事態と同種の事態の発生の防止のために必要な措置を講ずることができるよう、構造改革特別区域法第12条第10項に規定する権限の適切な行使その他の必要な措置を講ずるものとする。

④ 前2項の規定は、認定地方公共団体の長に対し、学校設置会社が設置する学校に対して行使す

ることができる権限を新たに与えるものと解釈してはならない。

⑤ 第1項から前項までの規定は、学校設置非営利法人（構造改革特別区域法第13条第2項に規定する学校設置非営利法人をいう。）が設置する学校について準用する。この場合において、第1項中「学校設置会社の代表取締役又は代表執行役」とあるのは「学校設置非営利法人の代表権を有する理事」と、「第12条第1項」とあるのは「第13条第1項」と、第2項中「前項」とあるのは「第5項において準用する前項」と、第3項中「前項」とあるのは「第五項において準用する前項」と、「学校設置会社」とあるのは「学校設置非営利法人」と、「第12条第10項」とあるのは「第13条第3項において準用する同法第12条第10項」と、前項中「前2項」とあるのは「次項において準用する前2項」と読み替えるものとする。

（文部科学大臣又は都道府県の教育委員会の指導、助言及び援助）

第33条 地方自治法（昭和22年法律第67号）第245条の4第1項の規定によるほか、文部科学大臣は都道府県又は市町村に対し、都道府県の教育委員会は市町村に対し、重大事態への対処に関する都道府県又は市町村の事務の適正な処理を図るため、必要な指導、助言又は援助を行うことができる。

第6章 雑 則

（学校評価における留意事項）

第34条 学校の評価を行う場合においていじめの防止等のための対策を取り扱うに当たっては、いじめの事実が隠蔽されず、並びにいじめの実態の把握及びいじめに対する措置が適切に行われるよう、いじめの早期発見、いじめの再発を防止するための取組等について適正に評価が行われるようにしなければならない。

（高等専門学校における措置）

第35条 高等専門学校（学校教育法第1条に規定する高等専門学校をいう。以下この条において同じ。）の設置者及びその設置する高等専門学校は、当該高等専門学校の実情に応じ、当該高等専門学校に在籍する学生に係るいじめに相当する行為の防止、当該行為の早期発見及び当該行為への対処のための対策に関し必要な措置を講ずるよう努めるものとする。

資 料 編

児童の権利に関する条約（抄）

（1989年11月20日国際連合総会採択1994年4月
22日日本政府批准）

（政府訳に見出しを追加）

第1条〔子どもの定義〕

　この条約の適応上，児童とは，18歳未満のすべ
ての者をいう。ただし，当該児童で，その者に適
応される法律によりより早く成年に達したものを
除く。

第2条〔差別の禁止〕

1　締約国は，その管轄の下にある児童に対し，
児童又はその父母若しくは法定保護者の人種，皮
膚の色，性，言語，宗教，政治的意見その他の意
見，国民的，種族的若しくは社会的出身，財産，
心身障害，出生または他の地位にかかわらず，い
かなる差別もなしにこの条約に定める権利を尊重
し，及び確保する。

2　締約国は，児童がその父母，法定保護者又は
家族の構成員の地位，活動，表明した意見又は信
念によるあらゆる形態の差別又は処罰から保護さ
れることを確保すべての適当な措置をとる。

第3条〔子どもの最善の利益の考慮〕

1　児童に関するすべての措置をとるに当たって
は，公的若しくは私的な社会福祉施設，裁判所，
行政当局又は立法機関のいずれによって行われる
ものであっても，児童の最善の利益が主として考
慮されるものとする。

2　締約国は，児童の父母，法定保護者又は児童
について法的に責任を有する他の者の権利及び義
務を考慮に入れて，児童の福祉に必要な保護及び
養護を確保することを約束し，このため，すべて
の適当な立法上及び行政上の措置をとる。

3　締約国は，児童の養護又は保護のための施設，
役務の提供及び設備が，特に安全及び健康の分野
に関し並びにこれらの職員の数及び適格性並びに適
正な監督に関し権限のある当局の設定した基準に
適合することを確保する。

第4条〔締約国の措置義務〕

　締約国は，この条約において認められる権利の
実現のため，すべての適当な立法措置，行政措置，
その他の措置を講ずる。締約国は，経済的，社会
的及び文化的権利に関しては，自国における利用
可能な手段の最大限の範囲内で，また，必要な場
合には国際協力の枠内で，これらの措置を講ずる。

第5条〔親などの指導・助言の尊重〕

　締約国は，児童がこの条約において認められる
権利を行使するに当たり，父母若しくは場合によ

り地方の慣習により定められている大家族若しく
は共同体の構成員，法定保護者又は児童について
法的に責任を有する他の者がその児童の発達しつ
つある能力に適合する方法で適当な指示及び指導
を与える責任，権利及び義務を尊重する。

第6条〔生命への権利および生存・発達の確保〕

1　締約国は，すべての児童が生命に対する固有
の権利を有することを認める。

2　締約国は，児童の生存及び発達を可能な最大
限の範囲において確保する。

第12条〔意見表明権〕

1　締約国は，自己の意見を形成する能力のある
児童がその児童に影響を及ぼすすべての事項につ
いて自由に自己の意見を表明する権利を確保する。
この場合において，児童の意見は，その児童の年
齢及び成熟度に従って相応に考慮されるものとす
る。

2　このため，児童は，特に，自己に影響を及ぼ
すあらゆる司法上及び行政上の手続きにおいて，
国内法の手続規則に合致する方法により直接に又
は代理人若しくは適当な団体を通じて聴取される
機会を与えられる。

第13条〔表現・情報の自由〕

1　児童は，表現の自由についての権利を有する。
この権利には，口頭，手書き若しくは印刷，芸術
の形態又は自ら選択する他の方法により，国境と
のかかわりなく，あらゆる種類の情報及び考えを
求め，受け及び伝える自由を含む。

2　1の権利の行使については，一定の制限の課
することができる。ただし，その制限は，法律に
よって定められ，かつ，次の目的の為に必要とさ
れるものに限る。

　(a)　他の者の権利又は信用の尊重

　(b)　国の安全，公の秩序又は公衆の健康若しく
は道徳の保護

第14条〔思想・良心・宗教の自由〕

1　締約国は，思想，良心及び宗教の自由につい
ての児童の権利を尊重する。

2　締約国は，児童が1の権利を行使するに当た
り，父母及び場合により法定保護者が児童に対し
その発達しつつある能力に適合する方法で指示を
与える権利及び義務を尊重する。

3　宗教又は信念を表明する自由については，法
律で定める制限であって公共の安全，公の秩序，
公衆の健康若しくは道徳又は他の者の基本的な権
利及び自由を保護するために必要なもののみを課
することができる。

第15条〔結社・集会の自由〕

265

1 締約国は，結社の自由及び平和的な集会の自由について児童の権利を認める。

2 1の権利の行使については，法律で定める制限であって国の安全若しくは公共の安全，公の秩序，公衆の健康若しくは道徳の保護又は他の者の権利及び自由の保護のための民主的社会において必要なもの以外のいかなる制限も課することができない。

第16条〔プライバシー・名誉などの保護〕

1 いかなる児童も，その私生活，家族，住居若しくは通信に対して恣意的に若しくは不法に干渉され又は名誉及び信用を不法に攻撃されない。

2 児童は，1の干渉又は攻撃に対する法律の保護を受ける権利を有する。

第17条〔マス・メディアへのアクセス〕

締約国は，大衆媒体（マス・メディア）の果たす重要な機能を認め，児童が国の内外の多様な情報源からの情報及び資料，特に児童の社会面，精神面及び道徳面の福祉並びに心身の健康の促進を目的とした情報及び資料を利用することができることを確保する。このため，締約国は，

(a) 児童にとって社会面，及び文化面において有益であり，かつ，第29条の精神に沿う情報及び資料を大衆媒体（マス・メディア）が普及させるよう奨励する。

(b) 国の内外の多様な情報源（文化的にも多様な情報を含む。）からの情報及び資料の作成，交換及び普及における国際協力を奨励する。

(c) 児童用書籍の作成及び普及を奨励する。

(d) 少数集団に属し又は原住民である児童の言語上の必要性について大衆媒体（マス・メディア）が特に考慮するよう奨励する。

(e) 第13条及び次条の規定に留意して，児童の福祉に有害な情報及び資料から児童を保護するための適当な指針を発展させることを奨励する。

第18条〔親の第1次的療育責任と締約国の援助義務〕

1 締約国は，児童の養育及び発達について父母が共同の責任を有するという原則についての認識を確保するために最善の努力を払う。父母又は場合により法的保護者は，児童の養育及び発達についての第一義的な責任を有する。児童の最善の利益は，これらの者の基本的な関心事項となるものとする。

2 締約国は，この条約に定める権利を保障し及び促進するため，父母及び法的保護者が児童の養育についての責任を遂行するに当たりこれらの者に対して適当な援助を与えるものとし，また，

児童の養護のための施設，設備及び役務の提供の発展を確保する。

3 締約国は，父母が働いている児童が利用する資格を有する児童の養護のための役務の提供及び設備からその児童が便益を受ける権利を有することを確保するためのすべての適当な措置をとる。

第23条〔障害がある子どもの権利〕

1 締約国は，精神的又は身体的な障害を有する児童が，その尊厳を確保し，自立を促進し及び社会への積極的な参加を容易にする条件の下で十分かつ相応な生活を享受すべきであることを認める。

2 締約国は，障害を有する児童が特別の養護についての権利を有することを認めることとし，利用可能な手段の下で，申込みに応じた，かつ，当該児童の状況及び父母又は当該児童を養護している他の者の事情に適した援助を，これを受ける資格を有する児童及びこのような児童の養護について責任を有する者に与えることを奨励し，かつ，確保する。

3 障害を有する児童の特別な必要を認めて，2の規定に従って与えられる援助は，父母又は当該児童を養護している他の者の資力を考慮して可能な限り無償で与えられるものとし，かつ，障害を有する児童が可能な限り社会への統合及び個人の発達（文化的及び精神的な発達を含む。）を達成することに資する方法で当該児童が教育，訓練，保健サービス，リハビリテーション・サービス，雇用のための準備及びレクリエーションの機会を実質的に利用し及び享受することができるように行われるものとする。

4 締約国は，国際協力の精神により，予防的な保健並びに障害を有する児童の医学的，心理学的及び機能的治療の分野における適当な情報の交換（リハビリテーション，教育及び職業サービスの方法に関する情報の普及及び利用を含む。）であってこれらの分野における自国の能力及び技術を向上させ並びに自国の経験を広げることができるようにすることを目的とするものを促進する。これに関しては，特に，開発途上国の必要を考慮する。

第24条〔健康および保健医療ケアへの権利〕

1 締約国は，到達可能な最高水準の健康を享受すること並びに病気の治療及び健康の回復のための便宜を与えられることについての児童の権利を認める。締約国は，いかなる児童もこのような保健サービスを利用する権利が奪われないことを確保するために努力する。

2 締約国は，1の権利の完全な実現を追求する

資　料　編

ものとし，特に，次のことのための適当な措置を
とる。
　(a)　幼児及び児童の死亡率を低下させること。
　(b)　基礎的な保健の発展に重点を置いて必要な
医療及び保健をすべての児童に提供することを確
保すること。
　(c)　環境汚染の危険を考慮に入れて，基礎的な
保健の枠組みの範囲内で行われることを含めて，
特に容易に利用可能な技術の適用により並びに十
分に栄養のある食物及び清潔な飲料水の供給を通
じて，疾病及び栄養不良と戦うこと。
　(d)　母親のための産前産後の適当な保健を確保
すること。
　(e)　社会のすべての構成員特に父母及び児童が，
児童の健康及び栄養，母乳による育児の利点，衛
生（環境衛生を含む。）並びに事故の防止につい
ての基礎的な知識に関して，情報を提供され，教
育を受ける機会を有し及びその知識の使用につい
て支援されることを確保すること。
3　締約国は，児童の健康を害するような伝統的
な慣行を廃止するため，効果的かつ適当なすべて
の措置をとる。
4　締約国は，この条において認められる権利の
完全な実現を漸進的に達成するため，国際協力を
促進し及び奨励することを約束する。これに関し
ては，特に，発展途上国の必要を考慮する。
第28条〔教育に関する権利〕
1　締約国は，教育についての児童の権利を認め
るものとし，この権利を漸進的にかつ機会の平等
を基礎として達成するため，特に，
　(a)　初等教育を義務的なものとし，すべての者
に対して無償のものとする。
　(b)　種々の形態の中等教育（一般教育及び職業
教育を含む。）の発展を奨励し，すべての児童に
対し，これらの中等教育が利用可能であり，かつ，
これらを利用する機会が与えられるものとし，例
えば，無償教育の導入，必要な場合における財政的
援助の提供のような適当な措置をとる。
　(c)　すべての適当な方法により，能力に応じ，
すべての者に対して高等教育を利用する機会が与
えられるものとする。
　(d)　すべての児童に対し，教育及び職業に関す
る情報及び指導が利用可能であり，かつ，これら

を利用する機会が与えられるものとする。
　(e)　定期的な登校及び中途退学率の減少を奨励
するための措置をとる。
2　締約国は，学校の規律が児童の人間の尊厳に
適合する方法で及びこの条約に従って運用される
ことを確保するためのすべての適当な措置をとる。
3　締約国は，特に全世界における無知及び非識
字の廃絶に寄与し並びに科学上及び技術上の知識
並びに最新の教育方法の利用を容易にするため，
教育に関する事項についての国際協力を促進し，
及び奨励する。これに関しては，特に，開発途上
国の必要を考慮する。
第29条〔教育の目標〕
1　締約国は，児童の教育が次のことを指向すべ
きことに同意する。
　(a)　児童の人格，才能並びに精神的及び身体的
な能力をその可能な最大限度まで発達させること。
　(b)　人権及び基本的自由並びに国際連合憲章に
うたう原則の尊重を育成すること。
　(c)　児童の父母，児童の文化的同一性，言語及
び価値観，児童の居住国及び出身国の国民的価値
観並びに自己の文明と異なる文明に対する尊重を
育成すること。
　(d)　すべての人民の間の，種族的，国民的及び
宗教的集団の間の並びに原住民である者の間の理
解，平和，寛容，両性の平等及び友好の精神に従
い，自由な社会における責任ある生活のために児
童に準備させること。
　(e)　自然環境の尊重を育成すること。
2　この条文は前条のいかなる規定も，個人及び
団体が教育機関を設置し及び管理する自由を妨げ
るものと解してはならない。ただし，常に，1に
定める原則が遵守されること及び当該教育機関に
おいて行われる教育が国によって定められる最低
限度の基準に適合することを条件とする。
第30条〔少数者・先住民の子どもの権利〕
　種族的，宗教的若しくは言語的少数民族又は原
住民である者が存在する国において，当該少数民
族に属し又は原住民である児童は，その集団の他
の構成員とともに自己の文化を享有し，自己の宗
教を信仰しかつ実践し又は自己の言語を使用する
権利を否定されない。

267

人 名 索 引

ア行
アリストテレス *19*
アンダーソン，L. W. *127*
伊藤和衛 *123*
ヴィゴツキー，L. S. *4,6,7,8,12,15,16,20,31*
梅田修 *191*
小川太郎 *84,85*

カ行
カーゼルマン，C. *127*
勝田守一 *121*
ガードナー，H. *38*
キャッテル，R. B. *34*
ゴールトン，F. *27*
コンドルセ，M. *141*

サ行
佐藤学 *132*
シュテルン，W. *29*
シュプランガー，E. *127*
ショーン，D. A. *132*
ショプラー，E. *37*

タ行
ダーウィン，C. *6,8*
竹内常一 *85,92,93*

チョムスキー
チョムスキー，N. *2,3,20*
デカルト，R. *2,3*
デューイ，J. *75*
留岡清男 *83*

ナ・ハ行
中内敏夫 *81,82,94*
ピアジェ，J. *8,196*
フリードリッヒ大王 *141*
フンボルト，W. *2,114*
ヘーゲル，G. W. F. *4,20*
堀尾輝久 *121*
ポルトマン，A. *23,24,25,26*

マ行
松井芳郎 *185*
宮坂哲文 *84,89,90*
宗像誠也 *123,153*
森有礼 *116*

ラ・ワ行
ルソー，J.-J. *130,141*
ルター，M. *140*
ロック，J. *28*
ワトソンJ. B. *28*

事 項 索 引

A-Z
ADHD *35,36,37*
ALT *122*
ATC21S *179*
ICILS *176*
ILO *198,200*
ILO・ユネスコの教員の地位に関する勧告
117,185,198
LGBT問題 *97*
OECD（国際経済協力機構） *192,193,195*
PDCA *197*

PISA *113,194,195*
PISA調査 *193*
PTA *125*
SDGs *193*
TEACCHプログラム *37*

ア行
愛国心 *155*
アカウンタビリティ *119,125*
新しい学力観 *49,113*
生きる力 *50*

事項索引

いじめ　85
遺伝決定論　27
ウィーン宣言　191
栄養教諭　121
エピジェネティクス　30
『エミール』　141
エンパワーメント　93
落ちこぼれ　48

カ行
外言　16,17
介護等体験　129
改正教育基本法　195
ガイダンス　84,89
概念くだき　82
開放制　128
科学的概念　82
学習　62
学習権宣言　189
学習指導要領　41-61,83,85,86,87,118,149
学習指導要領改訂　193
学習者論　69
各大臣の是正要求権　159
学力　59
学力低下　113
かくれたカリキュラム　44
学校医　121
学校委員会　125
学校運営協議会　125
学校から社会への移行　111
学校教育法　120,139,143,147,152
学校教員品行検定規則　116
学校協議会　125
学校歯科医　121
学校重層構造論　123
学校制度の複線型化　152
学校単層構造論　123
学校の設置者経費負担主義　161
学校評議員制度　125
学校理事会　125
可能的発達水準　32
カリキュラム・マネジメント　54
環境決定論　28

観点別学習状況　72
キイ・コンピテンシー　194
寄宿舎指導員　121
技術職員　121
期待される人間像　89
義務教育　140,142
義務教育学校　119,147,152
義務教育の無償　140,143
義務教育費国庫負担法　162
ギムナジウム　114
キャリア教育　100,106,111,112
旧教育基本法　135,137,195
　　第10条　153
教育　62
教育委員会法　139,154,156
教育委員長　157
教育課程　41,61,86
教育課程編成　41-45
教育基本法　51,135,185,196
教育行政の一般行政からの独立　157,159
教育行政の地方分権　157,159
教育権に関する一般的意見13号　197
教育公務員特例法　120
教育財政　161
教育刷新委員会　120,137
教育刷新審議会　137
教育差別待遇反対条約　187
教育情報科の推進｜先導的教育システム実証事
　　業　179
教育振興基本計画　156
教育相談　85
教育長　157,158,159,160
教育勅語　116,135,138
教育投資論　192
教育内容　193,197
教育内容の現代化　48
教育の機会均等　144,146
教育の情報化　167,171
教育の情報化に関する手引き　174
教育の情報科ビジョン　174
教育の内的事項・外的事項区分論　154
教育の民衆統制（直接責任制）　157
教育評価　71,94

269

教育方法　189,199
教育目的　185,186,188,196
教育予算原案送付権　159
教育予算支出命令権　159
教育を受ける権利　136,142
教員評価　200,201
教科横断的な視点　55
教科及び教職に関する科目　129
教科指導　81,84,85,96,98
教科書　63
教具　64,65
教材　62
教師の教育権　153
教師の倫理綱領　117
教授行為　66,67,69
強制教育　140
共通教科情報科　173
教頭　121
教諭　121
クラブ　86,88
ケア　93
経済格差　94
形成的評価　72,73,95,96
啓明会　117
結果の平等　146
結晶性知能　34,39
現下の発達水準　32
研修　130
効果のある学校　44
公教育費　152,161
高校三原則　148
公選制教育委員会制度　157
構造化　37
校長　121
高等学校　119
高等学校設置基準　148,150
高等教育　110
行動主義　28
高等専門学校　120
公立学校の自由選択制　150
国際人権規約　187,188
国連開発計画（UNDP）　192
子どもの権利　141

子どもの権利条約　190
子どもの発達・学習権　142
子どもの貧困　113
コンピテンシー　178

サ行
ジェンダー　98
自我　12,13,14,21
自己意識　12,14,21
自己中心的言語　12,15,16
自尊感情　36
自治　89,92,95
自治体の長の教育大綱策定権　161
市町村立学校職員給与負担法　162
実習助手　121
指導案　70,71
児童会　86
指導教諭　123
師範学校　115
自閉症スペクトラム障害　37
社会教育法　139
自由研究　46,88
就職指導　107,108
修身　83,85
就巣性　25
集団づくり　85,89-90,91,92
住民自治　157
主幹教諭　123
主体的・対話的で深い学び　77,78,79
主任制　123
順良,親愛,威重　116
奨学金　109,110
小学区制　148
小学校　119
小学校教員心得　116
小学校令　135
情報活用能力　168
情報活用能力調査　177
情報基礎　168
情報教育　170,171
情報教育の実践と学校の情報化〜新・情報教育
　　に関する手引き〜　170
情報教育の手引き　168

事項索引

職員会議 *123*
職業安定法 *107*
職業科 *148*
職業課程 *148*
職業教育 *110*
職業社会 *111*
職業探索期 *111*
初任者研修 *131*
事例研究 *132*
人格の完成 *139*
進学率 *104,110*
新教育基本法 *135,139*
　第16条 *154*
　第17条 *156*
新教育指針 *137-138*
親権 *143*
新自由主義 *190*
診断的評価 *72,95*
人的資本論 *194*
進路指導 *85,101,105,110,111*
数学教育協議会 *65*
スクールカウンセラー *93,122*
スクールソーシャルワーカー *93,122*
ストレス *199*
3R's *114,141*
セアートCEART *200*
生活概念 *82*
生活教育論争 *83*
生活指導 *81-86,88,89,90,94,96,97,98*
生活単元学習 *46*
生活綴方 *82,83,84,89,117*
聖職 *116*
精神間機能 *33*
精神内機能 *33*
生徒会 *87,88*
生徒指導 *83,84,85,86*
生徒指導提要 *85,86*
生理的早産説 *23,24,26*
世界人権宣言 *185,186,195*
選考 *129*
全国生活指導研究協議会 *84*
先導的な教育体制構築事業 *179*
専門学科 *105,148,150*

専門教育 *104,147,148*
専門教科情報科 *174*
専門職 *198*
専門職（profession） *118*
　──化（professionalization） *118*
専門職性 *185,198,199*
専門職としての教師 *117*
専門性 *106*
総括的な評価 *72,73,95*
総合学科 *106,150*
総合教育会議 *160*
総合制 *148*
総合的な学習 *56,64,74,75,76*
相互作用説 *29*

タ行
第1次米国教育使節団報告書 *137*
大学 *120*
大学における養成 *128*
大正自由教育 *75,117*
多重知能理論 *38*
縦への発達 *36*
タブラ・ラサ *28*
男女共学制 *148*
単線型学校制度 *139,143,144*
地域学校協働本部 *126*
地域コーディネーター *126*
地域に根ざす教育 *92*
地方学事通則 *141*
地方教育行政の組織及び運営に関する法律
　　151,157
地方交付税交付金 *162*
地方自治法 *159*
注意欠如・多動性障害 *35*
中央教育審議会 *149*
中学校 *119*
中堅教諭等資質向上研修 *131*
中等教育学校 *119,147,152*
勅令主義 *135*
統一学校運動 *144*
到達目標 *95,96*
道徳 *83,86,87,88,89,95*
道徳教育推進 *52*

同僚性　133
特別活動　47,81,85,87,89,94,96,97
特別支援学校　120,147
特別の教科道徳　55
特別非常勤講師　129
特別免許状　128
独立行政法人教職員支援機構　131-132

ナ行
内化理論　32
内言　1,15,16,17
2次障害　35
21世紀型スキル　178
日本国憲法　185,196
　第26条　136,140
日本版コミュニティスクール　125
任命制教育委員会制度　157
能力主義　92

ハ行
発達の権利　189
発達の最近接領域　31,32,33
パフォーマンス評価　73
パブリック・スクール　114
班・核・討議づくり　85,90
フォルクス・シューレ　115
副校長　123
輻輳説　29
普通科　148,150
普通課程　148
普通教育　147,148
普通教科「情報」　169
普通免許状　128
不登校　85
フューチャー・スクール・プロジェクト　175
フリーター　106

プログラミング的思考　181
ヘッド・スタート　146
方向目標　94,96
法律に定める学校　119
ポートフォリオ評価　73
ホームルーム　88

マ行
学びのイノベーション　174
　——事業　175
免許状更新講習　131
モンスターペアレント　97
文部科学大臣による教委に対する是正改善の指
　示　160
文部大臣の措置要求権　159,160

ヤ行
薬剤師　121
ゆとりの教育　113
ゆとりの時間　49
ユネスコ（UNESCO）　192
用語　頁
養護教諭　121
幼稚園　119
幼保連携型認定こども園　120
横への発達　36
4A枠組み　189

ラ行
離巣性　24
リセ　114
流動性知能　34
臨時教育審議会　150
臨時免許状　128
レーラーゼミナール　115
レジリエンス　60

執筆者紹介（執筆順，執筆担当）

神谷　栄司（かみや・えいじ）花園大学社会福祉学部　第1章

南　　憲治（みなみ・けんじ）京都橘大学発達教育学部　第2章

鋒山　泰弘（ほこやま・やすひろ）追手門学院大学心理学部，編著者　第3章

山崎　雄介（やまざき・ゆうすけ）群馬大学大学院教育学研究科　第4章

小林千枝子（こばやし・ちえこ）作新学院大学人間文化学部　第5章

佐々木英一（ささき・えいいち）追手門学院大学社会学部　第6章

瀧本　知加（たきもと・ちか）東海大学熊本教養教育センター　第6章

吉岡真佐樹（よしおか・まさき）京都府立大学公共政策学部，編著者　第7章

南新　秀一（みなみしん・しゅういち）鹿児島国際大学名誉教授，編著者　第8章

小柳和喜雄（おやなぎ・わきお）奈良教育大学教職大学院　第9章

八木　英二（やぎ・ひでじ）滋賀県立大学名誉教授　第10章

MINERVA TEXT LIBRARY⑰
現代教育の基礎理論

2018年4月20日　初版第1刷発行　　　　　　（検印省略）

定価はカバーに
表示しています

	南　新　秀　一	
編著者	鋒　山　泰　弘	
	吉　岡　真　佐　樹	
発行者	杉　田　啓　三	
印刷者	坂　本　喜　杏	

発行所　株式会社　ミネルヴァ書房
607-8494　京都市山科区日ノ岡堤谷町1
電話代表　（075）581-5191
振替口座　01020-0-8076

ⓒ南新・鋒山・吉岡ほか，2018　冨山房インターナショナル・藤沢製本

ISBN 978-4-623-08283-4
Printed in Japan

教職をめざす人のための　教育用語・法規

―――――――――――――――――――広岡義之編　四六判 312 頁　本体 2000 円

●190あまりの人名と，最新の教育時事用語もふくめた約860の項目をコンパクトにわかりやすく解説。教員採用試験に頻出の法令など，役立つ資料も掲載した。

すぐ実践できる情報スキル50――学校図書館を活用して育む基礎力

―――――――――――――――――――塩谷京子編著　B 5 判　212 頁　本体 2200 円

●小・中学校 9 年間を見通した各教科等に埋め込まれている情報スキル50を考案。学校図書館を活用することを通して育成したいスキルの内容を，読んで理解し，授業のすすめ方もイメージできる。子どもが主体的に学ぶための現場ですぐに役立つ一冊。

教育実践研究の方法――SPSS と Amos を用いた統計分析入門

―――――――――――――――――――篠原正典著　A 5 判　220 頁　本体 2400 円

●分析したい内容項目と分析手法のマッチングについて，知りたい内容や結果から，それを導き出すための分統計析方法がわかるように構成した。統計に関する基礎知識がない人，SPSS や Amos を使ったことがない人でも理解できるよう，その考え方と手順を平易に解説した。

事例で学ぶ学校の安全と事故防止

―――――――――――――――――――添田久美子・石井拓児編著　B 5 判　156 頁　本体 2400 円

●「事故は起こるもの」と考えるべき。授業中，登下校時，部活の最中，給食で…，児童・生徒が巻き込まれる事故が起こったとき，あなたは――。学校の内外での多様な事故について，何をどのように考えるのか，防止のためのポイントは何か，指導者が配慮すべき点は何か，を具体的にわかりやすく，裁判例も用いながら解説する。学校関係者必携の一冊。

―――――――――――――――― ミネルヴァ書房 ――――――――――――

http://www.minervashobo.co.jp/